Économie et société au Bénin

D'hier à demain

Collection Forum du Tiers Monde

Déjà parus

AIT AMARA H., FOUNOU-TCHUIGOUA B. (sous la direction de): *Agriculture africaine en crise dans ses rapports avec l'Etat, l'industrialisation et la paysannerie*, 1989, préface de S. AMIN.

AIT AMARA H., *L'Agriculture méditerranéenne dans les rapports Nord-Sud,* 1992.

AMIN S., FAIRE A., MALKIN D., *Avenir industriel de l'Afrique*, 1981.

AMIN S., *La Faillite du développement en Afrique et dans le Tiers Monde, une analyse politique*, 1989.

AMIN S., *Les Enjeux stratégiques en Méditerranée*, 1992.

AMIN S., *Mondialisation et accumulation*, 1993.

AMIN S. (dir), *Le Maghreb : enlisement ou nouveau départ* ?, 1996

AMIN S., *Les défis de la mondialisation*, 1996.

AMIN S., *Critique de l'air du temps. Le cent cinquantième anniversaire du manifeste communiste*, 1997.

CASANOVA P. G., *Etat et politique dans le tiers-monde*, 1994.

CAPRON M., *L'Europe face au Sud, les relations avec le monde arabe et africain*, 1991.

FOUNOU-TCHUIGOUA B., préface de S. AMIN, *Fondements de l'économie de traite au Sénégal, Silex,* 1981.

HAMMOUDA H.B., *Les pensées uniques en économie*, 1997.

HAMMOUDA H. B., *Afrique : pour un nouveau contrat de développement*, 1999.

HOUTARD F. et POLET F. (eds), *Un Autre Davos, Mondialisation des résistances et des luttes*, 1999.

KHENASS I., *Le Défi énergétique en Méditerranée*, 1992.

LAMINE GAKOU M., *Crise de l'agriculture africaine*, Silex, 1984.

NOHRA F., *Théories du capitalisme mondial*, 1997.

SARR Fatou, *L'entrepreneur féminin au Sénégal,* 1998.

WANDEY NGIZUA F., préface de S. AMIN, *L'idéologie libérale et les rapports Nord-Sud*, 1999.

YACHIR F., *Crise des théories et des idéologies de développement.*

YACHIR F., *Crise et redéploiement dans la sidérurgie*, Silex, 1984, préface de S. Amin.

YACHIR F., *L'Europe du Sud et le Monde arabe, au défi des technologies nouvelles*, 1992.

YACHIR F., *La Méditerranée dans la révolution technologique*, 1992.

ZAROUR C, préface de S. AMIN, *La Coopération arabo-africaine, bilan d'une décennie 1975-1985*, 1989.

ZAROUR C., Préface S. AMIN, *La Coopération arabo-sénégalaise*,
1989.

Sous la direction de Paulin J. HOUNTONDJI

Économie et société au Bénin

D'hier à demain

Préface de Samir AMIN

Abelle Dossou ép. Houessou
Roch Mongbo
Coordination :

Thomas Houedete
John O. Igue
Paulin J. Hountondji
Justin Gnidehou

L'Harmattan
5-7 rue de l'École Polytechnique
75005 Paris

L'Harmattan Inc.
55, rue St-Jacques
Montréal (Qc) – Canada H2Y 1K9

ISBN : 2-7384-9388-2

NOTE SUR LES AUTEURS ET COORDINATEURS

Abelle DOSSOU ép. HOUESSOU est économiste de formation. Auteur, entre autres travaux, d'un mémoire de diplôme d'études supérieures spécialisées (DESS) en gestion et dynamisation du développement (Université Pierre Mendès-France, Grenoble, 1994), elle est actuellement fonctionnaire au ministère des finances et de l'économie Cotonou.

Thomas HOUEDETE est professeur de sciences économiques à la Faculté des sciences juridiques, économiques et politiques de l'Université Nationale du Bénin, Cotonou. Auteur d'une thèse sur l'emploi rural et l'exode rural au Bénin (Grenoble, 1980), il a en outre publié divers articles sur la décentralisation, le secteur informel, la lutte contre la pauvreté et la formation continue.

Paulin J. HOUNTONDJI est professeur de philosophie à l'Université Nationale du Bénin. Outre une thèse sur Husserl, il est l'auteur de diverses publications sur la pensée africaine, la critique de l'ethnophilosophie, les savoirs endogènes, etc.. Il a été, au lendemain de la Conférence nationale, ministre de l'Éducation Nationale du gouvernement de transition (1990-1991), puis ministre de la Culture et de la Communication (1991-1993). Il est l'initiateur du « Centre Africain des Hautes Études / African Centre for Advanced Studies » en cours de création à Porto-Novo, Bénin.

John O. IGUE est professeur de géographie à la Faculté des lettres, arts et sciences humaines de l'Université nationale du Bénin. Auteur de diverses publications, notamment sur les questions régionales, les échanges informels en Afrique de l'Ouest et l'économie béninoise, il est en outre le fondateur du Laboratoire d'analyse régionale et d'expertise sociale de

Cotonou (LARES), dont il assure la coordination scientifique. Depuis 1998 il est ministre de l'industrie et des petites et moyennes entreprises.

Roch MONGBO est ingénieur agronome. Auteur d'une thèse de doctorat en sociologie rurale (Université agronomique de Wageningen, Pays-Bas, 1995) et de divers articles et publications, il est actuellement professeur à la Faculté des sciences agronomiques de l'Université nationale du Bénin et co-fondateur du centre de « Formation internationale pour le développement et l'échange de savoir et de savoir-faire au service d'une promotion rurale auto-entretenue » (FIDESPRA), dont il assure la coordination scientifique.

Justin GNIDEHOU est ingénieur agronome et économiste. Il est l'auteur, entre autres travaux, d'une thèse de géographie économique (Université de Montpellier, 1969) et de divers articles, rapports et publications. Directeur de l'enseignement agricole (1974-1975) puis directeur de la planification d'État (1975-1982), il a en outre occupé divers postes ministériels : jeunesse et sports (1982-1983), développement rural et action coopérative (1983-1984), industrie et énergie (1988-1990).

SIGLES ET ABRÉVIATIONS

AEF	Afrique équatoriale française
AOF	Afrique occidentale française
BBD	Banque Béninoise de Développement
BCB	Banque Commerciale du Bénin
BCEAO	Banque Centrale des Etats de l'Afrique de l'Ouest
BDPA	Bureau pour le développement de la production agricole
BIRD	Banque Internationale pour la Reconstruction et le Développement
CAETS	Coopérative agricole expérimentale de type socialiste
CARDER	Centre d'Action Régional pour le Développement Rural
CEDEAO	Communauté économique des Etats de l'Afrique de l'Ouest
CESE	Centre d'Éveil et de Stimulation de l'Enfant
CFD	Caisse Française de Développement
CFDT	Compagnie Française de Développement des Textiles
CLCAM	Caisse locale de crédit agricole mutuel
Clubs 4D	Clubs de jeunes ayant démocratiquement décidé de faire leur devoir pour un réel développement
CNCA	Caisse Nationale de Crédit Agricole

CND	Commission nationale de développement
CNHU	Centre National Hospitalier Universitaire
COTEB	Complexe Textile du Bénin
CRCAM	Caisse régionale de crédit agricole mutuel
DRA	Direction de la recherche agronomique
DTI	Domaines et Impôts Indirects
FAC	Fonds d'Aide et de Coopération
FBCF	Formation Brute de Capital Fixe
FMI	Fonds Monétaire International
GATT	General Agreement on Tariffs and Trade
GEND	Groupement Ethnique du Nord-Dahomey
GMR	Gouvernement Militaire Révolutionnaire
GRVC	Groupement Révolutionnaire à Vocation Coopérative
GV	Groupement Villageois
IBETEX	Industrie Béninoise des Textiles
IDA	International Development Aid
IFAN	Institut Français d'Afrique Noire / Institut Fondamental d'Afrique Noire
INRAB	Institut National de Recherche Agricole du Bénin
INSAE	Institut National de la Statistique et de l'Analyse économique
IRAM	Institut de Recherche et d'Application des Méthodes de Développement
IRCT	Institut de Recherche sur le Coton et les Textiles Exotiques
IRHO	Institut de Recherche sur les Huiles et Oléagineux
LARES	Laboratoire d'Analyse Régionale et d'Expertise Sociale

MICAC	Mission de Coopération et d'Action Culturelle
MPRE	Ministère du Plan et de la Restructuration économique
OBSS	Office Béninois de Sécurité Sociale
ODIZ	Opération de Développement Intégré du Zou
ONASA	Office National d'Appui à la Sécurité Alimentaire
ONG	Organisation Non Gouvernementale
OPT	Office des Postes et Télécommunications du Bénin
ORSTOM	Office de Recherche Scientifique et Technique Outre-Mer / Institut Français de Recherche pour le Développement en Coopération
OUA	Organisation de l'Unité Africaine
PAC	Port Autonome de Cotonou
PADSA	Projet d'appui au développement des services agricoles
PAS	Programme d'Ajustement Structurel
PASA	Projet d'appui au secteur agricole
PIB	Produit Intérieur Brut
PME	Petite et Moyenne Entreprise
PMI	Petite et Moyenne Industrie
PNIN	Politique nouvelle d'indépendance nationale
PNUD	Programme des Nations Unies pour le Développement
PRPB	Parti de la Révolution Populaire du Bénin
SADEVO	Société d'Aménagement et de Développement de la Vallée de l'Ouémé
SATEC	Société d'Aide Technique et de Coopération

SBEE	Société Béninoise d'Électricité et d'Eau
SIP	Société Indigène de Prévoyance
SITEX	Société Industrielle des Textiles
SOBEPALH	Société Béninoise de Palmier à Huile
SOBETEX	Société Béninoise des Textiles
SONACOP	Société Nationale de Commercialisation des Produits Pétroliers
SONADER	Société Nationale pour le Développement Rural
SONAFEL	Société Nationale des Fruits et Légumes
SONAPRA	Société Nationale de Promotion Agricole
SONAR	Société Nationale d'Assurance et de Réassurance
SONIAH	Société Nationale d'Irrigation et d'Aménagement Hydroagricole
SONICOG	Société Nationale des Industries des Corps Gras
UDP	Union Départementale des Producteurs
UEMOA	Union Économique et Monétaire Ouest-Africaine
UMAD	Union des mutuelles agricoles de Dassa
UMAS	Union des mutuelles agricoles de Savè
UMOA	Union monétaire ouest-africaine
UNB	Université Nationale du Bénin.
UPD	Union des Populations du Dahomey
USPP	Union sous-préfectorale des producteurs

PRÉFACE

Samir AMIN

Les auteurs de cet ouvrage nous proposent une analyse des vicissitudes qui ont marqué les tentatives successives du développement du Bénin depuis 1972, une démonstration fortement étayée par une connaissance excellente à la fois des données économiques relatives aux périodes étudiées et des terrains sociaux et politiques caractéristiques du Bénin contemporain. L'ouvrage propose une lecture du déploiement de l'érosion et de l'effondrement de la tentative nationale et populiste amorcée par la révolution de 1972, puis de l'échec des options néo-libérales qui lui a succédé. Cette lecture articule l'analyse des limites et des contradictions internes propres à la société béninoise et celle des contraintes qu'impose au pays l'évolution du système mondial et de la région à laquelle il appartient.

Je crois donc qu'il serait utile que le lecteur situe cette analyse béninoise dans celle du système mondial en question dont nous avons proposé une lecture critique dans notre contribution à l'ouvrage de synthèse : *L'Afrique dans le système mondial en transformation* (Hakim Ben Hammouda et Samir Amin, L'Harmattan, 1999). Ce dernier texte pourrait aider à élargir le débat et l'ouvrir sur des considérations d'une portée plus générale, en tirant profit des analyses spécifiques produites dans le cadre du programme du Forum du Tiers-monde par les études concernant le Malawi (ouvrage en cours de publication, SAPES, Harare), le Sénégal et le Bénin (objet de ce livre) car bien que chaque pays soit particulier à sa manière, les contraintes de la mondialisation, aujourd'hui comme hier, imposent de situer cette particularité dans l'évolution générale du capitalisme mondial.

Les auteurs ont délibérément choisi de faire partir leur étude de la révolution de 1972, considérant que les années 1960 n'avaient apporté aucun changement par rapport à l'époque coloniale qui les précédait. Dans mon livre déjà ancien (Samir Amin, *L'Afrique de l'Ouest bloquée, l'économie politique de la colonisation 1880-1970*, chap. IV, sect. II et chap. VII sect. III, Ed. de Minuit, 1971) j'avais constaté cette poursuite du projet colonial dans le Dahomey de l'époque. Un pays particulier dans ce sens qu'il avait donné la preuve, avant sa colonisation, d'un dynamisme propre et d'une forte capacité d'ajustement positif aux contraintes de l'évolution de la mondialisation telle qu'elle fut au XIXe siècle. Construits sur la base de la traite négrière, les Etats dahoméens avaient su s'adapter à son abolition et, mettant au travail sur place leurs esclaves, s'engager dans la production de palmistes pour le marché mondial de l'époque. La colonisation a brisé ce potentiel de développement en détruisant les pouvoirs politiques locaux comme l'autonomie du commerce dahoméen, et leur a substitué une économie de traite coloniale, fondée sur la compradorisation de classes locales subordonnées. Que le résultat de cette exploitation fut misérable j'en veux pour preuve l'évolution des termes de l'échange qui se détériorent régulièrement à partir de 1880 alors qu'ils n'avaient cessé de s'améliorer au bénéfice du Dahomey indépendant pendant le demi-siècle précédent, et la stagnation de la production puisque la région exportait avant la conquête coloniale, avec un tiers du chiffre de la population qu'elle devait atteindre en 1960, déjà environ la moitié de ce qu'elle exportera à cette dernière date. La première tentative du Bénin de s'inscrire positivement dans la mondialisation capitaliste a été brisée par la colonisation.

On comprend alors que les années 1960 aient été ce qu'elles furent : *une décennie perdue, marquée par la stagnation, le désordre des finances publiques et le déficit des comptes extérieurs comblé par un soutien artificiel de la France à la classe politique compradore à laquelle le pouvoir apparent avait été dévolu.* Une classe elle même éclatée en clans rivaux, chacun tentant de se créer sa base de clientèle régionale. Mais, contrairement aux fables répétées à satiété, alimentées par les préjugés coloniaux, selon lesquelles la stagnation du Dahomey des années 1960 aurait été le produit de ces rivalités prétendues « ethniques » et primordiales, c'est au contraire la stagnation qui explique l'éclatement de la classe politique compradore et les tentatives de ses différents clans de jouer la carte ethnique, faute de mieux.

La scène était dressée pour un changement de cap radical. L'histoire et le rôle dévolu par la colonisation française au Dahomey dans le cadre de l'AOF avaient créé une intelligentsia avancée, attirée par le projet communiste, difficile à domestiquer. Le changement devait néanmoins venir brutalement d'ailleurs, de l'armée. Coup d'État peut être mais aussi amorce de révolution conduite par une nouvelle classe « la petite bourgeoisie » osant se débarrasser de la tutelle des hommes politiques compradore, tandis que les militaires, par leurs attaches paysannes plus marquées, allaient donner au nouveau régime sa tonalité populiste. Les intellectuels radicaux, face à une situation aussi complexe, devaient, eux, comme cela est fréquent dans ces conjonctures, se diviser sur la question du soutien, « inconditionnel » ou « critique », ou de l'opposition au régime, qui s'est auto-proclamé « socialiste » (dans l'atmosphère de l'époque c'était toujours le cas). Et même si l'on a le droit d'être plus exigeant en ce qui concerne la nature du socialisme, il reste qu'il s'agissait d'un projet moderniste (« développementaliste »), national (conscient de la nécessité d'assurer au pays le maximum d'autonomie vis-à-vis du système mondial hostile par nature). Les méthodes que le régime pouvait mettre en œuvre dans les circonstances et compte tenu de l'histoire et de la réalité sociale du nouveau Bénin ne pouvaient être qu'un mélange de populisme (direction par en haut du peuple « encadré » – même si jusqu'à un certain point le projet fonctionnait au bénéfice partiel de celui-ci – c'est-à-dire refus de l'organisation autonome des classes populaires et d'étatisme. La situation internationale favorisait le déploiement du projet et d'autres conjonctures régionales, sur lesquelles les auteurs du livre appellent notre attention à juste titre, lui en ont assuré un certain succès. Mais ses contradictions internes et sa vulnérabilité demeuraient patentes. Le retournement de ces conjonctures devait donc mettre un terme à ce qui est apparu alors constituer les « illusions » de ce projet.

Le retour au pouvoir de « libéraux » fortement soutenus par les Etats Unis (la Banque Mondiale) et l'Europe allait, nous a-t-on dit, permettre au pays de sortir enfin des ornières du « socialisme et de la stagnation ». La dislocation des coopératives rurales « *il est vrai dans leurs formes largement imposées* » devait, nous dit-on, libérer l'initiative des paysans et assurer l'accélération de la croissance de leur production, tandis que la liquidation du secteur public et sa privatisation devaient faire bénéficier le pays du soutien des capitaux privés locaux et étrangers. Rien de cela n'a eu lieu. La raison en est, je crois, simple et évidente. Car si, dans d'autres circonstances, le capitalisme peut donner et donne des résultats positifs en termes de croissance de la production et des investissements « *en dépit de tous les effets sociaux négatifs qui l'accompagnent* » il y a des conditions pour qu'il en soit ainsi. En premier lieu il est nécessaire que le projet capitaliste en question soit national, c'est à dire cherche à s'inscrire dans des formes de la mondialisation qu'il soit capable de contrôler. Ensuite il faut qu'il soit « social » (je ne dis pas socialiste bien entendu) « au moins jusqu'à un certain point –, c'est-à-dire conscient que l'affirmation de l'autonomie du pays dans le système mondial implique la mise en œuvre de politiques assurant la cohésion sociale de la nation. Autrement dit un projet capitaliste mais néanmoins caractérisé par une intervention puissante et efficace d'un État légitimé par son souci social réel, capable de réguler son économie interne comme ses rapports avec l'extérieur. C'est peut être, jusqu'à un certain point, le cas de la Chine, de la Corée et de quelques autres pays d'Asie. Ce n'est ni celui du Bénin, ni celui des autres pays africains. Ici le capitalisme (la loi des marchés dit-on vulgairement) opère dans des conditions intégralement imposées de l'extérieur et ne fonctionne qu'à travers le renforcement d'une nouvelle classe locale encore une fois *compradore*. On ne pouvait en attendre grand-chose. Les électeurs béninois, en rappelant Kérékou à la Présidence, ont donc rejeté le mythe néo-libéral et ses promesses non tenues. Un Kérékou bien entendu vieilli et, dans la conjoncture nouvelle, impuissant. Un *remake* du populisme des années 70 est de toute façon impossible et pas même souhaitable. Il faut aller maintenant bien plus en avant. Une fois de plus la mondialisation, comme hier celle que la colonisation a constituée, brise le potentiel du dynamisme local.

Alors que faire ? Le préalable pour pouvoir le penser exige qu'on s'affranchisse des balivernes du discours de la pensée unique et de son remède miracle », la « dérégulation des marchés ». Car c'est bien la loi de marché c'est-à-dire en fait du capitalisme mondialisé qui est à l'origine du problème et ne cesse de creuser depuis deux siècles l'écart Nord-Sud, vidant la mondialisation de tout le contenu progressiste qu'elle pourrait avoir. Penser librement un autre projet sociétaire constitue donc la condition préalable à l'élaboration d'alternatives à ce qui ne peut être que l'enferment dans une subordination désastreuse ; oser penser substituer à la règle selon laquelle le capital « emploie » les êtres humains celle qui permette que les êtres humains utilisent le capital, oser penser mettre l'économie au service des peuples et non l'inverse. Il ne s'agit pas là d'un projet utopiste ; c'est au contraire la seule voie réaliste possible. Mais c'est aussi certes une voie longue et difficile, qui s'inscrit dans la construction par étapes d'une mondialisation socialiste. L'erreur serait de croire que les étapes de cette longue transition pourraient être sautées en substituant au faux remède miracle du capitalisme (« la loi des marchés ») celui, symétrique de son contraire abstrait (l'État national prétendu alors socialiste est, la solution à tous les problèmes). Je renvoie ici le lecteur à la conclusion de mon ouvrage *Les défis de la mondialisation*, L'Harmattan 1996. Penser les étapes restera néanmoins fragile si l'on perd de vue l'horizon qu'on vise, fut-il lointain. Et dans l'étape immédiate qui nous concerne les changements pour lesquels il faut se battre concernent tous les plans de la réalité nationale, régionale et mondiale.

Au plan national, la construction d'un bloc social et politique démocratique anti-compradore implique d'évidence beaucoup plus que le pluripartisme de pacotille et la « bonne gouvernance » faussement naïve qui ne sont que nuages de fumée répandus par la Banque Mondiale, ses ONG de service et quelques autres pour masquer les politiques d'asservissement des nations et d'exploitation des peuples au profit du capital dominant des transnationales, dans les faits mises en œuvre systématiquement. Le dialogue entre les analystes critiques du système et les militants responsables des mouvements sociaux de résistance et de reconstruction « *auquel notre Forum du Tiers-monde entend apporter sa modeste contribution* » constitue alors un premier pas permettant l'élaboration d'alternatives possibles et efficaces, la définition des formes de régulation des marchés cohérentes avec l'amorce d'un développement social démocratique et durable. Et si j'écris ici « alternatives » au pluriel c'est très volontairement, par conviction que les voies qui permettront de mettre l'économie au service des peuples seront multiples et que le respect du pluralisme conçu dans cet esprit est la condition même du succès de l'entreprise. C'est la condition même d'une démocratisation authentique de la société, sans laquelle les discours sur les thèmes de la « bonne gouvernance » et de la « lutte contre la pauvreté » demeureront parfaitement instrumentalisés par les pouvoirs dominants responsables du désastre, annulant par là même les espoirs placés par les peuples dans la démocratie.

La mise en œuvre de programmes d'actions allant dans ce sens implique également que le combat soit poursuivi en parallèle aux plans régionaux et à celui du système mondial. En Afrique comme ailleurs d'autres formes de la régionalisation que celle conçue par le système dominant comme courroie de transmission de la mondialisation polarisante s'imposent également. Je renvoie ici à mon étude.

La grande vulnérabilité des sociétés, États et économies du continent africain impose également des changements dans les visions et les stratégies de certains au moins des partenaires plus puissants du système mondial. On pensera ici certainement aux pays de l'Union Européenne, en dépit de leur alignement actuel sur les stratégies dominantes du néolibéralisme, ne serait-ce que par ce que ces stratégies qui, ne peuvent que renforcer l'hégémonisme des Etats Unis, pourraient ici être remises en question. Dans cette perspective l'ouverture d'un débat sérieux sur l'avenir des relations entre l'Europe et l'Afrique « au-delà de Lomé » constituerait une contribution non négligeable à l'amorce de ce changement souhaitable et nécessaire.

Je n'ai fait ici, en conclusion de cette courte préface, qu'énumérer les têtes de chapitres d'un programme de recherches et de débats qui devraient normalement permettre de poursuivre les objectifs du projet en cours, dont cet ouvrage est l'un des produits.

Cet ouvrage est l'un des produits d'un projet du Forum du Tiers-monde qui a bénéficié des soutiens de la NORAD (Norvège), de la Coopération néerlandaise, de Christian Aid et de la Commission économique Européenne (CEE-DGVIII), auxquels nous adressons ici nos sincères remerciements, sans omettre de rappeler, selon l'usage, que les opinions qui y sont exprimées sont celles de leurs auteurs et n'engagent en aucune manière les institutions désignées.

PRÉSENTATION

Paulin J. Hountondji

Les études qui suivent constituent un travail d'équipe suscité par le Forum du Tiers-monde. Ce travail s'inscrit dans un programme de recherche intitulé : « Pour un développement équitable et durable dans la démocratie et l'autonomie : implications pour la gestion macro-économique ». On verra dans la *Lettre du Forum* les termes de référence du projet[1]. Comme il ressort de sa formulation même, le problème posé était et demeure vaste, et il était hors de question qu'on puisse l'épuiser dans un délai prévisible. L'équipe du Bénin a donc décidé, en accord avec Samir Amin, secrétaire général du Forum, de se pencher spécialement sur trois questions : les politiques macro-économiques, les politiques de développement rural, les rapports entre État et société civile.

Dans son étude sur les politiques économiques, Thomas Houédété ne s'attarde guère, on le verra, sur les douze premières années d'indépendance qui ne sont, à ses yeux, qu'une continuation de l'époque coloniale. La rupture intervient en 1972 avec ce qu'on a appelé la politique nouvelle d'indépendance nationale. Rupture, malheureusement, plus verbale que réelle. Malgré la formidable mobilisation des populations prêtes à le soutenir, l'État ne parvient pas à se donner les moyens de son indépendance. L'étude de Houédété analyse patiemment les raisons de l'échec. Elle montre

1. « For an equitable and sustainable development in democracy and autonomy. Implications for macro-economic management », *Third World Forum African Office/Forum du Tiers-monde, Bureau Africain Newsletter*, 1. 1996 : 6-9.

ensuite comment, au-delà de cette phase populiste, le triomphe d'un néo-libéralisme sans fards et la mise sous ajustement structurel dès la fin des années 80 achèvent de subordonner l'économie du pays aux besoins du marché mondial, au mépris des intérêts et des exigences légitimes des populations.

Les chapitres 2 et 3 examinent plus spécialement l'évolution du secteur rural. Pour Abelle Houessou et Roch Mongbo, la vraie rupture ne se situe pas en 1972, date d'avènement d'un régime qui se voulait révolutionnaire, mais en 1989-1990, avec la libéralisation du secteur agricole. A leurs yeux en effet, l'État-PRPB, loin d'innover en matière de politique agricole, n'a fait qu'aggraver en ce domaine les tendances autoritaires et la volonté de contrôle omnilatéral de l'État colonial. Par contre les deux auteurs voient dans les nouvelles mesures dictées par la Banque Mondiale et le Fonds Monétaire International, la condition d'une nouvelle politique qui mettra davantage les producteurs et tous les acteurs économiques face à leurs responsabilités. Malgré cet optimisme, toutefois, Abelle Houessou et Roch Mongbo soulignent les graves dysfonctionnements de ce nouveau régime, et montrent qu'à tout prendre, la fameuse « relance économique » dont on l'a si longtemps crédité est plus apparente que réelle.

Le chapitre 4, dû à John O. Igué, propose un diagnostic des rapports entre État et société civile dans le Bénin de cette fin de siècle. On verra à quel point ce diagnostic est désabusé, comment il démonte patiemment le fonctionnement actuel de l'État et les rouages d'une société civile désarticulée. On verra comment, aux yeux de l'auteur, la démocratisation elle-même, loin d'être perçue comme une exigence sans conditions, une sorte d'impératif catégorique non négociable, n'est en fait qu'une mode dictée par les institutions de Bretton Woods, et le prétexte d'une vaste compétition pour la conquête de la « rente politique ». L'étude se termine par quelques propositions que d'aucuns trouveront hardies voire, à la limite, provocantes.

Le cinquième chapitre est une étude de synthèse. Tirant la leçon des analyses précédentes, on y propose un diagnostic d'ensemble : le mal le plus profond de l'économie béninoise depuis l'époque de la traite négrière est et a toujours été son extraversion – sa subordination aux besoins du marché mondial. Qu'il s'agisse d'approvisionner ce marché en main d'œuvre servile (ce qu'on appelait le bois d'ébène) ou en matières premières agricoles (hier l'huile de palme, aujourd'hui le coton), la structure de la production, depuis plus de quatre cents ans, est restée la même : orientée vers l'extérieur, ordonnée et subordonnée à une demande venue d'ailleurs et liée à l'évolution de cette demande. Identifier ce mal, en cerner les contours en toute rigueur, est la première condition du progrès. On peut alors énoncer de nouveaux objectifs, et pour commencer, cet objectif le plus important et le plus général de tous : « construire l'autosuffisance ». Par rapport à cette exigence, la démocratisation n'apparaît plus simplement comme une mode. Le respect des droits de l'homme, l'avènement d'un citoyen non seulement libre mais pleinement responsable, l'enracinement dans la culture quotidienne de réflexes nouveaux qui puissent garantir de manière durable le respect de la dignité de tous, apparaissent au contraire comme des exigences non négociables. Du coup on réaffirme l'exigence de souveraineté collective ou tout simplement d'autonomie – l'exigence d'une nouvelle forme de mondialisation qui ne se réduise plus à un Centre dictant ses volontés à la multitude des périphéries et des peuples satellisés, mais qui soit l'œuvre commune de centres de décision multiples négociant les uns avec les autres sur un même pied d'égalité.

On voudrait mentionner ici la collaboration active de Justin Gnidéhou à la préparation de ce livre, et son précieux apport. La part active qu'il a lui-même prise à la formulation et à l'exécution de la politique économique du PRPB en tant que directeur du Plan d'État, membre du bureau politique et ministre, sa connaissance intime des faits réels et des difficultés auxquelles était confronté le pouvoir d'alors, sa vaste information ont été utiles à tout le groupe, au cours des longues discussions auxquelles a donné lieu chacun des chapitres présentés ci-dessus. Bien entendu, il ne peut être tenu pour responsable des erreurs qui subsistent. Les analyses et opinions ci-dessus n'engagent, en outre, que leurs auteurs.

Notre souhait est que ce travail stimule la réflexion ; que par-delà les inévitables divergences, les alliances qui se font et se défont, les complicités et les luttes politiques, les compétitions parfois courtoises, plus souvent sordides, pour le partage de la « rente politique », il attire l'attention sur des enjeux supérieurs, à moyen et long terme, que personne n'a le droit d'occulter ; et qu'une meilleure perception de ces enjeux permette progressivement d'inventer, dans ce pays et partout ailleurs, d'autres formes de lutte, et une autre manière de faire la politique.

Chapitre 1

LES POLITIQUES ÉCONOMIQUES

Thomas HOUEDETE

Quarante ans après l'indépendance, le Bénin, comme la plupart des anciennes colonies françaises qui ont accédé à la souveraineté internationale à la fin des années 1950, n'a toujours pas décollé économiquement. L'écono-mie du pays est restée marquée par les traits d'une *économie de traite*[1]. Diverses options se sont succédé : d'une option libérale héritée de la colonisation on est passé en 1972 à une option « dirigiste » impulsée par la petite bourgeoisie des intellectuels radicaux, civils et militaires, puis en 1990 à une option néo-libérale sans fard dictée par les institutions de Bretton Woods, et qui est toujours en vigueur à ce jour. Mais ces changements d'option n'ont pas fondamentalement modifié le caractère de l'économie béninoise.

La résultante des quarante années « perdues » pour le développement, c'est aujourd'hui la généralisation de la pauvreté dans le pays[2], l'absence totale de maîtrise sur

---

1. Prépondérance du secteur primaire dominé par la mono-production d'exportation (le palmier à huile, le coton à l'heure actuelle), atrophie du secteur secondaire (qui ne représente que 13% environ du produit intérieur brut) et hypertrophie du secteur tertiaire occupé à faire circuler essentiellement les produits finis et semi-finis fabriqués en dehors du pays.
2. En 1996, il a été estimé qu'environ 35% de la population du Bénin vivaient au-dessous du seuil de pauvreté et à peu près 25% d'individus supplémentaires étaient vulnérables, c'est-à-dire pas loin du seuil de pauvreté.

l'économie, le développement et l'enracinement d'une mentalité de mendiants et, pire, la perte progressive de toute confiance en la possibilité d'un retournement positif de la situation et d'un autre mode de gestion des affaires publiques, qui soit plus favorable au pays.

L'objet de cette contribution est double. Elle voudrait d'abord, à partir d'une analyse critique des différentes stratégies de développement et des mesures de politique économique subséquentes mises en œuvre de l'indépendance à nos jours, essayer d'expliquer les résultats globalement négatifs enregistrés durant toute la période. Elle voudrait d'autre part indiquer quelques pistes susceptibles d'ouvrir la voie à un développement économique équitable et durable dans la démocratie et l'autonomie.

Par politique économique nous entendons ici l'ensemble des décisions et actions d'ordre juridique, politique, économique, social conçues et mises en œuvre par un gouvernement dans la conduite et la gestion de l'économie d'un pays aux fins d'en assurer la croissance économique, le progrès social et le développement. Aussi les mesures de politique économique sont-elles fortement influencées par les conceptions et pratiques des gouvernants.

Dans le cas du Bénin (ex-Dahomey), les conditions de valorisation du capital ont été pour l'essentiel déterminées par la division du travail à l'échelle internationale. Les gouvernants locaux sont restés, à des degrés divers, dépendants des centres de décision installés dans les pays développés et particulièrement en France.

Les transformations économiques et le développement social réalisés à ce jour ont été les résultantes du double mouvement des conditions générales de mise en œuvre du capital en économie dépendante et des déterminations propres aux équipes dirigeantes en place.

L'analyse qui va suivre se focalisera sur deux périodes : la période populiste, qui va d'octobre 1972 à la débâcle économique et sociale des années 1988-1989 et la période du néo-libéralisme en cours depuis 1990 sous le sceau des PAS, du FMI et de la Banque Mondiale[3].

---

3. Les raisons de ce choix tiennent à deux considérations :
- Les douze premières années de l'après-indépendance ont été dans les faits, des années où, en dehors des attributs apparents de souveraineté

Pour chaque période, on présentera les objectifs généraux affichés, les moyens mis en œuvre et les principaux résultats enregistrés. Les résultats seront appréciés au triple plan de l'indépendance (ou autonomie), de l'équité et de la démocratie (entendez la participation supposée ou réelle de la majorité de la population à la conception et à la gestion des politiques relatives à leur cadre de vie).

I. La période populiste : 1972-1989

1. Objectifs et moyens

Le modèle de développement retenu dans la période trouve son inspiration dans deux documents : le discours-programme du 30 novembre 1972 et le discours d'orientation nationale du 30 novembre 1974.

Dans le discours-programme du 30 novembre 1972 on peut lire en substance ce qui suit :

> « En ce qui concerne le monde rural, il s'agira d'exploiter au mieux les vocations naturelles du pays, tant du point de vue des cultures industrielles que de celui des cultures vivrières , de l'élevage et de la pèche. Dans le domaine des entreprises industrielles et commerciales et des institutions financières, l'objectif est la prise en charge progressive par l'État du contrôle des secteurs vitaux de l'économie et la mise en valeur rapide des ressources nationales... »[4].

---

internationale (drapeau national, hymne national, siège à l'ONU...), l'ancienne puissance colonisatrice, par l'entremise de différents accords dits de coopération, s'impliquait encore directement et massivement dans la gestion du pays sur tous les plans (économique, politique, monétaire, social, culturel, etc.). Le pays n'était ni plus ni moins qu'une néo-colonie française soumise pieds et poings liés aux intérêts dominants pour ne pas dire exclusifs de la France ;

- Ces années furent par ailleurs des années très mouvementées où il y eut plusieurs coups d'État dont au moins cinq réussis ; le dernier réussi, celui d'Octobre 1972 ayant ouvert la période populiste. Du fait des fréquentes perturbations de la vie politique dans cette période, le suivi des politiques économiques était plus que problématique.

4. Cf. J. Gnidéhou, 1995, p. 5.

Quant au discours d'orientation nationale du 3 novembre 1974, ses principales orientations en matière de développement économique et social sont :

> « organiser et diriger l'édification de l'économie nationale à la lumière des principes et des lois du socialisme scientifique et cela, en comptant d'abord sur les forces nationales, les ressources nationales et sur l'initiative créatrice des larges masses laborieuses qu'il faut définitivement sortir de toutes les formes d'oppression politique, d'exploitation économique et d'aliénation culturelle ; revaloriser la culture nationale, les langues nationales et la tradition nationale dans la lutte contre la domination étrangère ; maîtriser les acquis de la science et de la technique pour les mettre au service du peuple organisé et mobilisé ; organiser scientifiquement les forces sociales et productives du Bénin pour la défense de la révolution »[5]

Pour mettre en œuvre ces orientations deux instruments seront privilégiés : la planification et les nationalisations.

a) Le système de planification

Le premier Plan d'État énoncera, pour la première fois de façon assez détaillée, la stratégie de développement. Les objectifs du Plan énoncés dans le rapport de synthèse sont : *indépendance nationale et développement planifié*[6]. Il s'agit de rechercher une direction indépendante et nationale dans le domaine de la politique économique et des relations économiques et de promouvoir enfin la participation populaire à l'élaboration et à la mise en œuvre des changements économiques et sociaux.

L'idée-force du plan est la construction à terme d'une société socialiste caractérisée par la transformation de la nature du processus d'accumulation sous l'impulsion dynamique de l'État.

Le plan triennal 1977-1980 s'est donné comme objectifs d'opérer un développement autocentré et de développer le marché intérieur en mettant sur pied un secteur industriel financé par l'agriculture. La structure des investissements de ce plan se présente comme sur le tableau 1 ci-dessous.

---

5. Idem, p. 6.
6. Cf. F. Godin, 1986, p. 33.

Il ressort de ce tableau que le processus d'accumulation du capital est basé sur l'industrie (45,7%), l'équipement et les transports (22,5 %), l'agriculture ne recevant que 10,7 %.

Si l'on considère maintenant les besoins totaux d'investissement (investissements nets et investissement en remplacement), ils s'élèvent à 253 551,1 millions de FCFA. Les ressources disponibles représentent moins de 50 % des besoins de financement globaux comme on peut le voir au tableau n° 2. La part considérable des ressources externes à mobiliser rend illusoire l'effort de financement envisagé.

Les ressources externes à mobiliser s'élèvent à 109 929,4 millions de F CFA, soit 72,88 % du total des ressources à mobiliser et 43,36 % du besoin global de financement. Quant aux ressources internes à mobiliser, elles représentent 27,12 % du total des financements à rechercher, et ne sont ni acquises ni en vue. Le plan stipule :

> « l'équilibre financier, c'est-à-dire la pleine réalisation du premier Plan d'État pourra être obtenue si, et seulement si la mobilisation des ressources externes atteint le niveau fixé. Il faut remarquer que, si tel n'était pas le cas, le plan serait remis en cause jusque dans les équilibres sectoriels qu'il veut instaurer »[7].

Ainsi qu'on le constate, le rôle des capitaux extérieurs apparaît primordial dans le financement des objectifs de développement. Dans ces conditions, les taux de croissance envisagés, de 2,5 % dans la première année, 9,5% dans la seconde et 12,7 % pour 1979/80 semblent assez irréalistes.

Tableau 1 : Résumé du Plan Triennal d'investissement (1977/1978 – 1979/1980)

Secteur	Milliard de F CFA courants	Pourcentage du total
Industrie, dont	111,5	45,7
Sucrerie de Savè	30,0	12,3
Cimenterie d'Onigbolo	17,4	7,1
Raffinerie de pétrole	25,0	10,3
Production pétrolière offshore	20,0	8,2
Équipement et transports, dont	54,8	22,5
Routes	22,7	9,3
Rail	7,6	3,1
Port	19,6	7,6
Développement Rural	26,0	10,7
Services publics	22,1	9,1
Tourisme	3,2	1,3
Commerce	3,5	1,4
Santé	6,8	2,8
Éducation	16,0	6,6
Total	**243,9**	**100,0**

Source : Bénin, Ministère du plan, de la statistique de l'analyse économique, Plan d'État de développement économique et social 1977-1979, Rapport de Synthèse, Cotonou décembre 1976, p. 63.

La croissance souhaitée par le Plan devait se traduire par une modification de la structure du PIB en faveur de l'industrie et au détriment des activités commerciales et de l'administration publique. Quant à la part de l'agriculture devant financer l'expansion industrielle, elle resterait constante. Or, la répartition du PIB (tableau 3) montre que le mode d'accumulation de l'économie ne s'effectue pas au profit des secteurs productifs (agriculture et industrie) mais du secteur improductif : le secteur tertiaire. La structure économique est restée sensiblement la même que par le passé. Le secteur primaire qui occupait la première place, a même vu sa part décroître de 45,1 % en 1970 à 43,2 % en 1979, alors que le secteur commercial voyait sa contribution passer de 41,6 %, en 1970 à 44,7 % en 1979, soit une augmentation de 3,8 % ce qui traduit une plus grande fragilité de l'économie nationale dont la croissance risque de dépendre principalement de celle des économies des pays voisins (principalement le Nigeria) dans la mesure où l'expansion du tertiaire reflète en bonne partie la dynamique des opérations de transit plutôt qu'une dynamique de croissance interne. Tout comme l'agriculture, le secteur industriel est en diminution : il représentait 13 % du PIB en 1970 alors que sa part n'est plus que de 12 % en 1979. Ainsi, la soumission de la structure productive au système international à travers l'échange inégal est demeuré inchangée.

Tableau 2 : Les conditions d'équilibre entre besoins et capacités de financement pour la réalisation du plan (en millions de francs CFA)

	1977	1978	1979	Total
Besoins de financement	97488,6	123915,4	32147,1	253551,1
Ressources disponibles	59350,2	32150,1	11207,5	102707,8
dont				
. acquises	26415,5	3400,5	955	30771
. en vue	32934,7	28749,6	10252,5	71936,8
Ressources à mobiliser	38138,4	91765,3	20939,6	150843,3
. ressources internes	36047,5	16971,7	20334,7	40913,9
. ressources externes	34530,9	74793,6	604,9	109929,4
Capacités de financement	97488,6	123915,4	32147,1	253551,1

Source :Bénin, Ministère du Plan, de la Statistique de l'Analyse économique, Plan d'État de Développement économique et Social 1977-1979, Rapport de Synthèse, Cotonou décembre 1976, p. 45.

Tableau 3 : Structure et croissance du PIB (en pourcentage)

Secteur	**1970**	**1975**	**1979**	**Taux de croissance 1970-1978**
Primaire	45,1	37,8	43,2	2,9
Industriel	13,3	14,7	12,1	2,1
Mines	0,1	0,2	0,2	9,4
Manufactures	8,7	9,3	8,0	2,4
Eau, Electricité	0,7	0,7	0,6	1,6
Construction	3,8	4,5	3,3	1,8
Services	41,6	47,5	44,7	3,8
Commerce	22,0	28,2	28,3	6,3
Transport	5,9	7,7	7,0	5,3
Autres services	3,0	1,0	1,1	-7,8
Administration Publique	10,7	10,6	8,3	0,6
PIB au coûts des facteurs (prix de 1975)	100,0	100,0	100,9	100,0

Source : Commission économique des Nations Unies pour l'Afrique, Evolution et perspectives de l'économie béninoise : 1970-1990, rapport provisoire, Cotonou, 1973, p. 6.

Contrairement à ce qui était souhaité (taux de croissance de 2,5% pour la première année du plan, 9,5 % pour la seconde et 12,7 % pour 1979/80), le PIB n'a augmenté que de 3,4% pour la période 1970-1979 alors que la population augmentait de 3% par an d'où un accroissement infime du revenu par tête[8]. Cette faible croissance ne pouvait pas permettre de faire face correctement aux problèmes sociaux de façon durable.

b) Les nationalisations

Au cours de la période 1974-1982, l'essentiel de l'activité économique dans le secteur moderne est passé sous le contrôle de l'État. A ce titre, la plupart des entreprises du secteur moderne, y compris les institutions financières privées ont été nationalisées, donnant lieu ainsi à la création de nom-

8. Commission Economique des Nations Unies pour l'Afrique, *Evolution et perspectives de l'économie béninoise : 1970-1990*, Rapport provisoire, Cotonou, 1983, p. 4.

breuses entreprises d'État, tant au niveau national qu'au niveau départemental.

L'objectif principal de la politique des nationalisations était l'accumulation des ressources au profit de l'État, afin d'amorcer le développement économique dans son ensemble. Sa mise en œuvre a pris différentes formes, notamment :

- ♦ l'augmentation de la participation de l'État au capital des sociétés d'économie mixte déjà existantes dans le sens d'un plus grand contrôle ;
- ♦ la nationalisation complète des sociétés privées notamment les banques, les sociétés d'assurances, la Compagnie d'eau et d'électricité et les sociétés de distribution de produits pétroliers ;
- ♦ la création de nouvelles sociétés d'État dans divers secteurs d'activités : agriculture, industrie, commerce et services.

La croissance du secteur fut si rapide qu'en 1980, le portefeuille de l'État était constitué de cent vingt entreprises publiques et semi-publiques dont soixante entreprises de dimension nationale et soixante sociétés provinciales couvrant presque tous les secteurs d'activités.

Le nombre d'entreprises publiques et semi-publiques à compétence nationale créées de 1972 à 1980 se répartissait comme suit :

Tableau 4 : Nombre d'entreprises publiques et semi-publiques créées par année

Année	Nombre d'entreprises
1972	0(*)
1973	2
1974	10
1975	20
1976	3
1977	3
1978	7(**)
1979	0
1980	0

Source : Adékounté, *op cit.*, p. 62

(*) Il existait environ 15 entreprises publiques nationales à la veille du coup d'état de 1972

(**) sans compter les 60 entreprises provinciales toutes créées en 1978 qui étaient pour la plupart fictives.

Ainsi, la période de croissance du secteur a été incontestablement celle qui va de 1974 à 1978, au temps fort du « socialisme scientifique », avec un point culminant en 1975.

En 1980, soixante entreprises publiques à compétence nationale réparties entre tous les secteurs économiques employaient environ 28 000 personnes. Elles bénéficiaient de près de 60% des crédits locaux en cours et étaient à l'origine de 75% de la dette extérieure du Bénin en 1983. Ces entreprises fournissaient les trois quarts de la production industrielle et absorbaient le tiers de la formation brute de capital fixe.

Les deux tiers des entreprises publiques vont connaître de sérieuses difficultés financières : endettements réciproques très élevés ; pertes continues, situation nette négative ou manque de liquidité. La détérioration de la situation financière des entreprises publiques s'est accentuée avec le ralentissement de l'activité économique au Nigeria[9].

Pour pallier la dégradation de leur situation financière, les entreprises publiques ont utilisé d'une manière intensive les concours bancaires. En juin 1983, les engagements des banques sur les entreprises publiques équivalaient à 48 milliards de F. CFA, soit 56 % du total des crédits bancaires à cette époque. Sur ce portefeuille de crédits aux entreprises publiques, on comptait environ 36 milliards d'arriérés de paiement (principal et intérêts).

2. Résultats

a) La période 1972-1983

Globalement l'activité économique a connu une expansion relativement importante en partie attribuable à l'environnement économique favorable. Le taux de croissance du PIB a été en moyenne de 5%, en particulier sur la période 1977-1980. Ce taux tombera à une moyenne de 3%

---

9. Ce pays constitue traditionnellement un marché important pour les produits béninois. Ainsi, par exemple, la SOBETEX, une des entreprises semi-publiques excédentaire jusqu'en 1982, commença à afficher des pertes en 1983 lorsque sa capacité de production ne fut plus utilisée qu'à hauteur de 15 % en raison de la disparition de son marché nigerian.

l'an sur la période 1981-1985 et deviendra même négatif vers la fin des années 1980 (-2,9% en 1989).

Au niveau des finances publiques, les recettes ont crû un peu plus rapidement que les dépenses courantes (23% contre 22%). Cette augmentation des recettes a été atteinte par une capacité améliorée à recouvrer les impôts suite à certaines mesures prises par le gouvernement et par la nationalisation d'un grand nombre d'entreprises qui apportent à l'État des revenus supplémentaires sous la forme de versements obligatoires d'une partie de leurs profits[10]. Le tableau n°6 cidessous montre que pour la période 1976-1979, il se dégage une épargne de 3,5 milliards en moyenne contre un milliard pour la période précédente. Cependant, compte tenu de l'augmentation rapide des investissements publics, qui sont passés de 7,5 milliards de FCA en 1972 à 30,52 milliards en 1979, l'accroissement des investissements publics a reposé sur l'assistance extérieure ; celle-ci passant de moins de 1 milliard en 1970 à 25 milliards en 1979.

Une telle dépendance à l'égard de l'assistance extérieure laisse peu de marge de manœuvre au gouvernement.

Les dépenses en capital ont été particulièrement élevées à partir de 1976. Comparée à la décennie précédente, on note la mise en place d'une structure du budget de l'État caractérisée par un équilibre nouveau permettant une participation accrue de l'État dans le financement des dépenses d'investissement, même si l'aide extérieure continue de fournir la majorité du financement pour les dépenses en capital.

Si l'on regarde où ont été canalisées les dépenses, la priorité est accordée à la restructuration de l'appareil de l'État. La ventilation fonctionnelle des dépenses (tableau n° 6) laisse ressortir que tout au cours de la décennie, les frais d'administration générale, d'ordre public et de sécurité et les frais de défense nationale s'élèvent à environ 40 % du total. Les chiffres reflètent ainsi la militarisation croissante du régime et le poids de plus en plus important de l'appareil d'État. Notons que les dépenses générales d'infrastructure (à savoir les moyens de communication et de transports) doublent à partir de 1978-1980. Les chapitres relatifs au do-

10. Au titre de la loi, l'entreprise publique devait en effet verser 70% de ses bénéfices au Trésor Public.

maine économique n'ont pas la priorité à laquelle on pouvait s'attendre : l'accent n'est pas mis sur l'agriculture, malgré les déclarations d'intention de faire de ce secteur la base du développement.

Tableau 5 : Budget de l'État (compte consolidé) (Unité = milliards de F CFA)

Année	Recettes	Dépenses courantes	Épargne	Dépenses en capital	Déficit	Assistance extérieure
1970	11,4	10,2	1,2	0,6	-0,5	0,6
1971	12,4	10,5	1,9	1,4	-0,5	0,2
1972	13,1	12,0	1,1	7,5	6,6	6,5
1973	13,3	12,8	0,6	6,1	5,5	5,6
1974	15,2	14,2	1,0	12,1	11,1	11,2
1975	16,1	15,7	0,4	8,2	7,8	7,8
	(17,3)	(16,3)	(0,68)	(12,40)	(11,72)	(14,0)
1976	22,6	15,9	6,7	17,4	7,7	7,7
	(22,89)	(17,10)	(5,7)	(18,79)	(18,19)	(19,0
1977	25,15	23,90	1,25	22,86	21,61	22,43
1978	27,25	24,30	2,95	22,97	20,02	22,62
1979	28,67	24,38	4,29	30,52	26,23	25,07
1980	32,83	29,29	6,54			
1981	39,34	34,57		4,77	36,16	

Source : Rapports BIRD 1970, 1973 et 1979
Rapport FMI. 1980, Commission économique des Nations Unies pour l'Afrique. Évolution et perspectives de l'économie béninoise : 1970-1990, rapport provisoire, Cotonou, 1983, Annexe 1.

Les dépenses sociales, qui permettent d'assurer un appui à l'État et de soutenir en particulier la reproduction de la force de travail, ont augmenté entre 1972 et 1977 pour baisser par la suite (voir tableau n° 6). Les dépenses de santé ont suivi ce trend de même que celles de l'éducation.

Tableau 6 : Dépenses budgétaires courantes 1972-1980 en % du total

	1972	1975-1977	1978-1980
Classification fonctionnelle			
Administration, générale	32,1	22,1	20,1
Ordre public et sécurité			
Défense Nationale	10,7	6,4	3,0
Enseignement	28,0	13,2	17,7
Santé publique	10,6	33,2	31,7
Services économiques	8,0	10,3	8,9
dont agriculture	-	8,5	8,7
voirie	-	(5,4)	(4,6)
Autres non classées	10,6	(1,0)	(2,5)
Total des dépenses courantes	**100,00**	**100,00**	**100,00**
Classification économique			
Traitement et salaire	62,6	71,3	67,8
Matériaux et fournitures	13,4	11,0	9,3
Autres biens et services	6,4	6,1	11,7
Subventions et autres			
Transfert	14,6	11,6	11,2
Dette publique	3,0	-	-
Total	**100,00**	**100,00**	**100,00**

Source : Fonds Monétaire International. Évolution récente de l'économie, SM/81/184 (document confidentiel), Washington, 3 septembre 1981, p. 37.

La classification économique des dépenses telle que cela ressort du tableau n° 6 laisse voir que le budget de fonctionnement a consisté essentiellement en salaires. Mais, compte tenu de l'accroissement important des effectifs de l'État dans la période, on peut en déduire que le prix de la force de travail n'a pas augmenté considérablement[11].

11. Godin fait observer que « pour l'ensemble de la décennie 1970-1980, il se dégage une contradiction dans le mode d'accumulation : d'une

En ce qui concerne la balance des paiements et le niveau de l'endettement du pays on peut noter ce qui suit : le taux de couverture des importations par les exportations s'est dégradé. D'un peu moins de 80% entre 1969 et 1974, ce taux est tombé à 52,4% en 1980. De manière générale, le déséquilibre commercial croissant (voir tableau n° 7) a été compensé par les recettes provenant des prestations de services par le Bénin au Nigeria et au Niger et par les transferts et flux nets de capitaux. Mais graduellement le déficit s'est accru en raison surtout du service de la dette extérieure. Les chiffres de la balance doivent cependant faire l'objet de la plus grande prudence étant donné que les transactions du Bénin avec des pays voisins (principalement le Nigeria) ne sont pas comptabilisées[12].

La relation entre commerce extérieur et production nationale fait davantage ressortir la détérioration de la position exportatrice du pays. Le rapport en pourcentage des exportations et du PIB montre que les exportations représentaient 15% du PIB en 1970 et 7% en 1975[13]. Cette détérioration n'implique pas un développement du marché interne mais plutôt des problèmes de production rencontrés dans le secteur exportateur. Notons que la détérioration des termes de l'échange a aussi aggravé ce déficit du commerce extérieur.

Les transferts de fonds publics ont peu augmenté à partir de 1975. La forte progression des apports de capitaux reflète l'accélération de l'endettement extérieur du gouvernement et des entreprises publiques liées à l'exécution des grands travaux du plan. Le plus gros apport de capitaux relève de l'aide officielle avec prépondérance des apports multilaté-

---

part, nécessité de créer des emplois et d'autre part, réduction des traitements réels des fonctionnaires » (*op. cit.*, p. 52).

12. Ainsi les estimations varient considérablement selon les statistiques. D'après les statistiques douanières, les exportations non enregistrées ont atteint, pour 1977, un total de 10.115 millions de francs CFA. Sources : Fonds Monétaire International, Evolution récente de l'économie (SM/81/184) (Document confidentiel), Washington, 3 Septembre 1981, p. 130.

13. Bénin. Ministère du Plan, de la Statistique et de la Coopération Technique, Direction de la planification d'État, *L'économie agricole béninoise : éléments pour une stratégie de développement*, Cotonou, juillet 1979, p. 11.

raux (alors qu'autrefois, l'aide française était de première importance).

Tableau 7 : Balance des paiements

	1970	1971	1972	1973	1974	1975	1976	1977	1978	1979
Balance commerciale	- 4224	-4800	-9393	-7752	-2451	-12936	-23030	-30000	-39700	-45420
Biens et services	-6362	-6888	-11225	-8188		-25840	-33440	-31910	-38880	-40990
Transferts nets	6029	7037	7393	5761	10190	14400	17450	20470	18800	17700
Privés	1222	1855	1696	1667		3900	5700	6370	8100	7200
Publics	4807	5152	5697	4094		10500	12750	14100	10700	10500
Capitaux non monétaires	1954	2477	2898	3217	8810	8670	11780	11070	15450	17930
Capitaux monétaires et DTS	767	-50	1108	1670	-6580		-2280	-3560	1250	2660
Erreurs et omission	-179	-581	702	-2114		4790	7750	3830	1500	-
Réserves	-2209	-1995	-976	-347	-3080	4560	1260	100	4880	2700

Sources : Ministère du Plan, de la Statistique et de l'Analyse économique, Institut de la Statistique et de l'Analyse économique, Statistiques officielles du Commerce extérieur, citées dans BCEAO, « Bénin », Statistiques économiques et monétaires, n° 263, juillet 1978.

Les premiers symptômes de la crise financière de l'État apparus dans la période 1973-1980 étaient dûs à un endettement de plus en plus considérable et à la difficulté d'assurer le service de la dette. En effet, les prêts accordés pour le Plan triennal étaient arrivés à échéance et ont entraîné un déficit occasionné par le service de la dette.

Le déficit extérieur en conséquence s'est accru pour atteindre 15% du PIB en 1979, contre 3,5% en 1970[14]. A la fin de 1981, la dette totale (décaissée et non décaissée) s'élevait à 718,9 millions de dollars, soit 7 fois plus qu'en 1973 (tableau n° 8). On peut voir à ce tableau que la part des sources publiques représente près de la moitié de la dette, principalement les prêts multilatéraux. Par rapport aux années 1973, les prêts bilatéraux décroissent au profit des institutions financières.

Tableau n°8 : Dette publique et dette de garantie

Millions de $	1973	1974	1976	1977	1978	1979	1980	1981
Dette totale	93,8	120,0	237,3	357,8	440,5	732,8	718,9	
Créances publics	69,1	110,6	209,5	256,6	321,0	309,5	332,4	374,5
dont multilatéral	18,1	39,0	69,3	109,0	154,2	170,5	201,0	259,8
(BIRD	-	-	-	-	-	-	-	-
(IDA)	14,5	27,5	40,5	57,7	68,7	68,7	78,6	118,8
dont latéral	51,0	71,6	140,2	147,6	166,8	139,1	131,5	114,7
Créanciers privés	24,7	29,4	27,8	32,1	36,9	131,0	391,4	344,4

Source : *Bulletin de l'Afrique noire*, n°1182 du 12 mai 1983, p. 6.

Les faibles performances des entreprises publiques sont venues accentuer la crise financière de l'État. C'est ainsi

14. Commission économique des Nations Unies pour l'Afrique : *Evolution et perspectives de l'économie béninoise : 1970-1990*, rapport provisoire, Cotonou, 1983, p. 16.

qu'entre 1979 et 1983, 32 milliards de francs ont été déboursés directement par les pouvoirs publics, principalement sous forme de dotations en capital ou de prêts en faveur des entreprises publiques. En raison des cautions et garanties accordées pour diverses opérations, les conséquences de l'évolution des entreprises publiques sur les finances de l'État ont dépassé largement les ponctions relativement faibles que l'État était supposé réaliser sur ces entreprises publiques(cf. tableau n°9 ci dessous). Il ressort de ce tableau qui résume les flux de fonds entre l'État et les entreprises publiques, un excédent des déboursements de l'État sur des recettes provenant des entreprises publiques d'environ sept milliards de FCFA entre 1979 et 1983[15].

En outre, les garanties signées par le Gouvernement au cours de la même période 1979-1983 sont estimées à 114 milliards de francs CFA (dont 69 milliards pour les projets de Savè et d'Onigbolo) et représentent une hypothèque substantielle sur les finances publiques.

b) La période 1983-1990

Les mauvaises performances économiques enregistrées dans les années 1979-1983, loin de se résorber, se sont aggravées et ont précipité l'économie béninoise dans une crise aiguë entre 1983 et 1990 avec la rupture des principaux équilibres macro-économiques.

Cette crise était notamment caractérisée par :

- la chute de l'activité économique et de la production
- l'accroissement du déficit extérieur et du fardeau de la dette
- l'alourdissement du déficit public entraînant une véritable crise de liquidité au niveau de l'État
- la faillite généralisée du système bancaire avec comme conséquences le blocage de l'intermédiation financière et la fuite des capitaux.

---

15. La plupart des entreprises publiques ont été dégagées de leurs obligations fiscales en 1982, en l'occurrence la contribution au Fonds National d''nvestissement.

Tableau 9 : Résumé des flux de fonds (1979-1983) en millions de F CFA

Déboursements		Recettes	
Dotations en fonds propres	12 442	Dividendes	480
Prêts nets	13 720	Impôts/Sociétés	13 330
Subventions d'équilibre	150 (a)	Impôts indirects	7 920
Remboursement de prêts par la CAA	5 410 (b)	Contributions au FMI	3 030
Total	31 720	Total	24 760
Excédent des déboursements sur les recettes	6 960		
Garanties diverses(caution, aval etc.)	114 000		

(a) Estimation minimale
(b) Chiffres partiels de 1981-1983
Source : Analyse par la Mission Banque mondiale des données de la CAA et du Trésor

La chute de l'activité économique et de la production : L'évolution du PIB à prix constant (année 1985) sur la période 1982-1989 est retracée dans le tableau suivant :

Tableau 10 : Évolution du PIB par secteur (à prix constant de 1985)

Elément	1982	1983	1984	1985	1986	1987	1988	1989
Secteur primaire	115,3	115,3	137,2	148,2	156,5	148,1	166,5	175,9
Secteur secondaire	69,0	66,4	72,0	78,4	72,2	74,2	76,2	76,8
Sect tertiaire (DII inclus	238,8	223	227,5	243,1	252,8	255	247,0	230,8
Total PIB	423,4	404,7	436,8	469,7	481,6	477,4	489,8	483,5
Indice 1985=100	90,1	86,2	93,0	100	102,5	101,6	104,3	103,0

Source : INSAE et PNUD : Evolution récente de l'économie du Bénin, mai 1991.

Ce tableau laisse apparaître une évolution globalement positive de la production sur la période 1982-1988 avec un taux de croissance moyen annuel de 2,3 % ; tandis qu'en 1989, le Bénin accuse une récession avec un taux de croissance de – 2,8%[16].

Face à une croissance démographique de 3,14%, le PIB par habitant a été donc régulièrement en déclin sur la période considérée, ce qui traduit un appauvrissement sans cesse croissant des populations.

Le caractère insuffisant de la croissance de la production s'observe mieux à travers le tableau n° 11 relatif aux emplois du PIB.

Tableau 11 : Les emplois du PIB à prix courants (en millions de F CFA et en %)

	1982		1983		1984		1985		1986		1987		1988	
	Montant	%	Montant	%	Montant	%	Montant	%	Montant	%	Montant	%	Montant	%
Cons. Publique	43731	10,5	60213	14,4	62562	13,6	58842	12,5	63782	13,8	68699	14,6	57244	11,8
Cons. Ménages	343844	82,5	354119	84,8	371999	81,0	374128629	79,6	301144	82,4	384549	81,9	401853	83,1
FBCF	112700	27,0	69409	16,6	57348	12,5	71	13,4	68294	14,8	66678	14,2	72753	15,1
Va stocks	2337	0,6	2923	0,7		0,3	11246	2,4	(163)	(0,0)	(116)	8,0	1052	0,4
Demande finale	502612	120,6	486665	116,6	493362	116,4	507187	108,0	512998	110,9	515811	110,7	533702	110,4
Export biens & services	107648	25,8	83546	20,0	130718	28,5	156544	33,3	129461	28,0	128730	27,4	142402	29,5
Import biens & services	193621	46,5	152772	36,6	164741	35,9	193953	41,3	179924	30,9	178986	30,1	192864	39,9
PIB	416638	100	417438	100	459340	100	469778	100	452536	100	465554	100	483320	100
Export-Import	(85973)	- 20,6	(69226)	- 16,6	(34022)	- 16,4	(37409)	- 08,0	(50463)	- 10,9	(50257)	- 10,7	(50301)	- 10,4

Sources : INSAE et PNUD : Evolution récente de l'économie du Bénin, Mai 1991

16. Le taux de croissance du PIB, qui avait été en moyenne de 5% par an sur la période 1977-1980, est tombé à une moyenne de 3% par an sur la période 1981-1985, pour stagner en 1986-1987.

De 1982 à 1988, le niveau du PIB est demeuré constamment insuffisant pour répondre à la demande finale de l'économie laissant ainsi apparaître la réalité d'un déséquilibre chronique entre la production et la demande.

L'accroissement du déficit extérieur et du fardeau de la dette : l'évolution de la balance commerciale est retracée dans le tableau n°12 ci-dessous.

Tableau 12 : Balance commerciale en milliards de F CFA

	1985	1986	1987	1988	1989	1990
Importation	146,6	139,3	139,2	161,2	128,5	142,7
Exportation	134,5	107,7	110,2	112,6	95,8	90
Dont réexport.	61,8	66,9	80,6	92,1	66	59,3
Solde	-12,1	- 32,3	- 29	- 48,7	- 32,7	- 52,7
Ratio export/import (%)	91,7	76,8	79,1	74,4	74,5	63,0

Sources : Ministère des Finances – Direction des Affaires monétaires et bancaires

De l'analyse de ce tableau, il se dégage une tendance à la persistance du déficit commercial, lequel s'est aggravé pour passer de 12,1 milliards de F CFA en 1985 à 32,7 milliards en 1989, puis à 52,7 milliards en 1990.

Le taux de couverture des importations par les exportations qui étaient encore de 91,7% en 1985 a décliné pour se situer à 74,5 % en 1989 et à 63 % en 1990.

L'absence structurelle d'un excédent commercial a constamment conduit le pays à s'endetter pour faire face à ses paiements extérieurs. Mais c'est au cours de la période 1980-1984 que l'endettement du Bénin a connu un tournant décisif passant de 75 milliards à 273 milliards de F CFA.

Tableau n° 13 : Dette extérieure du Bénin en milliards de F CFA

	1980	1981	1982	1983	1984
Dettes extérieures	75	115	190	257	273

Sources : Caisse autonome d'amortissement

Au cours de cette période, les entreprises publiques nouvellement créées ont rapidement connu des difficultés financières, la situation du secteur bancaire s'est détériorée considérablement. Enfin, l'encours de la dette publique extérieure à moyen et long terme a atteint l'équivalent de 50 % du PIB à la fin de 1987.

Cette évolution brutale résulte principalement du lancement au cours de la période, de trois grands projets (Société Sucrière de Savè, Société des Ciments d'Onigbolo, Projet Pétrolier de Sèmè). Ces projets connaissent depuis de sérieuses difficultés et la rentabilité des investissements ainsi opérés n'a pas permis d'assurer l'amortissement de la dette, d'où l'accumulation d'arriérés de paiements. Par ailleurs, l'encours de la dette extérieure totale qui s'élevait à 846 millions de dollars à fin 1988 est constitué pour près de 30 % par la dette des entreprises publiques qui n'arrivent pas à servir leurs dettes.

Les estimations portant sur le ratio du service de la dette par rapport aux exportations sont passées d'une moyenne de 9% au cours de la période 1980-1983 à 38% en 1985 et 63 % en 1987.

La renégociation de la dette obtenue du Club de Paris en 1989 a constitué, sans doute, un allégement important de la situation. Il porte sur le rééchelonnement et l'annulation d'une partie des arriérés (55,79 milliards de F CFA).

Cet allégement reste cependant temporaire, le pays devant continuer de recourir fortement au concours extérieur pour assurer le financement de son programme d'investissement prioritaire sur la période 1990-1994 (cf. infra tableau n° 22).

En ce qui concerne la dette publique intérieure, les engagements à ce titre se situaient autour de 15,77 milliards de francs CFA en 1986. Cette situation a été aggravée par la faillite des entreprises et des banques d'État, l'État ayant pris en charge leur passif.

En dépit des efforts du Gouvernement en vue de réorienter la stratégie économique nationale de manière à favoriser le jeu des forces du marché, la situation économique et financière a continué à se détériorer en 1988. A la fin de 1988, le stock des arriérés de paiements intérieurs avait atteint un montant d'environ 67 milliards de francs, équivalant à 14 % du PIB ; quant aux arriérés de paiements extérieurs, ils totalisaient 93 milliards de francs CFA, équivalant à 19 % du PIB.

Somme toute, deux des résultats préoccupants des déséquilibres macro-économiques du Bénin sont l'accumulation des arriérés intérieurs et extérieurs et la difficulté constante de faire face à un service de la dette qui représente en moyenne 30 % des recettes budgétaires.

La faillite généralisée du système bancaire : l'examen des contreparties de la masse monétaire permet de s'apercevoir de la gravité de la situation du pays. Cette situation est marquée par la dégradation des avoirs extérieurs déjà négatifs qui passent de -43 milliards de francs CFA en 1985 à -62 milliards en 1988.

Tableau 14 : Masse monétaire en fin décembre (milliards de F CFA)

	1985	1986	1987	1988	1989*
Avoirs extérieurs	- 43	- 40,6	- 63,4	- 62	- 41,9
Positions nettes GVT	5,5	8	11,9	6,2	- 4,2
Crédits à l'économie	145,5	132,6	124,8	137,8	123,4
Actif = Passif	108,0	100	73,3	82	77,3
Masse monétaire	111,7	109,1	96,8	97,9	98,4
Circulation fiduciaire	20,3	26,2	19,6	23,7	32,6
Dépôts à vue	64	50	39,2	44,9	41,9
Dépôt à terme	27,4	32,9	38	29,3	23,9
Autres éléments nets	-3,7	- 9,1	- 23,5	- 15,9	- 21,1

*Données en fin septembre
Sources : BCEAO, Rapport annuel 1988-1989

Largement déficitaires, les entreprises publiques béninoises ont été pour une part importante à l'origine de la crise du secteur bancaire. Sur l'encours total de 148 milliards de FCFA de crédits octroyés par les banques d'État (BCB, BBD et CNCA) qui sont les seules agréées dans l'économie, 113,4 milliards de francs CFA étaient devenus douteux, soit un portefeuille irrecouvrable à 76,6 %. Sur ces 113,4 milliards

62,4 milliards soit 55% sont imputables aux seules entreprises publiques.

Les dépôts des particuliers et des entreprises auprès des banques ont chuté de 88,2 milliards de francs CFA à 58,4 milliards entre 1985 et 1989, traduisant ainsi la fuite des agents devant le système bancaire et l'incapacité de ce dernier à assurer efficacement sa fonction capitale d'intermédiation (Cf. tableau n° 15).

Tableau 15 : Evolution des dépôts des particuliers et des entreprises auprès des banques à fin décembre (en milliards de F CFA)

1985	1986	1987	1988	1989*
88,2	80,1	73,9	68,2	58,4

* Données à fin Septembre
Source : BCEAO Rapport annuel 1989

Dans ces conditions, les banques n'ont pu résister momentanément devant les problèmes de trésorerie qu'à cause d'un recours massif à l'institut d'émission. Le tableau ci-dessous montre que sur la période 1985-1988, les crédits de la Banque Centrale (BCEAO) aux banques ont augmenté de 23,5 milliards, soit un taux d'accroissement de 58 %.

Tableau 16 : Crédit de la Banque Centrale aux Banques (en milliards)

1985	1986	1987	1988	1989
40,7	45,0	48,9	64,2	58,2

Source : BCEAO, Rapport annuel 1989

Tous ces éléments ont contribué à fragiliser le secteur bancaire avec comme conséquence une contraction de la masse monétaire qui passe de 111,7 milliards F CFA à 98,4 milliards entre 1985 et 1989.

Les finances publiques : la situation des finances publiques était devenue elle aussi très critique en 1989. L'Etat vivait au-dessus de ses moyens et ne pouvait plus depuis plusieurs années assurer l'autofinancement de ses dépenses primaires.

Tableau 17 : Evolution des recettes et dépenses de l'État (en milliards de F CFA)

	1985	**1986**	**1987**	**1988**	**1989**	**1990**
Recettes fiscales	57,7	56,7	55,6	46,3	34,3	39,5
Recettes non fiscales	8,0	11	11	13,4	10	10
Total Recettes courantes	65,7	67,7	66,6	59,7	44,9	49
Dépenses courantes	82,2	83,8	92,5	86,6	71,4	71,6
Solde courant	-16,5	-16,1	-25	-26,8	-26,5	21,7
Croissance des recettes en %		2,9	-1,65	-11,5	-33	8,3
Croissance des dépenses en %		1,9	9,4	-6,8	-21,3	0,3

Source : Direction de Trésor et de la comptabilité publique, Ministère des Finances

Les recettes de l'État ont régulièrement diminué par rapport au PIB, tandis que les dépenses courantes ont augmenté, du fait principalement de l'augmentation rapide de la masse salariale.

Le caractère structurel du déséquilibre des finances publiques se perçoit mieux lorsqu'on compare le rythme moyen annuel d'accroissement des dépenses à celui des recettes. Au total sur la période 1983-1989, le déficit en ressources était en moyenne de 11% du PIB reflétant essentiellement l'écart entre l'investissement et l'épargne publics.

Cette incapacité permanente à dégager une épargne suffisante pour répondre aux besoins en matière d'investissement a eu pour effet d'accentuer le recours à l'endettement extérieur.

Après cet examen des grandes tendances du déclin économique préoccupons-nous à présent des facteurs qui en sont à la base.

3. Les facteurs explicatifs

Une analyse des données de l'économie béninoise au cours des dernières années permet de déterminer deux sources de déséquilibres – l'une interne et l'autre externe – et de constater que ces déséquilibres sont de nature plus structurelle que conjoncturelle.

a) Les facteurs internes

Au plan interne, la structure de l'économie béninoise largement héritée du passé, constitue un élément indiscutable de fragilité et de vulnérabilité, susceptible, selon les aléas de l'économie mondiale, de précipiter avec plus ou moins de violence une part notable de la population dans la pauvreté. Aux causes structurelles viennent s'ajouter des politiques économiques et financières inadaptées.

Ainsi, au niveau de l'agriculture d'où la majorité de la population tire son revenu, des politiques inappropriées de commercialisation de produits agricoles ont contribué à la baisse de la production agricole.

L'activité du secteur secondaire restée stationnaire au cours de la période examinée, reflète l'échec de la politique d'industrialisation du gouvernement et l'absence de rentabilité économique de la plupart des gros investissements réalisés, la productivité marginale du capital investi ayant généralement diminué.

Au niveau des finances publiques, la situation budgétaire est devenue de plus en plus précaire depuis 1983, l'année du début de la crise économique et financière que le pays a traversée. Le déficit global consolidé, sur la base des engagements, est resté élevé et s'est situé à 10% du PIB en moyenne sur la période 1983-1989. Les recettes en proportion du PIB ont souvent stagné et parfois reculé à cause de l'apathie économique et de l'inélasticité du système fiscal, ainsi que de graves insuffisances de l'administration fiscale. Les dépenses courantes, qui représentent en moyenne 132% des recettes totales, sont restées presque incompressibles malgré les mesures prises en 1987 et au début de 1988 ; la masse salariale a continué d'absorber près de 70% des recettes de l'État. A l'origine des problèmes des dépenses budgétaires, on peut retrouver la situation catastrophique des entreprises publiques. Celles-ci, créées à la hâte pour constituer le cœur du tissu industriel, ont été chroniquement déficitaires non seulement parce que le pays manquait de gestionnaires expérimentés et que ces entreprises ont été transformées en des excroissances de la fonction publique qu'elles relayaient en matière de recrutement d'un personnel devenu pléthorique mais aussi et surtout en raison des pratiques impunies de prévarication et de détournement dont elles étaient l'objet. Le secteur bancaire a été la victime la plus durement touchée de cette situation financière difficile des Entreprises Publiques et du Trésor. En outre, il y a eu un effet de retour de la situation des banques sur les finances publiques qui a amené les recettes disponibles de l'État à un niveau dangereusement bas. Par ailleurs, l'épargne des travailleurs béninois à l'étranger (TBE) a déserté le circuit des banques pour aller se réfugier dans l'économie informelle et/ou dans des banques des pays voisins, notamment le Togo et la Côte d'Ivoire.

b) Les facteurs externes

La stagnation des activités commerciales et de réexportation dans les pays de la sous-région, ainsi que la détérioration des termes de l'échange des principaux produits d'exportation du Bénin, ont renforcé l'impact des facteurs internes. Les déséquilibres qui se sont amplifiés depuis 1983 ont favorisé le recours à l'endettement extérieur. Le Bénin a vu le service de sa dette tripler en un an passant de 12,7% en 1982 à 40% de ses recettes d'exportation en 1983. La charge de la dette apparaît d'autant plus lourde que les investissements réalisés durant la décennie soixante dix se sont révélés très peu productifs. La hausse des cours mondiaux des matières premières importées par le Bénin a également contribué à aggraver le déficit de la balance commerciale du pays. Au niveau de ses exportations, le Bénin a sérieusement souffert d'une forte baisse des cours du coton égrené et de l'huile de palme, ses principaux produits d'exportation après le pétrole brut.

Parmi les facteurs qualifiés « d'exogènes », il y a lieu de citer les mauvaises conditions climatiques. L'agriculture béninoise semble être caractérisée par un mouvement cyclique de baisse tous les deux ans. Ainsi, entre 1983 et 1987, la production agricole, qui représente près de 40% du PIB, a baissé d'en moyenne 4% pendant chacune de ces années en raison de mauvaises conditions climatiques. Le facteur exogène structurel que constitue la sécheresse a des effets aggravants sur le solde du compte courant vu l'importance de l'agriculture dans les exportations du Bénin, et contribue à la détérioration du ratio du service de la dette du Bénin en même temps qu'il a des effets dépressifs sur les revenus et le niveau de consommation des paysans. Ces effets influent sur la demande globale et donc la production des autres secteurs.

Les divers facteurs évoqués ont provoqué une sévère crise économique et financière qui s'est caractérisée par un ralentissement de la croissance de la production, une réduction du revenu par habitant et un élargissement des déséquilibres intérieurs et extérieurs. Cette crise a conduit à un niveau d'endettement non viable et à une accumulation d'arriérés intérieurs et extérieurs.

Au-delà des facteurs d'ordre purement économique, l'échec des politiques économiques mises en œuvre entre 1972 et 1989 procède fondamentalement des erreurs d'analyse et d'appréciation des réalités sociologiques et économiques du pays par les idéologues et autres responsables du régime. Ces derniers, très portés au volontarisme et au dogmatisme ont tôt fait :

- ♦ de confisquer dès 1974 toutes les libertés et de mettre en place un régime de terreur qui, à terme, a annihilé l'esprit d'initiative et d'entreprise ;
- ♦ de se lancer dans des fuites en avant suicidaires aux plans politique, économique, social, culturel... (institution et généralisation de l'école nouvelle, proclamation et imposition du marxisme-léninisme avec comme implications la copie servile des systèmes institutionnels et économiques en vigueur à l'époque dans les pays de l'Europe de l'Est) ;
- ♦ de promouvoir des bureaucrates peu soucieux du rendement du service public mais fortement préoccupés par les avantages que leur confère leur nouvelle position sociale.

II. L'option néo-libérale depuis 1990

A la faveur de la débâcle économique, financière, socioculturelle et politique des années 1988-1989, l'économie du Bénin a été mise en ajustement sous la surveillance des institutions de Bretton Woods. En effet, l'une des principales décisions prises lors de la Conférence des Forces Vives de la Nation réunie du 19 au 28 Février 1990, c'était l'option pour le néolibéralisme économique à travers les programmes d'ajustement structurel appuyés par le FMI et la Banque Mondiale.

Cette option a-t-elle aidé à résoudre les problèmes auxquels le pays était confronté ? En d'autres termes quels sont les objectifs visés par les PAS et les moyens mis en œuvre pour leur réalisation ? Quels sont les principaux résultats acquis depuis 1990 et à quels prix ? Dans quelle mesure les objectifs, stratégies et résultats concourent-ils, ne serait ce que de manière relative, à l'émergence et/ou à la consolidation d'une autonomie du Bénin notamment aux plans économique et politique ?

1. Objectifs et stratégies des Programmes d'Ajustement Structurel (PAS)

Nous nous en tiendrons au 3e PAS qui porte sur la période 1996-1999 pour analyser les objectifs et stratégies des PAS au Bénin, étant donné que celui-ci confirme et élargit les deux premiers PAS[17].

Les documents de base du PAS III à savoir, le « Document cadre de politique économique pour 1996-1999 »[18] et le « Mémorandum sur les politiques économiques et financières pour 1996-1997 » affichent les principaux objectifs suivants :

---

17. PAS I (1989-1992) PAS II (1992-1995) PAS III (ancienne version : 1995-1997, version actualisée : 1996-1999).
18. Le « Document-cadre de politique économique pour 1996-1999 » est une version actualisée, suite à l'alternance intervenue en avril 1996, du document du même titre pour la période 1995-1997 adopté en avril 1995 par le gouvernement Soglo.

- ♦ - un taux de croissance du PIB réel à 6% par an ;
- ♦ - le maintien de l'inflation à un chiffre inférieur à 3 % par an ;
- ♦ - s'employer, en matière sociale notamment, à accentuer la lutte contre la pauvreté, renforcer la politique de l'emploi, intensifier la lutte contre la dégradation de l'environnement.

> « Pour atteindre ces objectifs, le gouvernement base sa stratégie sur une politique budgétaire prudente, une politique monétaire prudente et la poursuite des réformes structurelles.... Le gouvernement compte accélérer le programme de privatisation et de restructuration des entreprises publiques... et s'efforcera de poursuivre avec détermination sa politique de réduction de l'endettement extérieur »[19].

Mais qu'est-ce qui se cache derrière toutes ces mesures de prudence ?

Si l'on considère par exemple la politique budgétaire, par politique budgétaire prudente les experts du FMI et de la Banque Mondiale entendent le passage des recettes d'une moyenne de 12,5 % du PIB entre 1992 et 1994 à 14,3 % entre 1996-1999 (malgré la baisse des recettes au titre du coton). On devra donc assister à un alourdissement de la pression fiscale sur les populations. Et pendant ce temps « en ce qui concerne les dépenses, il est prévu de diminuer la masse salariale, en proportion du PIB, mais aussi par rapport aux recettes globales »[20]. Alourdissement de la pression fiscale d'un côté, diminution de la masse salariale d'un autre, le solde servira à quoi ? Entre autres et surtout « à poursuivre avec détermination la politique de réduction de l'endettement extérieur ».

Si le document cadre trace le contexte général, le « Mémorandum sur les politiques économiques et financières 1996-1997 » apporte les précisions sur les mesures d'application concrètes. On peut y lire : « *En 1997, avec une baisse prévue des recettes fiscales et non fiscales du secteur cotonnier, en raison de la hausse du prix au producteur et*

---

19. Cf. Document-Cadre de politique économique pour 1996-1999, pp. 8 et 9.
20. Ibidem, p. 10.

des coûts de revient de la filière, le gouvernement renforcera le dispositif fiscal afin d'atteindre un montant de recettes de 178 milliards (14,7 % du PIB). A cette fin, le gouvernement mettra à l'étude... le renforcement de la fiscalité sur le ciment, modulera la taxe spécifique sur les hydrocarbures... Ce qui pourrait impliquer une légère augmentation des prix à la pompe » (sic) de l'essence et du pétrole, et par ailleurs du prix du ciment. Il sera également procédé « *à la hausse des tarifs de l'eau et de l'électricité, à la généralisation du péage à l'ensemble du réseau routier bitumé* ». Ainsi les taxes sur l'essence, le pétrole, le ciment, l'eau et l'électricité, les péages sur l'ensemble du réseau bitumé routier viendront s'ajouter aux charges sur les populations, pendant que les salaires et revenus devront stagner.

Au titre des dépenses, on lit que :

> « la politique des dépenses budgétaires en 1996 et 1997 continuera à privilégier l'allocation des ressources dans les secteurs prioritaires de l'éducation et de la santé... dans le cadre du programme défini en accord avec la Banque Mondiale ».

On sait que les institutions de Bretton Woods ne parlent au mieux que de l'éducation primaire ; l'enseignement supérieur ne compte pas à leurs yeux.

Au titre de la santé, la politique préconisée par le PAS est celle du désengagement de l'État et de la récupération des coûts dans le secteur de la santé publique. C'est cette politique qui est toujours conseillée et « *continuera à être privilégiée* » nonobstant les ravages du ticket modérateur au CNHU et dans les autres hôpitaux publics, et la prolifération de l'automédication.

Par rapport aux entreprises publiques, le document-cadre de politique économique précise :

> « le gouvernement poursuivra, avec une assistance technique et financière de la Banque Mondiale, la mise en œuvre de son programme de désengagement parapublic. Ce programme est axé sur la restructuration des postes et télécommunications, de l'OBSS, du PAC (port) et sur la poursuite du programme de désengagement dans les sous-secteurs suivants : huile de palme (SONICOG), assurances (SONAR), textiles (COTEB, SITEX).

Le gouvernement continuera par ailleurs à mettre en œuvre le processus de libéralisation du secteur pétrolier (donc la SONACOP) qui comprend notamment le transfert au secteur privé des installations de stockage et la vente des trois quarts de ses points de distribution ».

Toujours dans le même document, il est question de « l'étude des modalités de libéralisation de la filière coton » dont les recommandations portent sur le rôle de la SONAPRA (*op. cit.*, p. 20). Cette étude est pratiquement terminée et préconise non plus seulement la participation des producteurs de coton au capital de la SONAPRA, mais maintenant la participation des privés au capital. On sait que la CFDT, la vielle compagnie française d'intervention, lorgne la filière et accentue ses pressions pour prendre la SONAPRA. Dans ce processus, il est préconisé le démantèlement par asphyxie des CARDER en leur enlevant encore la fonction encadrement des paysans. La Caisse française de développement (CFD) – nouvelle dénomination de la Caisse centrale de coopération économique ne rate aucune occasion pour exiger, à travers ses prêts, l'encadrement direct des paysans. Elle s'arrange même pour contourner déjà les CARDER dans certains secteurs en faisant ses crédits.

2. Les résultats macro-financiers

Suite aux profondes mutations et réorientations intervenues au Bénin à partir de 1990 sous le double signe de la démocratie pluraliste et de la libéralisation économique, le Bénin a enregistré des performances sensibles. Les politiques de développement se sont articulées d'abord autour de la stabilisation macro-économique à travers trois PAS et ensuite autour de la mise en œuvre de politiques et stratégies à moyen terme formulées pour les secteurs clés dans le cadre du processus de Table ronde engagé en 1992 à Genève. Les secteurs transport, secteur privé, développement rural, dimension sociale du développement, santé et éducation ont déjà fait objet de consultations sectorielles (ou de Tables rondes Sectorielles).

Le taux de croissance économique est passé de moins de 1% sur la période 1986-1989 (il était de – 2,8 % en 1989) à une moyenne de 4% entre 1990 et 1995 (voir tableau n° 18). les finances publiques ont été assainies. Suite à une évolution favorable des recettes et des dépenses, le déficit budgétaire est passé de 9,7% du PIB en 1990 à 4,9 % en 1994. Les dépenses salariales de l'État sont passées de 67 % des dépenses primaires en 1989 à 43 % en 1995. Depuis 1991, il est enregistré un solde primaire courant positif croissant comme l'indique le tableau n° 19.

En 1992, ce solde était de 5,5 milliards de FCFA, soit environ 2,2 % du PIB. L'amélioration observée à ce niveau a permis à l'État de consacrer davantage de ressources budgétaires à l'investissement, même si sa contribution dans le financement total des investissements demeure encore faible (Cf. Tableau 20).

Tableau n° 18 : Évolution du PIB de 1998 à 1995 en milliards de FCFA

	ANNÉES							
PRIX	1988	1989	1990	1991	1992	1993	1994	1995
Courants	484,4	479,2	502,3	535,8	570,8	601,7	845,6	1057
Constants de 1985	488,9	474,9	490,1	513,4	532,7	549,0	573,7	599,0
Taux de croissance	3,4 %	-2,8%	3,2 %	4,7 %	3,8%	3%	4,5 %	4,6%

Sources : INSAE

Les arriérés intérieurs ont été fortement réduits, redonnant un ballon d'oxygène aux entreprises. Le système bancaire a été reconstruit avec une intermédiation financière devenue « performante ».

Globalement, les possibilités d'investissement du Bénin sont encore limitées vu la faiblesse relative de l'épargne tant intérieure que nationale (Cf. Tableau 21).

Tableau 19 : Ratios clés des finances publiques (en % du PIB)

	1988	1990	1991	1992	1993	1994
RECETTES TOTALES	12,7	9,6	11	11,4	12,3	12,7
Recettes fiscales	9,9	7,6	8,7	9,5	10,5	11,1
Direct	3,2	2,4	2,4	2,6	2,7	2,8
Indirects intérieur	1,2	1,1	1,5	1,7	1,8	1,8
Liés à l'importation	5,3	4	4,7	5,1	5,9	6,4
RECETTES NON FISCALES	2,4	1,7	1,8	1,6	1,4	1,4
RECETTES PRÊTS RÉTROCÉDÉS	0,5	0,3	0,4	0,3	0,3	0,3
DÉPENSES TOTALES	22,3	19,3	18,9	21,6	18,8	0,8
Dépenses primaires	13,9	10,9	10,9	10,6	10,1	18,7
Salaires, pensions et bourses	10,1	8,3	8,3	7,7	7,3	9,6
Sal. pens. bourse/ dép. primaires	72,3	77,7	76,7	72,7	72,7	6,8
Intérêts extérieurs	1,5	2	1,9	3	2,1	70,9
Dépenses d'investissement	6,2	5	4,9	5,2	5	5,3
Dépenses d'urgence	0	0,5	0,2	1,8	0,8	0,6
SOLDE PRIMAIRE	**-1,2**	**-1,2**	**0,1**	**1,4**	**2,7**	**3,6**
DEFICIT GLOBAL (base engagement)	9,6	9,7	7,9	9,5	5	4,9
DEFICIT GLOBAL (base caisse)	6,6	10,6,21	9,4	10,4	8,8	8,7
FINANCEMENT EXCEPTIONNEL	0	518,8	8,7	13,2	4,9	2,9
PIB	482,4		539	574	613	655

Source : MPRE

Tableau 20 : Contribution du budget national au financement des investissements publics (en %)

Année	1989	1990	1991	1992	1993	1994
Budget national	0,30	3,26	1,79	2,44	4,61	5,27

Source : MPRE

Tableau 21 : Evolution de l'épargne intérieure brute et de l'épargne nationale brute

	1987	1988	1989	1990	1991	1992	1993
Valeur du PIB	469,55	484,45	479,25	502,23	535,75	570,85	601,75
Épargne intérieure brute	17,00	8,20	17,40	27,40	28,70	22,632	21,00
Épargne nationale brute	23,70	16,20	26,20	40,50	44,80	32,50	34,40
Épargne int. brute/PIB (en %)	3,62	1,69	3,63	5,46	5,36	3,96	3,49
Épargne nat. brute/PIB (en %)	5,05	3,34	5,47	8,06	8,36	5,69	5,72

Source : World Tables 1995. Banque Mondiale

Il ressort du tableau n° 21 que l'épargne brute tant intérieure que nationale se situait respectivement jusqu'en 1993 au-dessous de 6 % et de 10 % du PIB. De tels niveaux d'épargne sont insuffisants pour assurer un décollage économique et à plus forte raison pour bâtir une économie auto-entretenue. L'investissement par conséquent faible, est de surcroît essentiellement financé par l'extérieur avec toutes les contraintes sous-jacentes (dépendance technologique, commerciale, financière, conditionalités parfois coûteuses aussi bien socialement, économiquement que politiquement). Au cours du deuxième PAS, les contributions au financement de l'investissement ont été en moyenne respectivement de 8,6% et de 91,4% pour l'intérieur et l'extérieur (Cf tableau 22).

Tableau 22 : Financement du Programme d'investissements publics de 1990-1995 en milliards de francs CFA

Sources de financement	1990	1991	1992	1993	1994	1995
Total des investissements	53,6	64,8	70,8	77,4	69,2	335,7
Financement intérieur	3,8	4,4	4,8	5,9	5,8	24,7
Financement extérieur	49,7	60,4	66,0	71,4	63,4	310,9
% financement extérieur	92,7	93,2	93,2	92,22	91,68	92,6

Sources : Ministère du Plan, Direction du Plan et de la Prospective

Ainsi, le Bénin a fortement recouru aux concours extérieurs pour assurer le financement de son programme d'investissements prioritaires sur la période 1990-1995.

Le taux d'investissement qui exprime le rapport entre l'investissement nouveau (la formation brute de capital fixe) et le produit intérieur brut (PIB) tourne autour de 15 % (11,6% en 1989, 13 % en 1991, 14,3 % en 1994 et une prévision de 16,5% sur la période 1995-1997). Cela indique donc une économie sous-équipée et a priori de faible productivité et à faible potentialité de création d'emplois productifs.

Toutes les mesures de déréglementation et d'assainissement de l'environnement économique en faveur du secteur privé ne lui ont pas permis de prendre une part active aux investissements[21].

3 . Les coûts économiques et sociaux du néo-libéralisme.

Nous n'évoquerons ici que trois aspects : la flambée des prix, le chômage et l'assujettissement du pays.

---

21. Les principales mesures en cause sont entre autres : la loi sur la privatisation des entreprises publiques, la suppression des monopoles, des autorisations préalables et des quotas d'importations, la mise en vigueur d'un code des investissements neutre et plus incitatif (il n'y a plus de privilège reconnu aux entreprises du secteur public), la loi sur l'embauche et le licenciement de la main d'œuvre (loi 90.04 du 15.05.1990), la réforme de la fiscalité en faveur du secteur privé. C'est ainsi que depuis janvier 1995, l'État a :
- supprimé l'impôt sur le bénéfice minimum fiscal ;
- introduit la taxe professionnelle unique (TPU) en remplacement de la patente et de la licence pour les grandes entreprises (13 % sur la valeur locative) et de la patente, de la licence, du BIC et de la TVA pour les entreprises ayant un chiffre d'affaires inférieur à 40 millions de francs CFA (25 % sur la valeur locative).

Dans le cadre de la loi de finances gestion 1996, une révision de l'impôt progressif sur les traitements et salaires (IPTS) a été faite pour réduire le nombre de taux à quatre et ramener le taux maximum à 40% ; l'objectif visé est de simplifier le système d'imposition des traitements et salaires et d'alléger la charge fiscale qui était quasi-confiscatoire. Un code des marchés publics a été promulgué par ordonnance le 31 janvier 1996 pour aider à une meilleure exécution des marchés publics et assurer la transparence.

a) Le libéralisme économique et la flambée des prix

Si la flambée des prix sur les produits vivriers locaux est fondamentalement due à l'insuffisance pour ne pas dire à l'inexistence de soutien aux cultures vivrières de la part des pouvoirs publics, la flambée des prix sur les produits importés vient de la soumission du pays au diktat des institutions de Bretton Woods.

Sur les injonctions du FMI, tout le système de contrôle des prix a été démantelé. Le lait, le sucre, la tomate concentrée, etc., ne font plus désormais l'objet d'aucun contrôle de prix. Ici importateurs et commerçants sont libres de fixer leur prix face à des consommateurs libres d'acheter. Profitant de la hausse des prix des produits locaux et portés par cette hausse, les importateurs en l'absence de tout contrôle sur les prix, peuvent augmenter librement les leurs renforçant ainsi la tendance générale de hausse et l'entretenant.

En trois mois, les prix des produits de première nécessité ont augmenté de plus de 4% au lendemain des présidentielles de 1996[22] sans que le nouveau pouvoir ait été à même de faire le moindre geste en faveur des populations. Pris en tenaille par les exigences populaires de rétablissement du contrôle des prix des produits de première nécessité d'une part et la fermeté des institutions de Bretton Woods quant au respect strict des conditionnalités du PAS dont la libéralisation des prix d'autre part, le Chef de l'État en écho à l'angoisse et aux plaintes persistantes des populations, lâchera dans la période sur les ondes nationales, un peu sur un ton de regret, en substance ce qui suit : « les prix montent de façon anarchique... vous avez opté pour le libéralisme économique... que voulez vous que je fasse ? » Au lieu du contrôle des prix des produits de première nécessité souhaité et réclamé par les populations, le conseil des ministres du 16 juillet 1996 développant la pensée économique libérale sauvage a répondu que les denrées coûtent cher car « la demande internationale est forte ». Ce conseil a prescrit comme mesures la sensibilisation des paysans pour les cultures vivrières et « la création de brigades anti-inflation chargées de contrôler la régularité

22. Cf. M. D. Bankolé, « Quelles statistiques, pour quels mensonges et quelles contrevérités ? », *La Nation*, n° 1978 du 20 août 1997, p. 2.

des barrages sur les voies et de lutter contre les tracasseries et brimades des usagers et commerçants sur les voies ».

A propos de la sensibilisation pour les cultures vivrières, il convient de faire remarquer que l'agriculture béninoise est restée celle de la traite coloniale. Les cultures vivrières, sauf ces dernières années, n'avaient jamais fait l'objet d'une politique délibérée et systématique de soutien. L'agriculture vivrière est restée largement archaïque. Aucun organisme financier n'a jamais été imaginé pour soutenir la culture du maïs, du haricot, du manioc, du mil, du sorgho, etc. Aucun encadrement systématique et responsabilisé face à des résultats (comme pour le coton) n'a bénéficié à l'agriculteur de produits vivriers[23]. Il est question de nos jours de faire associer la culture du coton aux cultures vivrières. Mais pourquoi n'y aurait-il pas un plan autonome et parallèle d'encouragement des cultures vivrières ? Est-ce dans toutes les zones que l'on fait le coton ? Non, assurément. Quelles sont les mesures précises, officielles et connues du paysan, l'encourageant à la culture du maïs, du haricot, du mil, à l'élevage du porc, des volailles, etc. ? Quelles sont les mesures pour le dragage et la réhabilitation des lacs et lagunes ? Quels encouragements à la pêche côtière et quelle protection contre les ravages des chalutiers qui viennent piller (et nous revendre à prix d'or) nos ressources halieutiques ? Ces questions n'ont jamais fait l'objet de préoccupation véritable au niveau des gouvernants.

La flambée des prix semble être entretenue par la politique fiscale dont l'objectif déclaré est de diminuer les impôts des grandes entreprises et de charger plus les petites entreprises. par l'élargissement de l'assiette. Elle a introduit la TVA avec des taux uniques tant sur les produits alimentaires que sur les produits de luxe.

---

23. Les interventions de l'ONG Sassakawa Global 2000 en appui aux paysans producteurs de cultures vivrières ainsi que la provision annuelle de 500 millions de francs CFA mise en place à partir de 1995 au niveau du budget national pour servir de Fonds de crédit aux producteurs de produits vivriers désireux d'acheter des semences méritent d'être signalées ici ; mais elles sont loin d'être une réponse appropriée au soutien dont les producteurs des produits vivriers devraient bénéficier. Le Programme d'Appui au Secteur Agricole (PASA) qui a l'ambition de viser de tels objectifs demeure en phase de discussion.

Le marché étant le même pour les gros revenus que pour l'ouvrier, l'artisan pauvre et le paysan, l'impôt devient injuste pour les faibles revenus. Hausse des prix des produits locaux, hausse des prix de produits importés, impôts en hausse et salaires en stagnation, chômage en hausse ; le cercle se resserre. Le cercle infernal se referme sur les consommateurs. Ceux de bas revenus sont livrés à la famine et se débattent dans ce piège sans fin.

Quant à la corruption, il s'agit d'un fléau, dont vivent et s'engraissent les hauts responsables du pays. Grâce la corruption les gros spéculateurs peuvent tout se permettre. Les petites gens n'en sont pas indemnes, certes, mais elles sont loin d'être les pires. Que valent, dans ces conditions, les brigades anti-inflation ? Elles ne seraient efficaces dans la lutte contre la corruption sur les voies publiques que si elles avaient vraiment les mains libres. Or on ne peut attendre des dirigeants qu'ils leur reconnaissent une telle liberté puisque c'est de cette corruption précisément qu'ils s'engraissent eux-mêmes. Seule une lutte des consommateurs et des usagers de la route pourra permettre d'obtenir le rétablissement du contrôle des prix et la liberté d'action contre la corruption.

b) L'emploi et le chômage.

L'emploi constitue une exigence indispensable et fondamentale. Malheureusement, il ne fait pas partie des préoccupations du PAS. Il n'est abordé dans « le document-cadre » que dans le chapitre de la lutte contre la pauvreté. On peut y lire : « En matière de création d'emplois, le plan d'action comporte les volets suivants :

- ♦ élargissement du programme des travaux publics à haute intensité de main-d'œuvre.
- ♦ encouragement des initiatives de développement local, des activités génératrices de revenu en fournissant un concours aux micro-projets par l'intermédiaire des ONG et des organismes d'exécution compétents
- ♦ renforcement de la dimension sociale de tous les projets d'investissement mis en œuvre à l'heure actuelle
- ♦ préparation d'une stratégie nationale pour l'emploi ».

Les trois premiers volets à savoir travaux publics à haute intensité de main-d'œuvre, fourniture de concours aux micro-projets, renforcement de la dimension sociale, c'est ce qui s'est fait et se fait jusqu'à présent avec comme résultat l'aggravation du chômage.

Il n'y a donc rien de nouveau ni en qualité, ni en quantité ; le nouveau concerne le dernier volet et s'intitule préparation d'une stratégie nationale pour l'emploi, donc étude d'un plan. On n'a guère avancé.

L'on est choqué de voir que des jeunes braves et valides restent oisifs pendant que tout reste à faire. Cette contradiction à elle seule montre la faillite du système économique en place dans le pays. D'une promesse de création d'emplois, on est descendu à la promotion de l'emploi.

Mais quels emplois promouvoir avec les prescriptions du FMI ? le recrutement de deux personnes pour trois départs à la retraite dans la fonction publique ; la transformation des contrats de pré-insertion d'un an renouvelable en des contrats de cinq ans ; les discours sur l'auto-emploi et sur les micro-réalisations comme si un pays s'était jamais développé avec la petite production.

c) L'assujettissement économique du pays.

Au fondement du PAS, il y a la volonté des financiers internationaux (en accord avec les dirigeants nationaux parasites) d'ajuster les structures de produits des pays débiteurs à l'exportation afin de gagner des devises pour le paiement des dettes. Le fameux plan BERG (pour un développement accéléré en Afrique au Sud du Sahara) élaboré par la Banque Mondiale au début des années 80 ne préconisait que ce développement des produits d'exportation. Au Bénin, c'est le coton qui a été identifié et qui fait l'objet de cette attention, Tout le reste ne préoccupe le PAS que dans la mesure où il peut conduire à une révolte remettant en cause le PAS. La primauté aux produits d'exportation, au détriment de l'agriculture vivrière, introduite par la colonisation est encouragée et théorisée par le PAS. Dans le « document-cadre de politique économique pour 1996-1999 » discuté entre le FMI, la Banque Mondiale et le pouvoir en mai 1996, ont peut lire ce qui suit :

« dans le secteur agricole : le gouvernement entend intensifier l'effort de diversification de la production agricole de manière à réduire la dépendance de l'économie à l'égard du coton. Pour ce faire la stratégie du gouvernement repose sur :

i) le renforcement des services de vulgarisation et l'amélioration de l'infrastructure routière et portuaire et,

ii) l'incitation à la création de petites entreprises exportatrices, à travers l'élaboration d'études de marché et d'analyses approfondies des filières d'exportation... Des études ont d'ores et déjà été réalisées dans ce sens ; elles ont pour effet de susciter des initiatives du secteur privé pour l'exportation des produits tels que le manioc, la noix de cajou et l'ananas. Des études de marché sont en cours sur un second groupe de produits agricoles, notamment les fruits et légumes, les fleurs dans le but d'étudier les possibilités qui s'offrent à l'exportation ».

La diversification de la production agricole tant prônée ne vise donc pas à assurer l'autosuffisance alimentaire, mais tout au plus l'extension de nouvelles cultures d'exportation. Et même là, rien n'est véritablement certain. La Caisse française de développement, l'un des principaux intervenants dans le secteur, prône la séparation stricte des filières pour interdire le soutien de la diversification avec les surplus obtenus dans d'autres filières, notamment le coton. Les intérêts français veulent pour cela entrer officiellement dans le capital de la SONAPRA, et au besoin, obtenir la dissolution du Fonds National de Stabilisation et de soutien. Bref, ce qui semble être visé c'est le retour de la compagnie de traite (CFDT), et toutes les manœuvres tendent à cela. La même politique de soumission est observée dans les manutentions portuaires où MAERSK LINE impose sa loi. Il a fallu des manifestations des ouvriers pour que le pouvoir recule momentanément et promette de faire quelque chose, qui ne devrait pas léser les intérêts des puissances étrangères. Telle est la logique implacable du PAS, logique qui aboutit à la flambée des prix et à la famine.

Le PAS couvre et soutient cette politique coloniale de traite, de parasitisme d'État et d'alourdissement des charges que supporte le travailleur. C'est lui qui commande le démantèlement de tout système de contrôle des prix. La non-maîtrise de l'appareil économique explique l'inflation qui s'est poursuivie et se situe à plus de 64% en 1996[24]. Les objectifs en matière de recettes fiscales poussent à l'augmentation de la pression fiscale. De 13% du PIB au plus fort des années 1980, le PAS III prévoit un niveau de recettes équivalent à environ 15% du PIB (14,8 % exactement). Or cette hausse est obtenue essentiellement par l'alourdissement des impôts indirects, ceux qui frappent la consommation.

C'est toujours le PAS qui organise et planifie le démantèlement et la braderie des quelques unités économiques existantes. C'est le cas, entre autres, de la SONACOP mise sous tutelle des compagnies étrangères privées. Celles-ci auront leurs propres réseaux, mais rentrent dans le capital social de la SONACOP. L'Etat béninois n'aura plus aucune autonomie politique en matière d'approvisionnement pétrolier. On est retourné à la période d'avant 1974 où ELF, TOTAL et autres faisaient la loi et le chantage. L'on a accepté en fait de maintenir le pays comme débouché de produits manufacturés étrangers et l'on n'a cure de penser et de décider en faveur d'un développement élargi et reproductible.

Le pays ne maîtrise rien de ce qui fait la base d'une prise en main de son destin, donc de son développement. Il n'est pas maître de sa langue officielle, le français. Il n'est pas maître de la monnaie officielle, le franc CFA. Il ne possède aucune banque en propre. Il n'est pas maître de l'orientation de son économie, le PAS. On n'ose pas poser le problème de l'indépendance monétaire du pays sans laquelle aucune politique autonome ne peut être entreprise[25]. Tous les régimes qui se sont succédé n'ont fait que gérer ce système d'arriération. La coalition actuelle au pouvoir en parlant de changement se charge en fait d'accentuer l'état de colonie du pays avec un ancrage plus fort dans le giron français.

---

24. Selon les chiffres de l'INSAE, l'indice des prix à la consommation en milieu urbain est de cet ordre entre mars et décembre 1996. Depuis le coup d'accélérateur donné par le budget exercice 1997 (avec la multiplication des taux des taxes sur le ciment, la farine de blé, le savon, les textiles ; l'augmentation des prix de l'eau et de l'électricité) et l'absence de soutien aux cultures vivrières, on devrait assister bientôt à une flambée des prix plus forte et à l'aggravation de la misère
25. Avec l'orientation actuelle, même les surliquidités des nouvelles banques ne profitent pas au pays. Elles servent essentiellement à jouer sur les marchés financiers et pour le soutien au franc français.

III. Éléments pour une alternative

Deux observations préliminaires s'imposent :

- Il ressort nettement de l'évolution de la situation socio-économique du Bénin en particulier de 1973 à 1989 qu'une gestion déficiente des finances publiques constitue une importante source de crise financière au niveau de l'État. Celle-ci engendre à son tour, à long terme, une crise macro-économique qui s'avère généralement pernicieuse aussi bien pour le capital dans son ensemble que pour les classes populaires. Aussi, le redressement économique du pays dépendra-t-il de sa capacité à dégager des ressources nouvelles et à utiliser au mieux sa position géographique.
- La deuxième observation tient à un rappel de leçon d'histoire économique relative au rôle du secteur public et donc de l'État dans une économie de crise. Contrairement à la mystification répandue de nos jours par les tenants du néo-libéralisme sauvage sur le rôle négatif de l'intervention de l'État dans les secteurs productifs d'une économie, l'extension du secteur public a été, entre autres, l'une des armes privilégiées qui ont permis par exemple à l'économie française de sortir de la crise où la seconde guerre mondiale l'avait plongée. L'extension du secteur public n'est donc point un attribut d'un régime « socialiste » comme on se plaît à le « chanter » aujourd'hui dans le cas du Bénin[26]. Or, les pays africains néo-colonisés, aujourd'hui surendettés et appauvris, sont dans un état d'arriération et de délabrement tel qu'on devrait beaucoup hésiter à tenter un rapprochement de leur

---

26. Au sujet de l'extension du secteur public, le Président Emile Derlin Zinsou que l'on ne peut soupçonner de marxisme en a donné la meilleure illustration le 2 avril 1969 en déclarant : « Dans ce domaine comme dans beaucoup d'autres, il y a un maître que je ne cesse d'admirer. Qui donc a nationalisé les assurances ? Qui donc a nationalisé certaines banques ? Qui donc a nationalisé l'énergie en France si ce n'est le Général De Gaulle. Eh bien ce nationaliste intraitable, cet homme qui, s'agissant de la dignité et de l'indépendance de son pays n'obéit qu'aux seuls intérêts de la patrie ! Dans ce domaine comme dans d'autres, il nous donne l'exemple et l'exemple sera suivi ». Cf. B. Amoussou (1997) p. 63.

situation avec celle des économies européennes dévastées par la guerre.

1. Les principales contraintes

On peut en souligner quatre :

- La persistance de l'économie de traite basée sur une monoproduction d'exportation (le palmier à huile à l'origine, le coton actuellement). Au-delà de l'invocation rituelle de la nécessité de diversifier l'économie et de favoriser les exportations force est de constater que la non diversification constitue la réalité de l'économie béninoise. Cela procède fondamentalement d'une absence de la volonté politique nécessaire pour concentrer les efforts et les ressources suffisants pour créer vraiment une capacité exportatrice diversifiée cumulativement avec la poursuite de l'objectif de sécurité alimentaire (ou d'autosuffisance alimentaire). En effet, la diversification suppose pour réussir de vastes efforts multiformes et coordonnés se déployant dans de multiples secteurs et à de multiples niveaux et nécessitant des interventions à la fois au niveau des technologies, de la formation des ressources humaines, des structures d'encadrement, du financement, des structures administratives, de la promotion de la recherche des marchés, etc.
- L'insuffisante qualification des ressources humaines et surtout l'absence de capacités nationales de réflexion alternative pour la conception et la mise en œuvre d'un programme économique cohérent et crédible. Proclamer une chose et faire son contraire et parfois de manière inconsciente, parce qu'on s'est laissé « convaincre par les experts internationaux », voilà un des traits caractéristiques du manque de maîtrise sur la conception et la gestion du développement au Bénin. Ainsi par exemple, parler du développement des PME-PMI et augmenter en même temps le prix de l'électricité industrielle de 40% c'est empêcher toute croissance de l'industrie ;
- Le fort taux d'analphabétisme (plus de 81% de la population active du Bénin est analphabète) est un obstacle de taille à l'adoption de méthodes modernes de travail et de

production. Ceci a pour première incidence la généralisation d'une économie informelle à très faible productivité et la persistance de comportements irrationnels peu favorables à une utilisation et/ou gestion rationnelle des ressources humaines ;

- La gestion bureaucratique et parasitaire de l'État.

2. *Quelques pistes*

La croissance économique ne se génère pas et ne peut s'auto-entretenir dans n'importe quel environnement économique. Pour les pays comme le nôtre, dont les handicaps de départ sont ceux soulignés plus haut, il faudra en s'appuyant sur l'expérience des pays aujourd'hui dits avancés et notre histoire propre définir un cadre susceptible de créer et de garantir un environnement propice à la production continue des richesses et à leur répartition équitable. Cela passe par :

- La définition et la mise en œuvre d'une politique de développement socio-économique endogène cohérente.
- La promotion d'un environnement de transparence et de partage de l'information.
- La disponibilité d'hommes libres, formés et qualifiés avec une forte dose de nationalisme et de patriotisme.
- La promotion d'une administration publique de développement qui se veut la négation d'une administration de rançon avec ses corollaires de lenteur administrative, de multiplication des blocages divers, etc.

Au total, il s'agit d'un problème de volonté politique et de changement de mentalité sans lesquels il n'est pas permis d'espérer un avenir meilleur au plan économique et par conséquent sur le front de la création d'emplois productifs et/ou d'activités génératrices de revenus.

Il faudra pour cela un grand esprit d'imagination, de dévouement, de courage et de sacrifice. Nous en sommes encore capables.

ANNEXES

Annexe 1 : Performances financières des entreprises publiques (en millions de F CFA)

Entreprises publiques	Années	Chiffre d'Aff.	Résultat Net	Endettement	Ratio d'endettement	Situation Nette	Fonds de roulement
Agro-Industrie							
4. SONICOG	1980	3 724	70	5 066	4.8	1 049	980
5. SOBEPALH	1981	2 144	(370)	4 106	2.0	2 037	234
6. SONAFEL	1982	139	(133)	2 443	Négatif	(1 148)	(1 471)
7. SONIAH	1980	113	(154)	1 937	18.8	103	(719)
8. SABLI/ BELI-PECHE	1981	n.d.	(30)	5	...	388	366
Manufacture							
6. SCB	1981	2 376	309	893	Négatif	(434)	(511)
7. SONACI	1983	1 496	(237)	2 967	Négatif	(1 000)	(802)
8. IBETEX	1982	530	(658)	10 869	Négatif	(7 509)	Négatif
9. SOBETEX	1983	5 406	(706)	3 255	Négatif	Négatif	n..
10. BENINOISE	1982	7 117	125	10 138	8.9	1 140	(806)
11. CIB	1982	34	(100)	1 079	Négatif	(747)	Négatif
Transport							
12. OCBN	1980	3 228	(588)	7 171	1.0	170	1 273
13. PAC	1981	1 449	(570)	10 612	0.6	17 296	n.d.
14. TAB	1981	180	(370)	2 768	Négatif	(701)	(736)
15. TRANS-BÉNIN	1982	102	(152)	365	Négatif	(263)	(48)
16. COBENAM	1982	2 670	(1 180)	2 403	Négatif	(88)	(545)
17. SONATRAC	1982	644	(161)	5 689	Négatif	(688)	(130)
18. SOTRACOB	1982	898	7	3 290	Négatif	629	137
Commerce							
19. AGB	1983	3 868	(718)	4 886	Négatif	(2 687)	(3 000)
20. ONP	1982	2 173	(118)	3 287	Négatif	144	(333)
21. SONACOP	1981	14 765	(239)	6 532	5.0	1 341	(179)
22. SOGECOB	1983	1 353	(188)	1 845	Négatif	(216)	(23 137)
23. SONAE	1981	3 029	46	3 090	5.3	580	n.d.
24. OAE	1981	801	22	1 140	5.6	202	125
25. SONAPAL	1981	543	(182)	1 558	Négatif	(747)	n.d.
26. SOBEMAC	1982	8 392	208	2 100	7.6	275	152
Autres							
27. SONACO-TRAP	1982	876	7	1 705	8.6	199	318
28. SBEE	1981	3 600	100	4 610	0.9	4 969	n.d.
29. ORTB	1980	40	(177)	325	46.4	7	(237)
30. ONATHO	1981	802	32	396	1.2	344	98
31. SEMAC	1981	155	9	678	23.4	29	n.d.
TOTAL		**72 647**	**(5 608)**				

Annexe 2 : Créances compromises détenues par les banques sur les entreprises publiques (Avril 1988)

	(en millions de F CFA)
BCB	
Sociétés nationales dissoutes en 1982	12 764
Sociétés provinciales dissoutes en 1982	282
Sociétés dissoutes entre 1982 et 1986	7 623
Sociétés à privatiser ou à liquider suite aux décisions d'octobre 1986	8 780
Autres créances	3 510
	32 960
BBD	
Sociétés nationales dissoutes en 1982	2 282
Sociétés provinciales dissoutes en 1982	1 229
Sociétés dissoutes entre 1982 et 1986	1 872
Sociétés à privatiser ou à liquider suite aux décisions d'octobre 1986	11 835
	17 218
CNCA	
Sociétés nationales dissoutes en 1982	5 973
Sociétés provinciales dissoutes en 1982	3 203
Sociétés dissoutes entre 1982 et 1986	—
Sociétés à privatiser ou à liquider suite aux décisions d'octobre 1986	3 510
	9 989
TOTAL	**60 167**

Ces créances compromises sont prises en charge par l'Etat. Leur règlement devait se faire selon un échéancier à déterminer d'accord parties entre les banques créancières et le Ministre des Finances et de l'Économie. Règlement qui n'est jamais intervenu.

RÉFÉRENCES BIBLIOGRAPHIQUES

INSAE-PNUD, *Evolution récente de l'économie du Bénin,* Cotonou, 1991.

BCEAO, *Rapports annuels 1988*, 1989.

PNUD-Bénin, *Le Bénin : Situation économique et perspectives en matière de développement humain durable*, Cotonou, 1995.

GNIDEHOU J., *L'évolution de l'économie, de la politique et des programmes de développement du Bénin de 1980 à 1995.* Rapport provisoire 1995 (rapport adressé au Gouvernement des Pays-Bas)

PNUD-Bénin, *Coopération pour le développement 1993*, Cotonou, 1994.

ADEKOUNTÉ F., *Entreprises publiques béninoises : la descente aux enfers,* Cotonou, Flamboyant, 1996.

GODIN F., *Bénin 1972-1982 : La logique de l'État africain,* Paris, L'Harmattan, 1986.

AMOUSOU B., Banque et Politique, Porto-Novo, CNPMS, 1997.

BARRY D., *Gouvernance et développement : Le cas du Bénin*, PNUD/Cluster Meeting des Economistes, Lomé, 21-23 janvier 1997.

AMIN S., *Les défis de la mondialisation*, Paris, L'Harmattan, 1996.

COMMISSION ÉCONOMIQUE DES NATIONS UNIES POUR L'AFRIQUE, *Evolution et perspectives de l'économie béninoise : 1970-1990.* Rapport provisoire. Cotonou, 1983.

BANKOLÉ M.D., « Quelles statistiques, pour quels mensonges et quelles contre-vérités ? », *La Nation* (Cotonou), n° 1798 du 20 août 1997.

BÉNIN / MINISTÈRE DU PLAN, DE LA STATISTIQUE ET DE L'ANALYSE ÉCONOMIQUE, DIRECTION DU PLAN D'ÉTAT, *L'Economie agricole béninoise : éléments pour une stratégie de développement*, Cotonou, 1979.

BÉNIN, MPSAE, *Plan d'État de développement économique et social 1977-1979*, Rapport de synthèse, Cotonou, 1976.

BCEAO, Bénin, *Statistiques économiques et monétaires*, n° 263, juillet 1978.

Chapitre 2

LE SECTEUR RURAL :
L'héritage colonial et sa gestion jusqu'en 1990

Roch L. MONGBO
et Abelle DOSSOU-HOUESSOU

Introduction

Au Bénin, l'agriculture occupe plus de 70% de la population active, contribue à 40% au produit intérieur brut et assure plus de 80% des recettes d'exportation. Pourtant, les niveaux de revenu demeurent bas et les taux de couverture des besoins essentiels (alimentation, habitation, habillement, infrastructures socio-communautaires, etc.) restent largement en dessous des minima vitaux généralement admis. Or, le secteur rural recèle encore d'importantes potentialités. Selon les statistiques de la FAO pour l'année 1992, sur les 32 210 km^2 de superficie agricole exploitable, seuls 13 450 km^2 sont cultivés (Floquet et *al.*, 1996 : 20)[1]. De plus, la performance économique du pays demeure largement déterminée par les résultats du secteur agricole, ce qui a amené les divers gouvernements à y voir la rampe de lancement de l'économie béninoise. Mais la crise économique des années 80 a été révélatrice de l'échec des modèles de développement agricole

1. Selon des statistique du Ministère du développement rural, sur les 7 050 000 ha de superficie cultivable pour tout le Bénin, seuls 908 000 ha ont été cultivés pour la campagne 1992-1993 (MDR, 1993 : 38).

mis en œuvre jusque là et particulièrement durant les 17 années du régime marxiste-léniniste. Les réformes engagées depuis le début des années 90 s'inscrivent dans la logique des modèles de désétatisation et de libéralisation des programmes d'ajustement structurel pilotés par le FMI et la Banque Mondiale. Il est maintenant utile de s'interroger sur la pertinence de ces options pour voir si elles constituent des alternatives prometteuses pour l'agriculture, capables de faire d'elle la base du décollage de l'économie et de la société béninoises. En effet, une décennie vient de s'écouler et l'on doute, face aux résultats obtenus, que le Bénin puisse réaliser les conditions pour un développement durable et stable, car les efforts entrepris dans le cadre des réformes économiques se sont notamment concentrés sur le coton, la principale source de revenus pour le Bénin ; les produits vivriers ne faisant pas l'objet d'une attention particulière.

Le but central de ce chapitre est d'examiner, vu le contexte actuel de mondialisation des économies, de démocratisation et de décentralisation du pouvoir, les voies et moyens par lesquels le Bénin pourrait se servir de son agriculture pour sortir de l'impasse de l'ajustement structurel, développer les forces productives et promouvoir le progrès social et équitable, tout en n'occultant pas la nécessité du maintien des équilibres macro-économiques. En d'autres termes, que faire dans le secteur agricole pour implanter les bases d'une économie durable enrayant progressivement la pauvreté ?

Un regard rétrospectif sur l'évolution du secteur rural comme objet et champ de politique économique depuis la période coloniale révèle des constantes quant aux actions de l'État dans le domaine agricole, constantes qui suscitent des doutes quant à la pertinence des options actuelles. Notre démarche consistera dans un premier temps à présenter l'historique et les caractéristiques récurrentes des actions gouvernementales depuis l'époque coloniale jusqu'à la fin des années 80. La seconde partie fera l'examen du bilan de la politique agricole mise en œuvre depuis que le Bénin a opté pour le libéralisme économique. Nous serons dès lors outillés pour faire, dans la dernière partie du chapitre, une appréciation critique des orientations amorcées depuis le début des années 1990, ce qui nous permettra d'ouvrir quelques pistes sur des perspectives objectives et réalistes dans le secteur agricole.

Ne pouvant, dans le cadre d'un seul chapitre, faire un balayage systématique de tout le secteur agricole incluant la foresterie, l'élevage, la pêche, etc., nous nous contenterons de centrer nos analyses sur quelques domaines stratégiques qui reflètent les orientations politiques et affectent le secteur d'une manière générale.

I. L'intervention de l'État dans le secteur agricole

Depuis l'indépendance, et au-delà des déclarations à la limite folkloriques du genre : « l'agriculture est la base de l'économie... », on peut difficilement distinguer au Bénin des « politiques agricoles » au sens fort, concrétisées en des plans d'action traduisant des buts et des idéaux, et mises en œuvre sur une période de temps significative. Ce qu'on observe plutôt, ce sont diverses opérations de développement agricole à peine cohérentes dont l'initiative et la conception sont le fait d'intérêts politico-financiers extérieurs qui échappent, dans une large mesure, à l'État de même qu'à la bureaucratie agricole nationale.

Durant la période du régime marxiste-léniniste, le discours en matière agricole a été relativement plus cohérent et porteur d'idéaux d'indépendance, d'autosuffisance alimentaire et de développement autocentré. Mais les opérations visant à concrétiser ces options ne se sont pas fondamentalement écartées du schéma ci-dessus évoqué. En effet, le dispositif d'intervention utilisé par l'État dans l'agriculture a beaucoup hérité de celui mis en place par l'administration coloniale pour servir les intérêts des colons et de la métropole. Ce dispositif a laissé des empreintes indélébiles sur les actions de l'État en matière agricole. Il a imprimé des orientations qui apparaissent aujourd'hui encore comme des constantes des politiques agricoles. Citons quelques exemples.

La forte implication de l'État dans l'administration et la conduite des opérations de développement agricole est toujours perçue comme allant de soi, tout comme les ponctions qu'exercent l'État et ses agents sur les revenus des agriculteurs, et ceci pas toujours au profit de l'économie nationale.

- Les actions de développement agricole menées par l'État ne sont significatives que dans le cadre de projets (co)financés de l'extérieur, avec des conditions extra-salariales spéciales si bien qu'un agent hors projet se considère au garage. Le dispositif de décision dans les organismes chargés de la mise en œuvre de ces types de projets est de nature dualiste, impliquant responsables nationaux et représentants d'agences de financement et/ou d'assistance technique dont les principaux sont la Banque Mondiale (avec plus récemment le FMI), les Fonds de la Coopération française, les Fonds européen de développement, les Fonds de la coopération allemande.
- Quelle que soit l'ampleur des opérations en cours, les structures et le personnel de l'organisme d'État en charge de la mise en œuvre demeurent suffisamment flexibles pour accommoder de nouvelles activités introduites sur l'initiative d'un nouveau ministre ou d'un organisme non étatique (à caractère commercial ou non) via le ministère de l'agriculture. Or, le Bénin a connu une dizaine de gouvernements entre 1960 et 1972, la période apparemment plus stable de 1972 à 1989 ayant quant à elle vu passer 5 différents ministres du développement rural de 1983 à 1990.
- Les opérations privilégiées sont celles qui génèrent des revenus immédiats aussi bien pour l'État que pour le personnel des organismes de mise en œuvre et pour d'autres d'intérêts locaux ou étrangers. Dès lors, les principales cultures qui retiennent l'attention sont les cultures d'exportation (palmier à huile, cocotier, café, coton selon les périodes et l'état du marché).
- Les actions sont orientées vers des groupements (pré)coopératifs, dans un effort sans cesse répété de « structuration du monde rural » (sans que grand compte soit tenu des modes endogènes de structuration sociale) et d'incorporation de ce secteur dans l'économie de marché.

Ces traits caractéristiques des actions de l'État en milieu rural ont pour la plupart pris forme durant la période coloniale à la faveur de la politique de mise en valeur des colonies. L'élite béninoise qui a pris le pouvoir politique en 1960 ne s'est pas donné les moyens de changer ces orientations et de les adapter aux besoins d'une politique nationale de développement. Une telle politique, du reste, ne semble pas avoir existé. Comme l'a noté un observateur de la vie politique dahoméenne au lendemain des indépendances :

> « Les leaders dahoméens n'étaient pas animés d'une motivation idéologique (comme Kwame N'Krumah) et ne pouvaient pas non plus assumer une indépendance de manière pragmatique (comme a pu le faire Houphouët-Boigny). Ils étaient aussi ambivalents au sujet de leur avenir économique dans l'indépendance qu'ils étaient enthousiastes à propos de son aspect politique. Le but de l'élite dahoméenne était l'indépendance, l'établissement de la souveraineté d'État, parce que cela constituait le cadre moderne de reconnaissance d'un peuple libre. Mais ils avaient aussi peur *d'évoluer seuls....* » (Ronen, 1975 : 157).

Parti du même constat de vide idéologique, Alfred Mondjannagni évoque des raisons plus objectives pour expliquer cette carence conceptuelle qui a marqué l'élite dahoméenne des lendemains de l'indépendance :

> « ... On a assisté à la mise en place de castes politico-militaro-administratives, ethniques et régionales en perpétuel affrontement sans la moindre idéologie de base. ...Cette confusion (explique) la multiplicité des plans de développement qui ont été élaborés dans ce pays et qui n'ont jamais atteint leur phase primaire de réalisation avant d'être remis en cause » (Mondjannagni 1975 : 471-472).

Malgré ses bonnes et radicales intentions à son avènement en 1972, le gouvernement révolutionnaire militaro-marxiste n'a pas su mettre en œuvre des alternatives émancipatrices pour le monde rural et l'économie nationale. En fait, les mécanismes réels et la culture même des interventions furent développés depuis la période coloniale, donc dans une logique extravertie dominée par des intérêts locaux et étrangers bien implantés dans l'agro-exportation et peu compatible avec une politique de développement autocentré.

II. La structuration du monde rural de 1906 à 1960

C'est entre 1906 et 1916 que les concepts et la structure de base présidant à l'organisation des interventions de l'État en milieu rural ont été élaborés au Dahomey comme dans les autres colonies françaises de la sous-région. Le Service de l'agriculture et des forêts de la colonie du Dahomey a été créé en décembre 1905 pour la mise en valeur de la colonie. Le service devait attirer des fermiers européens, faciliter leur installation et leur fournir de l'assistance en recherche, conditionnement, commercialisation, etc. Au cours des 15 années suivantes, le service colonial de l'agriculture déploya des efforts systématiques pour développer les cultures d'exportation que sont le palmier à huile, le cocotier, le maïs[2], le cacao, le café, le coton et le tabac. Quatre zones ont été identifiées comme propices à chacune de ces cultures : le palmier à huile pour le sud-est (Porto-Novo), le café, le cacao, le palmier et le cocotier pour le centre-sud et le sud-ouest (Allada, Ouidah, Cotonou, province du Mono), le coton pour le centre (province du Zou) et le tabac pour les deux provinces du nord. Des techniciens spécialisés dans ces cultures ont été affectés dans chacune des zones pour assister les fermiers. Un corps du personnel indigène fut créé en 1913 pour donner un statut officiel aux interprètes des techniciens agricoles français tandis qu'une école d'agriculture fut ouverte en juin 1914.

Les quatre circonscriptions ou régions agricoles ainsi définies à partir de critères agro-écologiques ne coïncidaient

---

2. Le maïs a retenu l'attention de l'administration coloniale (la première station de recherche ouverte au Dahomey, celle de Niaouli qui remonte vraisemblablement à 1905 devait s'occuper entre autres du maïs) non comme culture vivrière des indigènes, mais parce que beaucoup demandé par les industries européennes d'armement. Il a occupé une place importante dans les exportations du Bénin jusqu'en 1916, environ 15 % en poids des principaux produits agricoles exportés à savoir le maïs, l'huile et les noix de palme, l'arachide (voir Mongbo, 1988). Le maïs dahoméen a été abandonné en 1917 après de longues discussions au sujet de sa sensibilité aux attaques des déprédateurs (voir les échanges de correspondance entre le *Service de l'utilisation des produits coloniaux pour la défense nationale du ministère des colonies* et le *Gouverveur général de l'AOF* à propos du maïs du Dahomey de 1914 à 1917).

pas avec les 6 circonscriptions administratives (cercles). Les chefs de région rendaient directement compte au chef du service agricole basé à Porto-Novo et échappaient au contrôle des commandants de cercle qui se plaignaient de ne pouvoir suivre les mouvements de ces agents œuvrant sur leur territoire. De plus, malgré toutes les facilités qui leur étaient offertes, les colons agricoles européens ne se sont pas bousculés aux portes de la colonie du Dahomey. Le service agricole devait donc se rabattre sur l'agriculture indigène pour faire accomplir le devoir d'approvisionnement de la métropole par la colonie du Dahomey. Le service a alors été vivement critiqué, jugé peu performant et, sous ce prétexte, rapproché de l'administration territoriale[3].

De notre point de vue, cette période fut l'une des plus déterminantes dans la production de l'identité du service agricole tel que nous le connaissons à ce jour. En effet, cette option a probablement enclenché la bureaucratisation du service au lieu que soit privilégié le raffermissement de ses bases techniques. Ceci sera confirmé à partir de 1952 lorsque les Sociétés Indigènes de Prévoyance (SIP) qui étaient supposées constituer des mutuelles d'assistance réciproque entre paysans finirent, à l'issue de maintes réformes et acrobaties de l'administration et du pouvoir colonial par se confondre, en 1957 avec les Secteurs de développement rural, entièrement contrôlés par l'État et se situant essentiellement à l'échelle des arrondissements ou sous-préfectures[4]. Aussi

---

3. Au terme de la décision prise à cet effet en 1941 par le Lieutenant-Gouverneur Truitard, il faut que dans chaque cercle soit affecté un fonctionnaire européen de l'agriculture qui ne soit pas uniquement le spécialiste du coton, du café ou des oléagineux, mais bien le technicien *placé à la disposition du Commandant de Cercle qui pourra lui donner les instruction nécessaires pour l'exécution du service général agricole.*

4. Dénommées SIP à leur lancement en 1919 puis SAP en 1946 (Société indigène africaine de prévoyance), ces organisations supposées mutualistes auxquelles l'adhésion était obligatoire pour les paysans étaient devenues successivement Société mutuelle de prévoyance agricole, puis de développement rural, ensuite Société de modernisation agricole et depuis 1959, Secteur de développement rural (voir avant-projet du 3e plan quadriennal 1958-1961 ; 1957 : 121). A partir de 1946, les membres étaient astreints à des travaux bénévoles sur des champs collectifs cultivés en cultures de rente et donc les recettes étaient supposées servir à des réalisations d'intérêt communautaire.

bien pour les techniciens que pour les autres acteurs du secteur (paysans, commerçants, et plus tard bailleurs de fonds), le service n'est plus un dispositif d'assistance technique simple mais fait partie intégrante de l'administration territoriale. Il sera donc globalement traité comme tel.

Dans une dynamique de retrait/désengagement au lendemain de la seconde guerre mondiale, l'administration coloniale a encouragé la constitution de coopératives privées de service, pour la collecte et la commercialisation des produits agricoles. Ainsi naquirent vers 1955, la Société de production agricole d'Abomey (SOPA), les Unions des mutuelles agricoles de Savè et de Dassa (UMAS, UMAD), l'Union des coopératives dahoméennes (UCODA)[5]. Tout ceci était cohérent avec la politique affichée d'approvisionner les industries européennes en matières premières agricoles à tout prix. Bien qu'il fût question de temps à autre dans les discours d'améliorer les revenus des producteurs, ce discours n'exprimait pas une préoccupation réelle tant que les producteurs n'étaient pas victimes d'une famine et pouvaient payer la taxe civique. Mais ce qui se conçoit beaucoup moins, c'est le fait que l'élite dahoméenne qui a accédé au pouvoir en 1960 ait récupéré en l'état toute cette machine montée pour servir les intérêts de la métropole, se contentant de lui passer un vernis discursif d'ailleurs souvent mal assimilé.

III. L'État et l'agriculture de 1960 à 1975

Les moyens objectifs d'une politique indépendante faisaient cruellement défaut, déjà du fait de la carence idéologique évoquée plus haut, l'indépendance ayant été acquise

5. Un dispositif technique et financier a été mis en place pour faciliter le fonctionnement de ces coopératives. De telles ouvertures de la part de l'administration coloniale répondaient en fait à plusieurs impératifs : réduire les charges salariales pour l'administration en cette période de crise économique et d'après-guerre, donner une satisfaction aux revendications émancipatrices grandissantes en Afrique et dans le monde de la part des élites des territoires coloniaux (Voir Mongbo, 1995 : 57-88 ; Yèbè et al., 1986 : 38 pour plus de détails.

dans la continuité sans divorce avec le pouvoir colonial. D'autre part, il n'y avait que peu de personnel qualifié pour concevoir et conduire une politique agricole endogène. Un corps du personnel des services agricoles a été créé en août 1913 mais il était composé pour l'essentiel de demi-lettrés formés sur le tas et de personnes issues de l'école élémentaire d'agriculture créée en juin 1914. Le lycée agricole de Sékou, alors dénommé Centre National des techniciens agricoles n'a été créé qu'en 1971. Les bourses de formation à l'étranger, en nombre limité, étaient octroyées sur une base trop sélective pour couvrir des effectifs significatifs. Enfin la Faculté des sciences agronomiques n'a été ouverte qu'au début des années 70. Ainsi, les actions entreprises par les gouvernements au lendemain des indépendances étaient en totale désarticulation par rapport à ce qui aurait pu être une politique de développement autocentrée. Une telle politique était du reste absente, même au niveau du discours. Les actions couvraient globalement trois grands domaines : la structuration du monde rural, le développement de cultures d'exportation et la régionalisation des interventions pour le développement rural. Malgré un changement radical de discours et quelques actions d'éclat après 1975, les tendances générales sont demeurées identiques jusqu'à la fin des années 80.

1. La structuration du monde rural

Une connaissance existait sur les modes locaux d'organisation paysanne mais ils étaient jugés inappropriés pour assurer la modernisation du secteur agricole, la mise en valeur du territoire, principalement au profit de l'État et de sa bureaucratie. Dans le sud du pays, des opérations d'aménagement rural ont été engagées sur des périmètres identifiés et décrétés d'utilité publique. Des coopératives agricoles obligatoires ont été constituées et une mise en exploitation rationnelle de ces périmètres entreprise. Des offices d'État ou des sociétés mixtes agro-industrielles ont été créés pour assurer la conduite et la gestion des opérations. Dans tout le pays, des champs collectifs (Magagle)[6] ont été lancés en 1962 dans le but d'accélérer la mise en valeur du territoire et de générer une dynamique communautaire en même temps que des ressources financières au niveau local (Mondjannagni, 1977).

a) Les coopératives d'aménagement rural

A partir de 1962, des périmètres d'aménagement ont été implantés successivement, dans le Mono, l'Atlantique et l'Ouémé, de plantations de palmiers à huile sélectionnés et de cultures annuelles. Des périmètres rizicoles ont également été aménagés dans les vallées des fleuves Ouémé et Mono[7]. Les opérations étaient conjointement financées par la Banque Mondiale et le Fonds d'Aide et de Coopération. Elles ont été conduites par une société mixte créée à cet effet, la Société Nationale pour le Développement Rural (SONADER). A la date de 1975, les réalisations se présentaient comme indiqué sur le tableau ci-après :

Tableau 1 : État des complexes agro-industriels en 1975

Complexes	Houin-Agamey (Mono)	Grand-Hinvi, Calavi, Ouidah-Nord (Atlantique)	Agonvi, Pobè-Sud, Porto-Novo (Ouémé)	Total
Palmeraie sélectionnée	4.062 ha	10.854 ha	13.521 ha	28.437 ha
Zone de cultures annuelles		10.854 ha	13.521 ha	
Zone d'extension de villages	104 ha	600 ha	500 ha	24. 375 ha
Zones de reboisement		1.000 ha	300 ha	1.204 ha
Huilerie :	1970	1974	1975	1.300 ha
-mise en service-capacité horaire	15 tonnes de régimes	20 tonnes de régimes	20 tonnes de régimes	45 tonnes de régimes

Source : Mondjannagni, 1977

6. En fon : « les champs de Maga », du nom du premier président de la République.
7. Pour plus détails sur les concepts de base, les circonstances de mise en œuvre, les déboires et les bilans de ces différentes opérations à la date de 1975, voir Mondjannagni (1977 : 471-524).

Les paysans dont les terres sont ainsi « mises en valeur » deviennent de gré ou de force membres de coopératives agricoles obligatoires créées sur décision ministérielle et sont coopérateurs dits de parts A. Ceux qui sont sans terre, ou dont les terres ne sont pas concernées et qui adhèrent à la coopérative en y apportant leur force de travail détiennent des parts sociales dites parts B. Les parts A et B sont différemment rémunérées à l'issue des campagnes. En principe, la gestion est assurée par des administrateurs élus en assemblée générale. Ces administrateurs « bénéficient » d'une assistance technique nommée par l'État et relevant de la SONADER. Dans les faits, les coopérateurs perçoivent ces assistants techniques comme les vrais décideurs et se considèrent eux-mêmes comme victimes d'une spoliation et/ou comme simples manœuvres agricoles au profit de la SONADER et de ses cadres. Alors que pour leurs initiateurs, les coopératives d'aménagement rural constituent de véritables tentatives de solution aux problèmes des paysans pauvres ou sans terre du Bas-Bénin (Mondjannagni, 1977 : 510), elles étaient violemment critiquées à l'époque par des groupes politiques qui y voyaient une poursuite de la politique coloniale d'exploitation des ressources et de la force de travail des paysans au profit d'intérêts étrangers. De plus, le projet a profondément et durablement transformé le paysage agraire des régions concernées et accentué la dépendance des femmes et des cadets vis-à-vis des aînés quant à l'accès à la terre et au contrôle de la main-d'œuvre. En effet, les possibilités d'exploiter des champs individuels s'étaient considérablement réduites. Seuls les aînés étaient enregistrés au titre de coopérateurs de parts A, et ils tentaient de faire comptabiliser la main-d'œuvre des femmes et des jeunes à leur profit. Les possibilités de travail salarié offertes par les plantations et l'adhésion aux coopératives au titre de coopérateurs de parts B étaient pour les jeunes des marges de manœuvre pour contourner les aînés.

Dans le cadre des programmes de restructuration des services agricoles et de privatisation des sociétés d'État engagés à la faveur des programmes d'ajustement structurel depuis le début des années 90, une rétrocession des terres à leurs propriétaires est engagée, ce qui en soi constitue une opération tout aussi délicate qui mérite d'être suivie avec attention.

Pour ce qui est des aménagements hydroagricoles, ils étaient essentiellement destinés à promouvoir la culture du riz dans les zones propices avec la même logique de modernisation agricole et de coopérativisation que les aménagements agro-industriels sauf qu'ici, l'adhésion à la coopérative a été libre. Une société mixte, la Société nationale d'aménagement et de développement de la vallée de l'Ouémé (SADEVO) a été créée pour la gestion de l'opération. A la date de 1972, un aménagement hydraulique était réalisé sur 1 800 ha dont 800 ha de périmètres rizicoles irrigués. En 1974, 1975 et 1976, successivement 2 400 tonnes, 4 000 et 6 000 tonnes de riz avaient été récoltées. Le maïs irrigué semé sur le périmètre connut le même succès.

En 1975, le gouvernement a voulu étendre l'expérience à toutes les zones de vallée du Bénin. La Société Nationale d'irrigation et d'aménagement hydro-agricole (SONIAH) est créée pour suppléer la SADEVO et couvrir tout le territoire national. Malheureusement, ces expériences ne sont pas parties bien loin. Les raisons en sont multiples dont les deux ci-après furent déterminantes :

– l'obsession des techniciens et cadres de l'agriculture à faire travailler les paysans en coopératives alors que la tendance générale est à l'individualisme avec une coopération limitée à l'échange de main-d'œuvre,

– la gestion patrimoniale du bien public par certains responsables de la SADEVO puis de la SONIAH : cette gestion a fini par désenchanter les paysans qui n'avaient déjà pas confiance en l'administration agricole, qu'ils confondaient généralement avec l'administration publique et l'État, et qui par ailleurs, était fortement répressive.

b) Les champs collectifs

Les champs collectifs devaient être réalisés au niveau des villages et des sous-préfectures. Ils devaient être consacrés à des cultures de rente dont la vente procurerait des revenus à utiliser pour des investissements socio-communautaires (pistes, marchés, centres de santé, écoles, etc.). Mais en dehors d'un succès relatif dans les deux provinces du Nord, succès attribué par certains à l'origine nordiste des responsables politiques initiateurs de l'opération (voir Mondjannagni,

1977 : 477-480), les paysans assimilèrent cette initiative aux travaux forcés du temps colonial. Du reste, beaucoup de chefs de villages et autres notables des localités ont, en partie, récupéré cette opération de la même façon qu'ils l'avaient fait des travaux forcés, recrutant de la main d'œuvre gratuite sur leurs propres champs. De plus, les champs collectifs étaient présentés en 1966 par le gouvernement comme obligatoires à tel point qu'une ordonnance fut prise pour prévoir des sanctions assez sévères à l'encontre des paysans récalcitrants et des chefs des villages dans lesquels ces champs ne seraient pas un succès (cf. ordonnance 62/PR/MDRC du 29 décembre 1966). Par ailleurs, des échecs du fait du manque de coordination et d'assiduité du dispositif technique d'encadrement (absence de semences, problèmes de stockage des produits, commercialisation, etc.) ont fini par décourager les plus enthousiastes. L'indicateur qui traduit le mieux l'échec de cette initiative est l'importance des superficies couvertes par ces champs : ils vont de 0,5 à 4,4 ha pour des villages comptant entre 100 et 500 personnes adultes (Gentil, 1986 :126).

2. Le développement des cultures de rente : un exemple

Des projets régionaux ont été conçus avec l'appui de divers bailleurs de fonds et des sociétés d'intervention. Ces projets reprennent à leur compte le zonage ou la spécialisation régionale coloniale tout en maintenant à un moindre degré l'enchâssement administratif des projets, en particulier pour le centre et le nord. Ainsi, dans les régions du Sud (actuels départements du Mono, de l'Atlantique, de l'Ouémé et du Zou-Sud), l'attention des gouvernements se focalise sur le palmier à huile sous la gestion de la SONADER. Au centre (Zou-Nord), l'accent a été mis sur l'arachide puis sur le coton, les projets concernés étant exécutés par la SATEC et la CFDT. Dans le Borgou, l'intérêt portait sur le coton avec la CFDT tandis que l'organisme d'exécution dans l'Atacora était le BDPA.

Le cas sommairement présenté ci-dessous, celui du projet de développement rural du centre Dahomey, plus tard dénommé Opération de Développement Intégré du Zou

(ODIZ) est illustratif des options alors prises ainsi que du renforcement de la culture des interventions de l'État en milieu rural au Bénin. En effet, de juillet 1964 à décembre 1965, la SATEC a conduit une action de développement limitée aux sous-préfectures du Zou-Nord d'alors (Dassa-Zoumé, Savalou et Savè). Conformément aux termes de la convention, il a été mis en place un dispositif de vulgarisation agricole fait de paquets technologiques, et d'un service vulgarisation sur le maïs, l'arachide et le coton. Par contre, et contrairement aux termes de la même convention, la SATEC n'a pas cru devoir s'appuyer sur les organisations coopératives et mutualistes existantes. Pourtant, ces organisations avaient connu un important développement à Dassa-Zoumé (y compris l'actuel Glazoué), Savè (y compris l'actuel Ouèssè) et Savalou (qui recouvrait l'actuel Bantè et une partie de l'actuel Glazoué) depuis 1956. En 1963 à la veille du lancement du projet, il y avait au total 186 mutuelles regroupant 3189 adhérents, répartis comme ci-après (Barboteu et Cerini, 1963 : 21) :

Savè	:	72 mutuelles avec 1 447 adhérents
Dassain Zoumé	:	96 mutuelles avec 1 301 adhérents
Savalou	:	18 mutuelles avec 441 adhérents

L'appui technique et financier de ces mutuelles était assuré par la Banque du Bénin et la Banque Dahoméenne de Développement. Les membres obtenaient des crédits (de soudure) et des conseils techniques (dans divers domaines) de même qu'un appui à la commercialisation par le biais de leur mutuelle. Le constat était alors celui d'une rapide expansion du mouvement mutualiste dans la région, étant donné que la forme de crédit instituée « était adaptée aux habitudes d'entraide financière du milieu, n'exigeant pas de vastes regroupements d'hommes, ni de collectivisation où la confiance réciproque se diluerait (ou serait mise à l'épreuve) » (Barboteu et Cerini, 1963). Mais selon les mêmes auteurs, ces mutuelles n'ont pas permis l'émergence d'une attitude économique collective, les membres étant mus par la recherche individuelle de crédit.

Entre 1957 et 1958, se sont créées respectivement les unions des mutuelles agricoles de Savè (UMAS) et de Dassa

(UMAD). Ces centrales créées à la faveur d'arrêté local (n° 2918 DAR du 18/04/1957) sont présentées comme l'initiative d'élites politiques des localités concernées profitant d'un contexte politique favorable et capitalisant sur la dynamique rurale en place (voir Daane et Mongbo, 1991). Elles se sont focalisées sur la collecte primaire et la commercialisation de l'arachide et du ricin avec une grande discontinuité dans la couverture géographique, de l'inconstance, peu de fiabilité et d'efficacité. Voir le tableau ci-après.

Tableau 2 : Part de l'UMAS dans la commercialisation du ricin et des arachides dans la sous-préfecture de Savè de 1958 à 1963

	Arachides (tonnes)			Ricin (tonnes)		
	Total Commer-cialisé	Part UMAS	%	Total Commerc ialisé	Part UMAS	%
1958-59	480	18	4 %	355	306	86 %
1959-60	1 000	255	25 %	360	300	83 %
1960-61	6 000	327	54 %	400	226	56 %
1961-62	750	80	10 %	200	161	80 %

Source : Barboteu et Cerini, 1963 : 31-32

De plus, les mutualistes agissaient en producteurs isolés tandis que les centrales se comportaient comme des entreprises commerciales autonomes, couvrant peu de produits (essentiellement les arachides) et de zones, et peu soucieuses des conditions techniques de la production et même, brimant et terrorisant les producteurs (voir Daane et Mongbo, 1991 : 62).

Malgré toutes les faiblesses qui caractérisaient le mouvement coopératif dans ces trois sous-préfectures en 1963 au moment où démarrait le projet de développement du Centre Dahomey, des acquis indéniables étaient manifestes : des dispositifs de crédit et de commercialisation existaient, renforçant une incorporation des paysans dans l'économie de marché tout en les maintenant à un niveau d'organisation supérieur à l'existant du moment. Au prix de quelques aménagements, ces dispositifs pouvaient assurer l'accompagnement d'une intervention pour l'amélioration de la productivité et constituer des plates-formes convenables pour des actions de développement, du fait des attitudes et des habitudes favorables qui se développaient vis-à-vis du crédit et de la commercialisation (Barboteu et Cerini, 1963 : 51).

Vu sous un autre angle, le processus indique l'émergence d'une société civile sur le terrain de l'organisation des forces productives et de la production de richesse, profitant d'une législation et de conditions financières favorables. Les unions de mutuelles étaient certes contrôlées à l'époque par des élites, par ailleurs influentes dans les instances politico-administratives, mais un accompagnement volontariste et responsable de cette dynamique aurait mieux contribué à la professionnalisation du métier d'agriculteur et au renforcement des capacités des paysans à défendre leurs intérêts. La SATEC a tout simplement balayé d'un revers de main toute cette dynamique, déclarant que ces organisations n'avaient aucune vie réelle, et ne pouvaient en aucun cas servir d'assise à l'opération (SATEC, 1969 : 4). Elle a plutôt suscité la création de blocs de culture regroupant plusieurs exploitants autonomes, mais pouvant être suivis ensemble. En 1966, l'opération a été renouvelée et étendue à tout le département. L'ensemble du personnel du service agricole en poste dans le département a été mis à la disposition de la SATEC qui devait par ailleurs s'assurer la collaboration d'organismes de recherche et d'expérimentation (IRAT, IRCT) et de commercialisation (CFDT).

A la faveur de cette génération de projets exécutés par la SATEC, la CFDT et le BDPA, des savoir-faire en matière de monoculture du coton et de l'arachide ont été acquis par des agents et des paysans, ainsi qu'en matière de la gestion d'une partie de la filière coton. L'impact sur le niveau de production de ces cultures est évident (voir tableau). Toutefois, des torsions structurelles profondes ont été portées au secteur agricole béninois qui en garde les empreintes jusqu'à présent. Elles concernent notamment :

- l'organisation du paysannat et ses relations avec les organismes techniques d'appui : la dynamique mutualiste antérieure est cassée, des GV (Groupements villageois) ont été construits à partir des blocs de culture. Du fait de leur indexation à l'unique culture d'exportation (le coton), les programmes de crédit, d'alphabétisation et d'appui à l'organisation paysanne ont été fondamentalement appauvris par rapport au dispositif précédent dans lequel le paysan qui accédait au crédit était libre de l'utiliser dans des systèmes de production sur lesquels il avait un contrôle relativement élevé ;

- ♦ le personnel technique qui a été formé et impliqué dans la mise en œuvre de cette approche directive de formation et d'organisation paysanne s'est trouvé renforcé dans cette logique coloniale. De plus, sur les 10 ans de cette opération, les conditions ont été réunies pour développer l'attitude « Sans projet, pas de travail » et la confusion entre l'administration bureaucratique et le Service d'appui technique en agriculture ;
- ♦ le choix porté sur des cultures d'exportation (de rente) a été consacré, les évolutions dès 1965-1968 révélant une nette préférence de la SATEC pour le coton. (Voir le tableau ci-après).

Tableau 3 : Évolution des superficies en cultures améliorées encadrées par la SATEC de 1965 à 1968 (en ha)

	1965	1966	1967	1968
– cultures vivrières	37	186	2 000	1 500
– arachide	50	309	3 200	8 000
– coton Allen	27	245	880	4 000
Total	**114**	**740**	**6 080**	**13 500**

En conséquence, les prévisions du plan quinquennal 1966-1970 ont été révisées à la hausse pour passer de 4 000 tonnes en 1968 à 14 000 tonnes en 1971 (SATEC, 1969 : 21). On comprend alors que les diverses tentatives opérées à partir de 1975 pour rétablir un équilibre, tant dans l'organisation paysanne que dans le soutien aux diverses cultures se soient soldées par un échec, étant prises en otage par des acteurs, une culture et surtout les intérêts déjà solidement ancrés dans l'agro-exportation.

Il convient de mentionner que les opérations du gouvernement, de la SATEC et de la CFDT dans l'agro-exportation de 1960 à 1972 ont offert une base objective aux campagnes d'éveil et de mobilisation paysanne menées par des organisations d'élèves et d'étudiants, de travailleurs dans leur lutte contre le néo-colonialisme. Une bonne partie de ces activistes se joindront au gouvernement militaire de 1972 et feront rentrer dans le giron de l'État, un mouvement paysan qui aurait gagné à rester autonome.

IV. L'omniprésence de l'État de 1975 À 1990

A son avènement en 1972, le gouvernement révolutionnaire militaro-marxiste a vivement critiqué la politique de démission nationale des gouvernements précédents et affiché la volonté de conduire une politique nouvelle d'indépendance nationale. Pour ce qui concerne l'agriculture, ceci devait se traduire par la réhabilitation du secteur comme base de l'économie et non comme simple pourvoyeur de matières premières agricoles pour l'industrie de l'ex-métropole. Le gouvernement s'engageait donc à accorder un intérêt particulier au développement des cultures vivrières en vue de l'autosuffisance alimentaire tout en suscitant la transformation des structures et rapports de production en milieu rural. Pour l'essentiel, ces nouvelles orientations devaient être mises en œuvre par les CARDER, offices d'État créés en 1975 et détenant un quasi-monopole sur les interventions en milieu rural. De même, les organismes et programmes de recherche agronomique ont été pris en charge par l'État à partir de 1977. Par ailleurs, des actions spectaculaires ont été engagées par le gouvernement pour les cultures vivrières, les organisations paysannes et le crédit agricole. Mais ces actions se sont révélées, dans l'ensemble, plutôt dommageables pour les paysans, pour l'agriculture et pour l'économie nationale.

1. Les CARDER

La création des CARDER, innovation institutionnelle majeure de la période, n'est pas une initiative de ce régime, mais avait démarré depuis 1968 par une phase d'essai pilote dans le département du Mono. Dans toute l'Afrique au Sud du Sahara, c'était l'ère de la centralisation des interventions, tant sous les régimes dits de démocratie libérale que sous les régimes de démocratie centralisée. Ces actions étaient dites « intégrées » et l'option était presque une conditionnalité pour avoir accès aux crédits de la Banque Mondiale et aux subventions du FED[8]. Un CARDER a été créé par département, soit 6 au total, avec un organigramme standard pour tous les CARDER.

Officiellement, ils sont supposés conduire, la politique de l'État en matière de développement rural (auto-suffisance alimentaire, amélioration du revenu des producteurs, transformation des rapports de production, promotion de l'agriculture comme rampe de lancement de l'industrie). Dans les faits, l'attention a beaucoup plus porté sur l'agro-exportation que sur les autres axes en particulier dans le cadre de projets de développement rural intégré financés pour l'essentiel de l'extérieur et exécutés au cours des années 80. Du reste, le fonctionnement des CARDER a été largement compromis, entre autres, par l'instabilité de la structure et du personnel, les injonctions régulières des ministres, la multiplicité d'activités/projets que l'organisation est supposée exécuter à la fois et l'absence de moyens conséquents de la part de l'État. De plus, les tentatives menées pour obtenir des financements des bailleurs traditionnels de l'agriculture sont restées vaines, semble-t-il, jusqu'au règlement des contentieux créés par la suspension par l'État des contrats de la SATEC, de la CFDT, etc. Tout ceci a causé d'énormes diffi-

8. Voir Lélé, 1975 : 259 : 265 sur plusieurs expériences africaines et en particulier Schumacher, 1975 : 213 pour le cas du Sénégal. Même si des cadres africains étaient à l'origine de cette option, les circonstances de sa formulation et surtout de sa mise en œuvre en font en définitive une initiative de ces agences de financement. Bien entendu, et en particulier pour le cas du Bénin, l'initiative ou le diktat d'origine extérieure a trouvé le terrain fertile de la bureaucratie agricole, de la tendance centralisatrice du régime marxiste-léniniste et des intérêts locaux et étrangers de l'agro-exportation.

cultés à la filière coton dans les deux départements gros producteurs, le Zou et le Borgou : chaos dans la mise en place des intrants, dans la commercialisation et dans le payement des producteurs, paquets technologiques de moins en moins adaptés, etc.

La faible performance du système national de vulgarisation, est également attribuée à l'implication des CARDER dans des activités à caractère commercial, généralement liées aux cultures d'exportation, en l'occurrence le coton, ainsi qu'à la pauvreté ou à l'absence de paquets technologiques adaptés aux systèmes de cultures en dehors du coton. De plus, la confusion entre l'administration d'État et les CARDER a contribué à saper l'audience de ces derniers auprès des paysans, en particulier en matière d'organisation paysanne.

2. *La recherche agronomique*

Jusqu'en 1972, la recherche agronomique a été organisée et conduite conformément à la logique de la mise en valeur des colonies pour l'approvisionnement de la métropole. A son avènement, le Gouvernement révolutionnaire a entrepris la prise en main de la recherche agronomique comme composante stratégique du secteur agricole. En 1977, tous les laboratoires et stations de recherche ont été récupérés et placés sous une Direction de la Recherche Agronomique (DRA). En 1984, en vue de faciliter la liaison entre la recherche et les préoccupations paysannes, l'Institut National de Recherche Agricole du Bénin (INRAB) a été placé sous la tutelle du Ministère du Développement Rural. Toutefois, l'insuffisance des moyens humains et matériels a largement compromis le bon fonctionnement de la DRA durant toutes les années 80. A peine une soixante de cadres scientifiques du niveau maîtrise et 120 techniciens y sont recensés au milieu des années 80 tandis que les coûts d'opération représentaient 40% des dépenses totales et étaient à 100% à la charge du gouvernement, ce qui en soi constituait un sérieux handicap (voir World Bank, 1985, Mongbo, 1988). Plusieurs études effectuées en milieu paysan à la fin des années 80 révèlent une très faible articulation entre la recherche et les préoccupations paysannes en dehors de la recherche cotonnière et des projets de recherche-développement. Dans l'Atlantique par exemple à peine 2% des superficies cultivées en maïs l'étaient en variétés améliorées tandis que la fumure n'était adoptée qu'à 8% (CARDER Atlantique, 1993, cité par Floquet, 1994). La palmeraie, largement cultivée dans le Sud-Bénin, n'était pas au programme à l'IRHO tandis que la tomate et les fruitiers, cultures de rente stratégiques pour les paysans, ne faisaient pas l'objet d'une attention suivie.

3. La transformation des structures et les rapports de production à la campagne

a) Le foncier et la production de la pauvreté

A l'instar du discours programme du 30 novembre 1972, l'article 14 de la Loi Fondamentale de 1978 relative à « la mise en œuvre et (à) la généralisation de la réforme » évoque la transformation radicale des rapports sociaux et organisationnels à la campagne. Pourtant, il n'y a jamais eu la moindre tentative de réglementation du foncier ni aucun effort réel d'aménagement du territoire. De plus, la pénurie de terre et l'inégalité d'accès se sont aggravées à partir de la fin des années 80 lorsque la faillite du système bancaire a coïncidé avec les premières indemnisations pour des départs volontaires de la fonction publique. La terre est devenue un refuge pour l'épargne, précarisant davantage la situation des petits paysans dans le bas Bénin. Les portes de sortie sont à la fois limitées et aléatoires. Ces paysans sont parfois employés (du reste de plus en plus rarement) comme manœuvres agricoles par les nouveaux propriétaires qui les rémunèrent à peine au tiers du SMIG en vigueur. Des centaines de jeunes rejoignent les villes (surtout Cotonou) et s'engouffrent dans l'apprentissage de « métiers » illusoires (tailleurs/couturières, coiffeuses, mécaniciens, chauffeurs, etc.), apprentissage qu'ils ont rarement les moyens de suivre jusqu'au bout. Ils font un tour dans la conduite de taxis-motos (zemidjan) pour finir au village à la charge des parents ou comme démarcheurs dans la vente de ce qui reste de terre, rarement pour travailler comme de véritables agriculteurs car ils en ont perdu le courage (voir Mongbo et Floquet, 1995). La petite et la grande criminalité deviennent dès lors des portes de sortie avec leur corollaire d'insécurité dans les villes et dans les zones périurbaines.

Certains jeunes et moins jeunes migrent par contre vers le centre du Bénin (Glazoué, Savè, Ouessè, Bantè, etc.) où subsistent des terres non cultivées. Mais comme il n'existe ni législation ni administration active en la matière, la communication entre migrants et autochtones est des plus confuses. Plusieurs logiques contradictoires s'affrontent : d'une part, celle des autochtones d'âge avancé pour qui la terre a toujours été un bien non marchand ; d'autre part, celle des migrants agricoles venant pour la plupart de zones où la terre est non seulement un bien marchand mais un bien rare. Dès lors, bien qu'obtenant gratuitement la terre de la part des autochtones, certains migrants opèrent des sessions sur des bases partiellement ou totalement marchandes à de nouveaux migrants dont parfois ils organisent activement l'arrivée. Une troisième catégorie d'acteurs apparus sur cette scène au cours des dernières années comprend les fils de propriétaires, lettrés et vivant ou ayant eu des expériences au sud-Bénin dans les zones où la terre est un bien marchand. Non seulement ils craignent pour leur patrimoine, mais certains d'entre eux, disposant de grands moyens financiers, développent des projets d'installation de fermes agricoles modernes. Les règles du jeu n'ayant pas été clairement définies au départ entre autochtones et migrants, il est facile de semer la confusion entre ces groupes avec des bribes de droit foncier coutumier et de droit moderne opportunément mélangés, qui entraînent des affrontements parfois meurtriers comme ce fut le cas au cours de ces dernières années dans certaines zones d'accueil. Dans un cas comme dans l'autre, le vide législatif et la spéculation foncière suscitée et encouragée sous le régime révolutionnaire ont contribué à vulnérabiliser ou appauvrir une large couche des populations du sud-Bénin tout en créant des sentiments d'insécurité chez celles du moyen Bénin. La cohabitation entre les populations est de plus en plus difficile, la paix sociale menacée, les ressources naturelles fragilisées et le développement du système endogène de connaissance agricole compromis. Tout ceci se passe dans une zone qui constitue quasiment la dernière réserve en ressources naturelles du Bénin.

b) Les organisations paysannes sous la révolution

Nous avons déjà évoqué plus haut l'appauvrissement de la dynamique organisationnelle paysanne par les interventions de la SATEC et de la CFDT, par exemple dans le Zou et le Borgou. En 1977, le gouvernement révolutionnaire a lancé le mot d'ordre de la constitution des GRVC et des CAETS puis de la promotion des Club 4D[9] comme moyen de transformation des modes de production et d'introduction de la révolution dans les campagnes du Bénin. Les CARDER et, par conséquent, les agents de vulgarisation avaient l'obligation de justifier de la constitution du maximum possible de GRVC dans leur village d'action. Des GRVC fictifs ont été déclarés tandis que des promesses d'aide de la part des agents et des responsables politiques ont suscité la création de beaucoup de GRVC, non pas dans une dynamique de prise en charge et d'auto-promotion autour de préoccupations collectives endogènes, mais plutôt dans une dynamique assistantialiste. Cette culture extravertie de l'organisation est largement relayée par les Organisations non gouvernementales (ONG) et autres structures actives dans les opérations de développement.

Par ailleurs, des groupements villageois développés par les CARDER à la faveur des projets de développement financés dans le Borgou et le Zou essentiellement par la Banque Mondiale et la Caisse Française de Développement au début des années 80, se sont occupés de la distribution des intrants, la collecte primaire du coton, la construction d'infrastructures socio-communautaires et, parfois, la mobilisation et la distribution de l'épargne rurale. Grâce aux diverses réformes intervenues dans l'organisation de la production

---

9. GRVC : Groupement révolutionnaire à vocation coopérative. Bloc de cultures de paysans gardant l'individualité de leurs terres et de leur production mais prêts à suivre en commun les conseils techniques des agents encadreurs. Ces paysans peuvent librement constituer des groupe d'entraide pour les travaux agricoles. Discipline de travail, approvisionnement en commun à titre individuel des moyens de production, en principe vente collective.
CAETS : Coopérative agricole expérimentale de type socialiste. Les moyens de production sont mis en commun et les fruits sont répartis suivant le travail réalisé par chaque membre.
CLUB 4D : Club de jeunes ayant démocratiquement décidé de faire leur devoir pour un réel développement de leur localité.

cotonnière au cours des années 80 sous l'impulsion des bailleurs de fonds, ces groupements villageois ont progressivement acquis un contrôle de plus en plus effectif sur la filière coton.

c) L'épargne rurale et les caisses de crédit agricole et mutuel

Un système institutionnel de crédit agricole a été mis en place au Bénin en 1975-1976, sous forme d'un réseau de caisses locales de crédit agricole mutuel au niveau des communes rurales (CLCAM), de caisses régionales au niveau des départements (CRCAM) et d'une caisse nationale de crédit agricole (CNCA). Les caisses locales et régionales fonctionnaient à partir de ressources provenant entre autres des apports en capital des adhérents, de la mobilisation de l'épargne, les dépôts les plus importants provenant des ristournes sur le coton, raison pour laquelle l'épargne mobilisée dans le Borgou reste de loin la plus importante. C'est à partir de ces dépôts que d'importants crédits furent octroyés aux paysans organisés en structures coopératives. A titre d'exemple, les volumes de crédits octroyés sont passés de 19 355 000 francs CFA en 1981 à plus de 50 millions en 1987 dans le Zou (soit un taux d'accroissement de plus de 62%), et de 2 625 000 à 198 628 000 francs CFA sur la même période dans le Borgou (soit un taux d'accroissement de 99% environ)[10]. Malgré ces performances, ces caisses ont été touchées de plein fouet par la crise du secteur bancaire béninois à partir de 1987, la Caisse nationale s'étant détournée de ses objectifs initiaux. L'échec ici a été des plus retentissants et dommageables. Le dispositif est demeuré très mal assimilé par les paysans tandis que des agents de caisses locales et régionales, parfois avec la complicité des chefs de district détournaient les épargnes des paysans à des fins autres que le crédit et l'investissement agricoles, souvent pour leurs usages personnels. La désaffection des paysans a été presque générale à travers le pays. Loin de constituer une structure fédérative du réseau, la caisse nationale s'est transformée en un organisme privilégiant le financement des sociétés publiques

10. Voir tableau de l'évolution des crédits de campagne octroyés aux paysans par les caisses locales et régionales in Larès, juin 1991 : 63.

et parapubliques avec des ressources provenant essentiellement de la Banque Centrale des Etats de l'Afrique de l'Ouest. En 1986, elle a cumulé des pertes importantes et s'est retrouvée dans une situation d'insolvabilité et d'illiquidité, avec un solde débiteur auprès de la Banque Centrale atteignant 10 fois le montant des valeurs réalisables. Elle fut, par conséquent, liquidée en 1987, laissant derrière elle 6 caisses régionales et 99 caisses locales. Cette faillite a porté un coup fatal au développement de la production vivrière pour laquelle aucun mécanisme de crédit n'a pu être mis en place par les CARDER, compromettant du coup les améliorations technologiques dans cette branche de l'agriculture au Bénin, en même temps que la réalisation de l'autosuffisance alimentaire.

4. La crise et son impact en milieu rural

Des opérations spectaculaires de contrôle de la commercialisation des produits vivriers ont été lancées à partir de 1975 avec à la clé, des campagnes de dénonciation folklorique des commerçants dits véreux accusés de faire de la spéculation. En réaction, les réseaux de commerçants ont orchestré des pénuries artificielles aggravées par la sécheresse de 1975-1976. L'interdiction d'exportation des produits agricoles vivriers béninois qui s'est ensuivie a entraîné le développement de la contrebande entre le Bénin, le Togo, le Nigeria et le Niger. Les agriculteurs béninois ont ainsi profité des rentes pétrolières nigérianes, de l'uranium du Niger et du phosphate du Togo à travers l'exportation en particulier du piment, du niébé, du manioc, de l'igname, et du maïs. Ces opportunités expliquent en partie, en plus des incohérences dans l'organisation de la filière, la chute de la production cotonnière entre 1975 et 1985. Vers 1985, la crise des marchés du pétrole, du phosphate et de l'uranium réduit les demandes nigérianes, togolaises et nigériennes de produits vivriers en provenance du Bénin. La crise de la fin des années 80 consécutive à la faillite de l'État a fait le reste. En réduisant le pouvoir d'achat des urbains, elle a du même coup enlevé à l'agriculture vivrière son marché naturel d'écoulement, le dernier.

Il ressort de tout ce qui précède que ni les structures et rapports de production à la campagne, ni les institutions et mécanismes d'appui à l'agriculture ne pouvaient concourir à un développement de l'agriculture comme le prétendaient les gouvernements du régime marxiste. Au contraire tout le dispositif conduisait à une stagnation de la production agricole et à une précarisation de l'économie, y compris en milieu rural. Malgré les engagements et bonnes intentions affichées dans le Plan triennal d'État 1977-1979, l'agriculture n'a bénéficié que de 10% des investissements d'État entre 1977 et 1980 dans une situation de quasi-absence de financement extérieur.

Selon des statistiques compilées par la FAO, la quantité de produits alimentaires per capita serait passée de 773 kg/an en 1969 à 633 kg en 1978 (Fay, 1981 : 13, cité par Godin, 1986 : 190). La part du secteur agricole dans le PIB est passée de 45,1% en 1970 à 43,2% en 1979 puis à environ 40% au milieu des années 80, pour descendre ensuite à 37% en 1991 et 33% en 1995, et remonter à 35,1% en 1996.

Chapitre 3

LE SECTEUR RURAL

2 - La libéralisation depuis 1990

Abelle DOSSOU-HOUESSOU
et Roch MONGBO

Les programmes successifs d'ajustement structurel engagés depuis 1989 en accord avec les institutions de Bretton Woods ont entraîné des réformes dans le secteur rural, sur la base du diagnostic réalisé en 1989 et des conclusions du séminaire tenu en juillet 1990 sur la stratégie de développement rural. De nouvelles orientations politiques ont été prises qui se sont traduites par la restructuration des services agricoles et des filières des produits d'exportation ainsi que par une responsabilisation des producteurs.

I. Une nouvelle politique

1. Les engagements du gouvernement

La Lettre de Politique de Développement Rural (LPDR) signée en mai 1991 stipule que « les objectifs principaux de la politique de développement rural du gouvernement béninois viseront à élever le niveau de vie des populations rurales par le biais d'une conquête des marchés et d'une amélioration de la compétitivité des paysans béninois plutôt que la recherche d'une simple autosuffisance alimentaire au plan régional ou national ».

Les grandes orientations de cette politique concernent :

- la redéfinition du rôle de l'État, en vue d'une intervention plus efficace et moins coûteuse ;
- l'amélioration des services et infrastructures offerts aux populations ;
- l'accroissement des recettes d'exportation grâce à l'amélioration des rendements et à une diversification de la production ;
- la lutte contre l'insécurité alimentaire dans les zones géographiques déficitaires et pendant les périodes critiques ;
- la garantie de la pérennité du patrimoine écologique national grâce à une gestion des ressources naturelles plus soucieuse de la protection de ce patrimoine.

2. *Les composantes de la politique agricole*

Les priorités en matière de politique agricole depuis 1990 concernent notamment les cultures industrielles ou d'exportation, la production vivrière, la commercialisation et la transformation. S'agissant des cultures industrielles ou d'exportation, tout en continuant les actions au niveau de la filière coton, le gouvernement a entamé la restructuration de la filière des corps gras. En effet, les travaux de réhabilitation des palmeraies aménagées à grands frais et abandonnées sont entrepris par les coopératives d'aménagement rural sur financement de la Banque mondiale. Les unités industrielles de la Société nationale des industries des corps gras (SONICOG) sont privatisées. En vue de la diversification de la production agricole, les projets ci-après sont mis en œuvre :

- la production de plants sélectionnés de palmier à huile à Pobè,
- la production d'ananas dans l'Ouémé et dans l'Atlantique,
- la recherche de nouvelles variétés de noix de cajou,
- le programme « manioc » en cours dans le Zou.

En ce qui concerne la production vivrière, l'objectif du gouvernement en la matière est d'aboutir à l'équilibre souhaitable entre le souci de maximiser les revenus agricoles et celui de préserver et d'améliorer le patrimoine foncier du pays. C'est pourquoi les cultures et essences légumineuses comme le niébé commencent à être favorisées pour permettre une reconstitution de la fertilité des sols. On recherche l'intégration des productions animale et végétale, l'augmentation de la valeur ajoutée dans l'exploitation par une transformation primaire et la promotion, dans les zones appropriées, d'une mécanisation simple (culture attelée) destinée à améliorer la productivité du travail. Des périmètres irrigués de riz ont également été réhabilités dans le Mono et le Zou.

La culture des produits vivriers a été de tous temps et continue d'être marquée par l'absence d'une politique rationnelle de crédit. La conséquence est que les producteurs ne peuvent utiliser pour les vivriers des facteurs d'intensification comme les semences améliorées et les engrais. A cette lacune s'ajoutent des problèmes de stockage et de débouchés tels que ces spéculations ne peuvent, à l'étape actuelle, assurer aux producteurs des revenus garantis.

II. Les mutations structurelles

Elles sont impliquées par la nouvelle politique agricole mise en place dans le cadre des objectifs définis dans la Lettre de politique de développement agricole et touchent notamment la filière coton, le réseau de crédit agricole et les services agricoles.

1. La restructuration de la filière coton

Les activités industrielles et commerciales des CARDER qui consistaient essentiellement en une intermédiation entre les producteurs et la Société Nationale pour la Promotion Agricole (SONAPRA) leur sont enlevées. Désormais, l'approvisionnement en intrants (semences, engrais, etc.), l'organisation de la commercialisation, l'acheminement du coton-graine vers les usines et l'égrenage se font directement entre les organisations paysannes d'une part, et la SONAPRA ou des opérateurs privés agréés de l'autre. La SONAPRA déjà en voie de privatisation ne détient plus l'exclusivité de l'égrenage du coton, activité maintenant ouverte aux opérateurs privés. La SONAPRA jouera à l'avenir le rôle de coordonnateur général pour faire respecter par chacune des sociétés agréées, la discipline requise dans le secteur.

Par souci d'équilibre financier, les subventions sur les intrants ont été supprimées à partir de la campagne 1994-1995. Ceci a entraîné une chute des quantités d'intrants utilisés et, par conséquent, des rendements qui, déjà frappés par l'effet dévaluation du franc CFA, ont baissé sur l'ensemble du territoire, passant de 1 825 kg/ha en moyenne au cours de la campagne 1993-1994 à 1 426 en 1994-1995, puis à 1253 kg/ha en 1995-1996. Par ailleurs, des études sont engagées en vue d'adopter un mode de fixation des prix aux producteurs qui tienne compte des cours mondiaux[1].

2. *La réhabilitation des caisses de crédit*

Suite à plusieurs études, un projet de réhabilitation fut mis en œuvre avec l'aide des bailleurs de fonds à partir de 1990 pour transformer ces caisses en un réseau de mobilisation de l'épargne et d'octroi de crédit mieux géré, plus efficace et financièrement viable. Elles sont actuellement fonctionnelles. Selon les statistiques de la FECECAM, à la date du 31 août 1997, le réseau comportait une fédération nationale, 7 unions régionales, 82 caisses locales. Il y avait 205 512 sociétaires, 17,25 milliards de dépôts, 11,89 milliards de crédits en cours sur 62 864 emprunteurs.

1. Jusque là les prix d'achat du coton-graine aux producteurs sont fixés par l'État sur la base du calcul fait par une commission en fonction de données communiquées par la SONAPRA. Il s'agit de la commission permanente d'approvisionnement en facteurs de production, de commercialisation des produits agricoles et du commerce général. Elle est présidée par un représentant du ministre du Commerce. Quatre paysans siègent aux assises de cette commission.

3. La restructuration des services agricoles

Le projet de restructuration des services agricoles est un processus de démonopolisation et de réorganisation du paysage institutionnel pour un nouveau partage des responsabilités entre l'État d'une part, les entreprises privées et les organisations professionnelles d'autre part. On espère que cette redéfinition fournira un cadre juridique permettant aux divers acteurs d'établir des relations de concurrence ou de partenariat selon leurs intérêts. Ces réformes concernent aussi bien la recherche, la vulgarisation que l'action coopérative ; un exemple typique est celui des CARDER qui sont les structures décentralisées du Ministère du développement rural au niveau desquelles étaient concentrées toutes les activités d'appui à la production agricole. Leurs actions dans la production du coton couvraient toute la filière. Maintenant, leurs attributions ont été réduites à des prestations de services sur les techniques de production et l'organisation de la commercialisation, ceci contre rémunération. Toutes les autres fonctions ont été transférées, essentiellement aux organisations professionnelles ou aux privés, ce qui occasionne une réduction d'environ 50% des effectifs des CARDER, donc un allégement des charges salariales pour l'État.

Actuellement, les unions sous-préfectorales de producteurs ont pris le relais des CARDER dans la commercialisation du coton-graine, la mise en place et la gestion des intrants et des crédits. Les groupements villageois sont responsables au niveau villageois de toutes les opérations de la filière et organisent le transport du coton graine jusqu'à l'usine. Cette opération de restructuration des services agricoles a permis aux producteurs d'avoir un plus grand contrôle sur la filière coton tout en allégeant les charges de l'État. Toutefois, des insuffisances existent, tant au niveau des producteurs (comme on le verra dans le sous-chapitre suivant) qu'au niveau des institutions publiques. Pour ces dernières, les problèmes concernent :

- ♦ la non-fonctionnalité des relations intra et inter-structures : ces relations ne sont pas clairement définies et engendrent des conflits entre les agents et le refus de certains paysans de se voir encadrés par tel ou tel agent ;

- le dépouillement des CARDER de presque toutes leurs attributions, dépouillement qui ne tient pas compte des années d'expérience accumulées par les agents de ces structures ;
- la difficulté de préfinancement des activités de vulgarisation par les CARDER alors que ceux-ci sont dépossédés de toutes les activités génératrices de revenus ;
- le manque de moyens humains, le personnel est insuffisant, vieillissant et de formation inadéquate.

C'est la prise en compte de toutes ces insuffisances qui motive la mise en place du projet d'appui au secteur agricole (PASA) orienté vers les services publics et du PADSA (Projet d'Appui au Développement du Secteur Agricole) qui soutiendra le secteur privé et associatif.

III. Les organisations paysannes en période de libéralisation

Actuellement, le monde paysan présente une relative diversité d'organisations paysannes. Une chambre d'agriculture est créée au niveau national, qui devra encore établir sa légitimité. Au niveau opérationnel, il y a les groupements villageois en zone cotonnière avec leurs nouvelles fédérations verticales, les groupements suscités par diverses ONG (groupements d'intérêt économique, mutuelles d'épargne et de crédit, etc.). Dans ce registre, se trouvent également les groupements féminins qui méritent un traitement particulier. Il y a enfin, des organisations de professionnels agricoles qui sont censées regrouper toutes les organisations précitées.

1. Les producteurs de coton et l'opération « transfert des activités »

Dans le cadre du projet de restructuration des services agricoles, les CARDER ont amené les groupements villageois à une structuration verticale en Unions sous-préfectorales et départementales de producteurs (USPP et UDP) et leur ont transféré toutes les activités commerciales de la filière coton, y compris la gestion des ristournes et des plus-values[2]. Des textes statutaires ont été élaborés pour les groupements villageois et leurs unions qui deviennent dès lors des acteurs importants dans la filière.

Les localités où existaient des fédérations paysannes opérationnelles ont tout simplement récupéré cette nouvelle structure et l'ont fondue dans l'ancienne. C'est le cas de l'Association coopérative de développement rural (ACODER)de Banikoara. Créée en 1971 à la faveur de l'ODIB (Opération de Développement Intégré du Borgou), l'ACODER est une organisation à structure descendante (du sommet à la base). Elle est structurée en sous-sections au niveau des villages[3] et en sections au niveau des communes rurales. Ce sont les membres élus par les sous-sections qui constituent la section dont les fonctions résident dans l'exercice du commerce coopératif[4]. La section est une ins-

---

2. Le groupement villageois est un groupement à vocation coopérative de producteurs ruraux conformément à la législation coopérative. Il est administré par une Assemblée générale regroupant l'ensemble des sociétaires, par un conseil d'Administration dont est issu un bureau composé d'un président, d'un secrétaire et d'un trésorier, et par un comité de contrôle de trois membres chargé de veiller au bon fonctionnement général du groupement. Selon les statuts, la durée du mandat des membres élus (Conseil d'administration et Comité de contrôle) est de trois ans et les membres sortant son rééligibles au plus deux fois pour le même poste. L'union sous-préfectorale, quant à elle, est une société coopérative de services constituée volontairement entre les groupements villageois et autres groupements socioprofessionnels d'agriculteurs, d'éleveurs, d'artisans ruraux. Elle est administrée par une Assemblée générale, regroupant l'ensemble des groupements villageois et groupements membres, par un Conseil d'administration de 9 membres et par un Comité de contrôle.
3. Les sous-sections correspondent aux groupements villageois dans les autres sous-préfectures et elles exercent les mêmes fonctions que ceux-ci (collecte primaire des produits agricoles en marchés autogérés mise en place des intrants et récupération du crédit agricole auprès des membres...)
4. Il s'agit d'activité commerciales organisées au niveau du magasin d'approvisionnement, de stations d'essence et de pétrole, de banques de céréales...

tance délibérative qui transmet les informations de la base vers le sommet et inversement.

a) Le quotidien des GV et USPP : laxisme et absentéisme

Actuellement les organisations paysannes vivent un laxisme patent dû à la paralysie des organes de gestion. Les assemblées générales se tiennent rarement ou pas du tout, au mieux deux fois par campagne : l'une pour recenser les besoins en intrants et l'autre, plus rare, pour rendre compte après la perception des revenus collectifs. En cas de crise (conflits ouverts ou détournements), la pression des membres sur le conseil d'administration conduit parfois à la tenue des assemblées[5]. Dans la quasi-totalité des groupements villageois, le conseil d'administration se réduit de fait aux président, secrétaire et trésorier tandis que les affaires courantes de l'organisation sont gérées par l'un ou deux d'entre eux. La gestion quotidienne des USPP est assurée par un secrétaire recruté à cet effet, avec la pré-éminence de l'un ou l'autre des trois principaux responsables. D'une manière générale, les organisations paysannes (groupements et unions) sont caractérisées par un taux très élevé d'analphabétisme, principale source d'ignorance des textes et des rouages de la filière du coton et de la profession d'agriculteur en relation avec les organismes partenaires (d'appui, de contrôle, de commercialisation).

b) Autres faiblesses de ces groupements

Ces lacunes constituent les bases objectives du pouvoir de la minorité de semi-lettrés qui se disputent le contrôle des ressources au sein des organisations paysannes. En zone cotonnière où ces organisations sont les plus fonctionnelles, et surtout avec l'accroissement de la part qu'elles contrôlent dans la filière coton, ces ressources proviennent essentiellement :

– pour les groupements villageois, des excédents de poids, des commissions sur achats et des plus values de campagne ;

5. MDR, DAPS : Étude sur l'utilisation des ristournes et plus-values de campagne de la filière coton, août 1995.

– pour les unions sous-préfectorales de producteurs, des commissions sur achats , des plus-values de campagne et des commissions sur intrants,

– pour les unions départementales, des plus-values de campagne et des subventions et autres formes de financement accordées par diverses institutions étrangères de coopération.

Le tableau suivant montre l'importance et l'évolution des ressources des organisations de producteurs entre 1991 et 1995.

Tableau 4 : Revenu des organisations de producteurs par structure (en millions de francs CFA)

	1991	**1992**	**1993**	**1994**	**1995**
GV					
Excédent de poids	292	175	264	566	570
Commission sur achats	220	266	242	416	400
Plus-value campagne	345	135	66	449	1045
TOTAL GV	**857**	**576**	**572**	**1431**	**2015**
USPP					
Commission sur achats	0	0	0	397	654
Plus-value campagne	0	0	0	193	448
Commission sur intrants	0	0	0	81	79
TOTAL USPP	**0**	**0**	**0**	**671**	**1181**
Plus-value campagne	0	0	0	90	209
TOTAL UDP	857	576	572	2192	3405
MONTANT CUMULÉ	**857**	**1433**	**2005**	**4197**	**7602**

Source : Etude de stratégie de développement du sous-secteur cotonnier, page 32.

On note que, pour la période allant de 1991 à 1995, les groupements villageois ont totalisé au titre des recettes cotonnières 5,4 milliards de francs CFA, les unions sous-préfectorales, 1,9 milliards et les unions départementales, 299 millions de francs CFA.

Comme l'indique le tableau ci-dessous, ces revenus collectifs sont en général investis dans diverses réalisations, avec une part importante affectée aux infrastructures socio-communautaires et au financement de l'administration publique :

- l'appui à l'administration publique locale : construction des résidences des autorités politico-administratives, des bureaux des services des collectivités locales, les dépenses de personnel, notamment les enseignants, les sages-femmes, les infirmiers et les agents des collectivités locales ;
- l'appui aux institutions financières de développement rural : la construction des bureaux des caisses de crédit agricole mutuel, la construction ou la location des logements et l'achat de mobylettes pour les gérants de ces caisses et mutuelles.
- les intrants agricoles : ce sont essentiellement les crédits de campagne pour l'achat des semences, d'engrais et d'outillages agricoles et le paiement des cautions solidaires ;
- les infrastructures socio-communautaires : dans cette catégorie, se rangent l'amélioration des pistes rurales, la construction des magasins, la construction ou la réfection des écoles, maternités, dispensaires et des sièges des unions de groupements villageois.

A ces réalisations, s'ajoutent, au niveau de quelques unions, certains investissements supposés productifs (achat de camions, de moulins, dépôts à terme dans les caisses de crédit agricole) et des œuvres sociales (aides de toute nature). Dans des cas relativement peu fréquents, les revenus collectifs sont distribués aux membres du groupement villageois[6]. Ces cas se rencontrent dans certaines localités du Nord-Ouest de l'Atacora.

Par ailleurs, certaines organisations paysannes s'illustrent dans la mauvaise gestion, ayant pour corollaire le manque de transparence et choisissent de faire disparaître les revenus collectifs.

---

6. Les cas de distribution de revenus collectifs les plus souvent rencontrés se situent au niveau des groupements dont les membres sont de gros producteurs et très peu nombreux.

Tableau 5 : Inventaire global des réalisations faites sur les ristournes et les plus-values de campagne de 1990 à 1994

Réalisation	Coûts (en milliers de FCFA)	Pourcentage (%)
Appui à l'administration publique	744 387	18
Appui aux institutions financières du développement rural	807 532	19
Intrants agricoles	360478	9
Infrastructures socio-communautaires	1 332467	32
Investissements productifs	721 398	17
Œuvres sociales	215 746	5
TOTAL	**4 185 811**	**100**

Source : MDR, DAPS, Etude sur l'utilisation des ristournes et plus-values de campagne de la filière coton, août 1995, page 41.

L'utilisation faite des revenus collectifs révèle la prise en main progressive par les producteurs des charges antérieurement assurées par l'État, sans que ceci s'accompagne d'une amélioration de leur pouvoir de décision dans le fonctionnement des infrastructures et services sociaux financés. Par contre, une faible proportion de ces ressources est consacrée à l'amélioration des moyens de production en vue d'accroître les revenus individuels qui affectent directement les conditions de vie des producteurs. En effet, la part de revenus affectée à l'acquisition de l'équipement agricole est très faible (9% au plan national, 10% dans le Borgou, 5 dans l'Atacora et 7 dans le Zou) alors que la part consacrée à l'appui à l'administration et aux institutions financières dépasse le tiers du total des revenus au plan national. Cette part avoisine 70% dans l'Atacora, 35% dans le Borgou et 45% dans le Zou.

Par ailleurs, des efforts pour susciter une participation plus responsable d'un plus grand nombre de producteurs à la gestion des organisations paysannes ne sont perceptibles, ni de la part des CARDER qui, du reste, ne se sentent plus concernés, ni des ONG qui en ont rarement les capacités. Le projet d'Appui à la professionnalisation des exploitations agricoles financé par la coopération française a pris une telle option et met des organisations paysannes béninoises en partenariat avec l'AFDI. Mais l'envergure et les moyens du projet ne permettent pas d'espérer un impact significatif, vu l'importance du problème.

Dans certaines localités, les postes-clés des conseils d'administration sont occupés par des agents déflatés de la fonction publique et des diplômés sans emploi reconvertis en producteurs de coton qui œuvrent pour le non-renouvellement des membres du conseil. Ailleurs, ces postes de responsabilité sont pris d'assaut par les chefs traditionnels. Le respect que leur confère leur statut religieux ou social fait que les membres du groupement n'ont pas le courage de demander des comptes sur leur gestion.

Dans quelques rares cas, de telles situations engendrent l'anarchie. Un petit groupe peut décider, en dehors de toute réunion de l'assemblée générale, de s'auto-proclamer responsable du Conseil d'administration et d'entrer en fonction.

La gestion des ressources des groupements et de leurs unions se caractérise par :

- la méconnaissance par les membres des organes de gestion et de leurs fonctions, la tenue irrégulière des réunions de l'assemblée générale, le défaut de circulation de l'information et la non libération du capital social ;
- la mauvaise tenue des documents statutaires de gestion (registre des membres, procès verbaux de délibération, registre des comptes) et la non information des coopérateurs sur la manière dont les ressources communautaires sont gérées[7] ;
- l'inexistence de tout système de contrôle interne et/ou externe : il n'existe ni au niveau des groupements, ni au niveau des unions, aucun mécanisme de contrôle de la

7. A ce sujet, les pièces justificatives des dépenses ne sont pas communiquées au gérant. Les membres du bureau du conseil d'administration se contentent de lui dire verbalement le montant et l'objet de la dépense.

gestion et les commissaires aux comptes n'ont qu'une existence théorique ;

- l'inexistence de pièces comptables dans la mesure où, pour les bureaux dont les membres sont renouvelés, ceux-ci partent sans laisser trace des pièces comptables pour brouiller la situation financière du groupement ;
- le faible niveau de formation des gérants et des secrétaires engagés pour animer la vie des structures qui fait que la gestion est approximative et ni les documents comptables, ni les statistiques ne sont bien tenus ;
- le manque de motivation des secrétaires et des gérants qui s'explique par la faible rémunération octroyée aux gérants et le fait que les secrétaires ne perçoivent rien en contrepartie des services rendus au groupement ; dans ces conditions, ceux-ci se rémunèrent à leur manière, bien souvent en vendant pour leur propre compte, les intrants mis à la disposition du groupement ;
- la complicité des agents des caisses de crédit agricole qui procèdent à des décaissements au profit des responsables sans que les conditions exigées à cet effet soient remplies[8].

2. Les groupements suscités par les ONG

On retrouve ici les groupements d'intérêt économique, les mutuelles et divers groupements féminins. Les groupements d'intérêt économique sont actuellement les derniers-nés des organisations paysannes au Bénin. Ils se sont créés en 1989 dans le département de l'Ouémé pour s'étendre par la suite aux départements de l'Atlantique en 1990 et du Mono en 1991. La création des groupements d'intérêt économique est sous-tendue par la philosophie du développement à la base. Ils ont pour objet :

- d'acquérir et de mettre à la disposition de leurs membres, sous forme de crédit, des intrants et du matériel agricole ;

---

8. Il est fait obligation aux principaux responsables de réunir l'assemblée générale pour discuter des investissements à faire, de dresser un procès verbal de réunion sanctionnant la session et d'en présenter copie à la caisse locale de crédit afin de pouvoir retirer la somme correspondante au projet.

- d'assurer l'organisation des productions et leur écoulement en l'état ou semi-transformés ;
- d'assurer aux membres une formation en techniques de production, de gestion et d'exploitation, de développer chez eux l'esprit coopératif, d'entreprendre toutes actions susceptibles de contribuer au développement économique et social des membres et des communautés villageoises.

Les groupements d'intérêt économique de l'Ouémé et du Mono se spécialisent dans la culture du manioc et ceux de l'Atlantique dans la production de l'ananas destiné à l'exportation. Ils sont regroupés au niveau de chaque département, en fédération des GIE. Les trois fédérations existantes ont mis sur pied un bureau national de coordination chargé d'assurer des fonctions de prospection commerciale et de recherche/développement.

Quant aux mutuelles, elles sont créées dans le cadre d'opérations d'épargne-crédit, de constitution de banques de céréales ou d'autres formes d'assistance mutuelle. Elles sont rarement formalisées au niveau de la législation coopérative mais n'en ont pas moins une existence réelle, opérationnelle et bénéfique pour les membres.

3. Les groupements féminins

Avant 1976, l'intérêt porté aux femmes n'a guère dépassé les activités d'éducation nutritionnelle, de puériculture, de couture parfois. Ces activités sont conduites par des centres diocésains, le Service d'éducation familiale et d'animation rurale du Ministère du Développement Rural et de l'Action Coopérative et d'autres ministères intéressés par la promotion féminine.

Les groupements de femmes, en tant qu'entités associatives et économiques autonomes en soi, sont de création récente. Ils remontent aux années 80, lorsque les pouvoirs publics ont décidé d'inclure les femmes dans la stratégie nationale de promotion du mouvement coopératif au Bénin. La plupart des groupements féminins actuels ont été créés sous l'impulsion des animatrices rurales, des agents de vulgarisation ou des centres sociaux. Certaines communautés religieuses, certaines organisations non gouvernementales ont également œuvré dans ce sens. Désormais, les groupements de femmes s'organisent autour d'activités génératrices de revenus telles que l'agriculture, les transformations agroalimentaires et le commerce.

Souvent, les groupements féminins utilisent des équipements rudimentaires. Dans de rares cas, ils disposent d'un équipement moderne acquis grâce à une subvention ou un prêt mais la gestion, l'entretien et la maintenance sont souvent très mal assurés. Ceci entraîne une dégradation précoce du matériel sans que le groupement ne puisse le renouveler.

Pour leur fonctionnement, les groupements de femmes se dotent d'une assemblée générale, d'un conseil d'administration et de commissaires aux comptes mais l'existence de ces organes reste purement formelle. En effet, les femmes membres ne perçoivent ni le rôle, ni l'opportunité des organes d'administration et de contrôle dont elles confondent les appellations et les attributions. De plus, elles dépendent des hommes pour la tenue des documents d'administration et de gestion de leurs groupements.

Le revenu généré par les groupements féminins est généralement très faible de même que l'engagement des femmes dans les activités collectives (en moyenne 5 h de travail, 1 à 2 jours par semaine). Ce revenu n'est pas partagé et permet à peine d'assurer la poursuite des activités. Les activités hors groupement procurent aux femmes 2 à 3 fois plus de revenu[9].

Contrairement au souci des initiateurs externes de ces groupements, le revenu monétaire ne constitue donc pas la motivation principale des femmes adhérentes. En fait, l'appartenance au groupement donne un statut aux femmes en même temps qu'un espace de socialisation et de solidarité hors du ménage. Puisque ces groupements reçoivent souvent la visite de délégations étrangères au village, ces femmes se disent les yeux du village, c'est-à-dire celles grâce à qui le

9. Dans les groupements de transformation, le revenu moyen généré à l'échelle nationale s'élève à 280 361 francs CFA par groupement alors que prises individuellement, leur revenu moyen obtenu au niveau national s'élève à 342 649 Francs CFA (Cf. Ministère du Développement Rural, Etude sur le Revenu des femmes rurales par secteur d'activité, juin 1996).

village est connu à l'extérieur. Par ailleurs, certaines femmes y apprennent de nouvelles activités (souvent de transformation agro-alimentaire) et les conseils reçus de l'encadrement dans le cadre des activités du groupement servent dans les activités individuelles. De plus, il est parfois possible d'utiliser les installations ou les équipements communs pour les activités personnelles du même genre.

IV. La relance économique induite par les mutations

Depuis la fin des années 80, et en dehors de quelques relâchements, l'importance du secteur cotonnier pour l'économie nationale ne cesse de croître. Le Bénin a été classé en 1996 premier producteur, et en 1997 deuxième producteur de coton-fibre de l'Afrique de l'Ouest, et la qualité de son coton est très prisée sur le marché international. Les revenus issus de la production cotonnière ont changé la structure du revenu national brut tandis que les revenus qu'en tirent les différents acteurs économiques ont augmenté de manière significative (Voir tableau ci-dessous).

1. Les effets financiers

- *La contribution de la filière coton aux recettes de l'État* : De la campagne 1989-1990 à celle de 1993-1994, le montant cumulé des recettes de l'État (Impôts, taxes, BIC et plus-value de campagne) s'élève à plus de 25 milliards de francs CFA. La part de revenus coton allant dans les caisses de l'État de 7,3% avec 1,357 milliard en 1989-1990 a connu une baisse considérable au cours de la campagne 1992-1993 en se fixant à moins de 3% puis est remonté à 28,40% en 1993-1994 avec un montant d'environ 20 milliards, montant qui passera à 27 milliards au titre de la campagne 1994-1995.
- *Les revenus distribués aux agriculteurs et aux organisations paysannes* : le montant des revenus bruts distribués (achats de coton, surprix sur achats, commission sur achats

plus-value de campagne et commissions sur intrants) aux agriculteurs et aux organisations paysannes par la filière coton a fortement progressé ces dernières années passant de 11,066 milliards de francs CFA en 1989-1990 à 30,699 milliards en 1993-1994, avec un montant cumulé sur la période considérée de plus de 97 milliards de francs CFA.

♦ *Autres retombées économiques de la filière coton* : la filière joue également un rôle économique important au niveau de l'administration (organismes d'État), du secteur bancaire, des sociétés de transport et de transit, des assurances ainsi que du secteur de l'énergie en leur procurant des revenus dont le montant cumulé pour la période considérée se répartit comme ci-après :

Organismes d'État	14,339	milliards
Secteur de l'énergie	0,810	milliards
Transport, transit, manutention et surveillance	19,446	milliards
Banques et Assurances	3,247	milliards.

La prise en considération des flux financiers générés par la filière coton laisse voir l'importance de cette filière sur la plan économique et financier.

Tableau 6 : Répartition des flux financiers de la filière coton(% par rapport au chiffre d'affaires sur le coton)

Campagne	1985-1986		1989-1990		1990-1991		1991-1992		1992-1993		1993-1994	
Bénéficiaire	%	Montant	%	Montant	%	Montant	%	Montant	%	Montant	%	Montant
Paysans Producteurs		11,066	59,0	15,421	67,7	18,215	69,5	15,666	73,4	36,669	52,4	97,037
● Paysans		10,019	53,4	14,488	63,6	17,487	66,7	15,057	70,5	32,965	47,1	90,016
- Achat coton		9,369	49,9	13,548	59,5	16,637	63,5	15,057	70,5	30,188	43,1	84,799
- Surprix coton		0,65	3,5	0,94	4,1	0,85	3,2	0,0	0,0	2,777	4,0	5,217
● Organisations Paysannes		1,046	5,6	0,933	4,1	0,728	2,8	0,608	2,8	3,703	5,3	7,018
- Ristournes		0,669	3,6	0,512	2,2	0,453	1,7	0,506	2,4	0,922	1,3	3,062
- Plus-Value		0,377	2,0	0,421	1,8	0,275	1,0	0,120	0,5	2,781	4,0	3,956
Etat Béninois (Impôts, Taxes, BIC, Plus-value)		1,367	7,2	2	8,8	1,869	7,1	0,511	2,4	19,894	28,4	25,631
Organismes d'Etat		3,234	17,2	1,492	6,5	1,19	4,5	0,942	4,4	7,481	10,7	14,339
- CARDER (commissions)		0,392	2,1	0,549	2,4	0,656	2,5	0,552	2,6	0,822	1,2	2,971
- SBEE(Energie)		0,15	0,8	0,171	0,8	0,15	0,6	0,169	0,8	0,17	0,2	0,81
- SONAPRA, FSS		2,692	14,3	0,772	3,4	0,384	1,5	0,221	1,0	6,489	9,3	10,558
Autres		3,105	16,6	3,868	17,0	4,933	18,8	4,232	19,8	5,92	8,5	22,059
- Transit et Manutention		2,366	12,6	3,164	13,9	4,32	16,5	3,676	17,2	5,297	7,6	18,823
- Banques et Assurances		0,74	3,9	0,704	3,1	0,613	2,3	0,556	2,6	0,623	0,9	3,236
TOTAL		**18,763**	**100**	**22,781**	**100**	**26,207**	**100**	**21,351**	**100**	**69,964**	**100**	**159,066**

Source : Etabli à partir du tableau « Impact de la filière coton sur les agents économiques nationaux », *in* Ministère du Développement Rural, *Forces et faiblesses de la filière coton,* page 41, 1995.

Le tableau ci-dessus révèle que d'une manière générale, la grande partie des revenus du coton va aux producteurs. En effet, de 50% environ en 1989-1990 avec un montant de 9,369 milliards de francs CFA, cette part est passée à près de 70% en 1992-1993 avant de chuter à 43,10% en 1993-1994 avec un montant de plus de 30 milliards. Mais pour ces deux dernières campagnes, la part du revenu encaissé par l'État est passée de 2,39% à 28,40% (voir le graphique suivant).

Graphique 1 : Evolution comparée de la part des revenus coton des principaux bénéficiaires

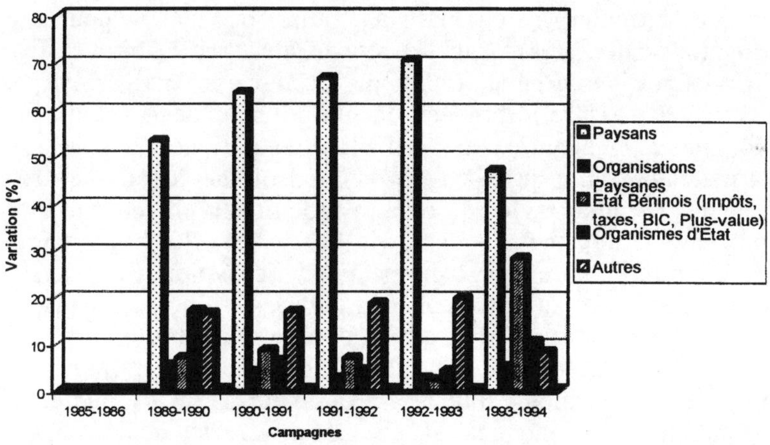

La part des revenus allant aux paysans a connu une progression beaucoup plus importante que celle des autres bénéficiaires, même si elle a fortement chuté au cours de la dernière campagne tandis que la part de l'État connaissait un accroissement important. Nonobstant la baisse du taux de croissance, le revenu tiré par les producteurs n'est pas négligeable lorsque l'on considère le montant global de la manne : plus de 30 milliards pour la campagne 93-94 et 90 milliards pour toute la période.

En général, les paysans investissent ces revenus dans le paiement de la main-d'œuvre, l'acquisition de moyens de transport, l'amélioration de leur habitat, l'acquisition de nouvelles femmes pour accroître la main d'œuvre familiale. La plupart des autres dépenses de la famille y compris celles liées à l'alimentation sont laissées aux femmes dont les revenus sont, bien entendu, maigres. C'est ici qu'intervient ce qu'on pourrait appeler les effets pervers d'une politique de développement basée sur la culture cotonnière.

2. Les effets pervers

Au nombre de ces effets, figurent la mauvaise alimentation et le faible taux de scolarisation au sein des ménages en milieu cotonnier (les enfants étant retirés des classes pour les travaux champêtres). Dans la plupart des cas, l'homme approvisionne le grenier principal du ménage mais c'est la femme qui assure l'alimentation quotidienne de la famille et doit gérer la pénurie, en particulier en période de soudure alimentaire, alors qu'elle n'a aucun droit de regard sur les revenus coton, sauf lorsqu'elle en produit elle-même. Or, sur plusieurs campagnes depuis la fin des années 80, l'extension de la culture cotonnière dans beaucoup d'exploitations agricoles s'est faite au détriment des cultures vivrières du point de vue de l'allocation des terres et/ou de la main d'œuvre.

Le développement de la culture cotonnière peut fragiliser l'approvisionnement alimentaire des villes si les producteurs ne maintiennent pas un bon équilibre entre les deux. En situation normale, et contrairement à la croyance générale, le développement de la culture cotonnière n'influe pas négativement sur celle des produits vivriers. Le graphique suivant en donne une preuve.

Graphique 2 : Évolution comparée de la production du coton et des principales cultures vivrières

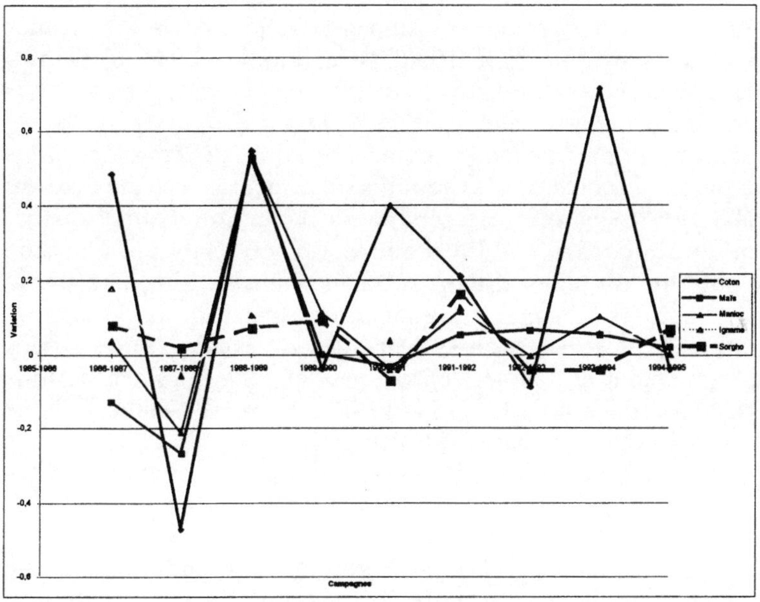

Toutefois, les résultats des campagnes 1990-1991 et 1993-1994 au cours desquelles la production cotonnière a nettement pris le pas sur les produits vivriers, avec des variations respectives de 39 et 71% contre -3,3 et 5,2% pour le maïs ; et, -4,0 et 10,2% pour le manioc, indiquent bien un accroissement du coton au détriment de la production vivrière. Si l'on n'y prend garde, cette situation pourrait s'aggraver à l'avenir compte tenu de l'engouement des paysans pour la production du coton, notamment avec le relèvement du prix d'achat aux producteurs qui est passé de 165 francs CFA le Kg pour la campagne 1995-1996 à 200 francs pour la campagne 1996-1997. Déjà, l'année 1997 a été particulièrement éprouvante pour les consommateurs béninois qui ont dû leur « salut » au maïs importé du Nigeria et du Zimbabwé, tandis que la campagne dite de couplage (des cultures vivrières et d'exportation) lancée par le Ministère du développement rural ne semble pas connaître pour l'instant un succès particulier. En d'autres termes, malgré l'annonce récurrente du souci d'auto-suffisance alimentaire, la sécurité des approvisionnements alimentaires à partir de la production nationale n'est pas assurée. Déjà, des zones ont été identifiées comme étant déficitaires chroniques et font l'objet d'actions spéciales dans le cadre du PILSA (Projet d'interventions Locales pour la Sécurité Alimentaire).

Dans ces conditions, l'on ne saurait parler de relance économique mais tout au plus de relance de la production cotonnière : l'accroissement des revenus de l'État issus du coton ne contribue pas à l'amélioration des conditions de vie des populations, ni a fortiori des paysans. De plus, la relance de la production est ici précaire, étant forcément soumise aux fluctuations des cours mondiaux du coton.

V. Préalables à un développement rural durable

Nous nous contenterons dans cette conclusion d'attirer l'attention sur la fragilité structurelle de la relance apparente depuis le début des années 90, relance abusivement attribuée à la libéralisation du secteur. Nous ferons quelques propositions pour un développement durable et équitable dans le monde rural. Malgré quelques améliorations, les constantes identifiées au chapitre précédent et au début de ce chapitre à propos des interventions de l'État en milieu rural depuis l'époque coloniale sont encore largement visibles dans les politiques actuelles de développement du secteur rural et le fragilisent comme rampe de lancement de l'économie béninoise et comme lieu d'émergence d'une dynamique sociale émancipatrice pour les acteurs impliqués, en particulier les petits producteurs ruraux.

1. Les limites de la relance économique

Avec le projet de restructuration du secteur agricole, après avoir longuement mis l'accent sur la production du coton, le gouvernement entame la promotion de certains produits dans des régions spécifiques. C'est ainsi que sont mis en œuvre des projets de production de plants sélectionnés de palmier à huile dans l'Ouémé, d'ananas dans l'Atlantique et l'Ouémé et de manioc dans le Zou. Néanmoins, le projet de restructuration n'appuie vraiment que le coton. L'appui aux filières (ananas, cajou, piment, manioc, etc.) reste timide. Pourtant, le coton n'est pas un produit fiable. Ses cours sur le marché mondial sont très sensibles aux plus légères variations des productions des Etats Unis, de la Chine, du Vietnam etc. Ainsi, le poids financier que constituent les organisations de paysans producteurs de coton dans chaque village n'est qu'éphémère en ce sens qu'il suffit d'une baisse des cours mondiaux pour que non seulement les recettes fiscales de l'État s'effondrent, mais aussi et surtout que les forces productives locales constituées par les organisations paysannes soient compromises.

Le retrait pur et simple de l'encadrement de l'appui à la gestion de la filière coton au niveau villageois est pertinent dans la mesure où il est supposé laisser le champ à une dynamique d'autogestion des Groupements villageois. Mais ceci a largement entraîné des malversations au sein de ces groupements de même que le développement de pratiques prédatrices parfois plus sévères encore que celles déployées par les agents des CARDER au moment où ils étaient impliqués. Les ressources collectives générées au niveau de ces GV ne contribuent toujours pas encore à résoudre les contraintes économiques et techniques que connaît la profession comme par exemple le financement des activités agricoles, le stockage, l'approvisionnement et la commercialisation des produits vivriers, etc., ni à l'émergence d'une conscience collective ou d'un esprit communal pour la gestion des affaires locales.

2. Le financement des activités agricoles

Il peut revêtir plusieurs formes : la tontine[10], l'autofinancement, les subventions et le crédit.

L'autofinancement constitue une faible portion dans le financement des activités agricoles. Ce phénomène s'explique surtout par la faiblesse des revenus du paysan. Cependant, dans les groupements dont les revenus communautaires tirés de la culture du coton sont substantiels, les investissements de prestige prennent le pas sur la modernisation des équipements sauf dans quelques rares cas comme celui de l'union des producteurs de la sous-préfecture de Banikoara au sein de laquelle les paysans ont compris la nécessité d'investir dans la culture attelée.

Quant au crédit, il est financé par trois principales sources : le réseau des caisses de la FECECAM, les USPP et les CREP.

---

10. Plusieurs personnes s'associent en vue d'épargner de l'argent ou des biens que seule chacune d'elles ne réaliserait que difficilement. Le principe consiste, pour chaque membre, à faire, par intervalles réguliers et ce, pendant toute la durée de la tontine, une mise déterminée à l'avance dont le cumul sera octroyé à tour de rôle à chaque membre au prorata du nombre de mises déposées par chacun. C'est une forme d'entraide financière très développée aussi bien en milieu rural qu'en milieu urbain. Dans le monde rural, c'est une source de financement qui crée un cadre traditionnel fondé sur la solidarité et la confiance mutuelle de ses membres et fonctionne suivant des règles bien établies, culturellement enracinées et bien connues de tous, mais non expressément écrites. Ce type de financement est surtout pratiqué par les femmes et sert plutôt à monter un petit commerce qu'à être investi dans l'équipement agricole.

Pour le réseau des caisses locales, régionales et nationale de crédit agricole mutuel, le taux d'intérêt pratiqué paraît exorbitant aux yeux des paysans (2% par mois, soit un taux annuel de 24%). Ce taux a été réduit à la suite de négociations, variant suivant les départements de 12 à 20%. Néanmoins, le dispositif ne semble pas approprié pour soutenir des investissements de longue durée dans l'agriculture.

Quant aux Unions sous-préfectorales de producteurs (USPP), la marge qu'elles appliquent en général sur leurs crédits est très faible. Certaines d'entre elles financent également des crédits d'équipement. Le remboursement des crédits se fait automatiquement au moment du paiement des recettes de la vente du coton. Ce cas de figure n'est valable que pour les producteurs de coton en général, excluant de fait la plus grande majorité des paysans et paysannes, de même que les autres filières agricoles. Les femmes rurales (malgré des taux de remboursement des prêts très satisfaisants[11]) de même que les groupes marginaux et les personnes vivant dans des régions marginales n'ont pas vraiment accès à ces crédits.

En général, les crédits accordés par les différentes structures aux producteurs sont à court terme et les critères liés à l'octroi d'un crédit sont entre autres, la caution solidaire des membres du groupement, un apport personnel (qui varie entre 0 et 40% du capital sollicité).

Les besoins en crédits demeurent largement non satisfaits. Pour combler cette lacune, quelques projets et organisations non gouvernementales interviennent depuis cinq ans pour le financement de ces structures. Certains de ces intervenants arrivent à prélever des taux d'intérêt déclarés de 36%, mais atteignant 60% selon les femmes rurales[12].

Il est évident que ces crédits ne peuvent être investis que dans la spéculation et autres activités de court terme, et non dans une production génératrice de richesses réelles. L'apparent succès de ces programmes de crédit est révélateur de la rareté de la liquidité dans les zones rurales.

---

11. FAO, *Les femmes dans le développement agricole*, 1991.
12. Ministère du Développement Rural, Rapport final de l'étude sur le revenu des femmes rurales par secteur d'activité, juin 1996, page 47.

3. Les cultures vivrières

a) Le stockage et la commercialisation des produits vivriers

Les producteurs de vivriers sont souvent confrontés à des difficultés de stockage : manque de produit de conservation, manque de locaux appropriés, destructions dues aux rongeurs, importantes pertes post-récolte. Pour des raisons climatiques, ce problème se pose encore avec plus d'acuité dans le Sud du Bénin. On comprend alors l'empressement des producteurs à vendre leurs stocks tout de suite à la clientèle spontanée à des prix bas.

Cette situation a des répercussions sur le système de commercialisation : il en découle en effet une surabondance de l'offre juste après les récoltes et des difficultés d'approvisionnement en période de soudure.

Si la production cotonnière a un marché assuré, il n'en est pas de même pour les produits vivriers. Leur écoulement constitue l'un des grands freins au développement des activités des femmes qui y sont impliquées.

De plus, le transport et le mauvais état des pistes rurales constituent un handicap pour le fonctionnement du système de commercialisation. Ce système est caractérisé par sa diversité et son faible développement. Il contraint les producteurs à des options peu rémunératrices de leurs efforts.

Au demeurant, le marché vivrier n'est pas un marché de concurrence parfaite. Des critiques sont souvent formulées à l'encontre du système de fonctionnement. Harrison (1985) cité par C. Lutz (1992) résume les insuffisances du système de commercialisation en huit points :

® coût de commercialisation élevé,
® trop de couches intermédiaires dans le circuit,
® spéculation et stockage par des intermédiaires au détriment des paysans,
® pertes physiques élevées,
® pratiques monopolistiques des intermédiaires,
® prêt de l'argent aux paysans par les intermédiaires, ce qui mobilise la production à des prix peu équitables,
® informations insuffisantes sur le marché pour les paysans,

défaut des classes et des standards.

Ces insuffisances se sont aggravées après la dévaluation du franc CFA en janvier 1994. Une étude de la F.A.O. résume la situation en ces termes : « Au stade de la commercialisation, de la distribution et de la transformation, les coûts de commercialisation intérieure ont été renchéris sous divers facteurs aussi bien objectifs que subjectifs : hausse des coûts de transport et des pièces détachées, multiplication par rapport à l'inflation élevée. Aussi, la commercialisation des produits vivriers s'est effectuée avec des marges très faibles pour les intervenants ; une telle situation renforçant le courant spéculatif dans les centres urbains avec des niveaux de stocks bas et la rétention de stocks disponibles.

Les produits issus de la transformation artisanale ou industrielle ont été commercialisés à des prix plus élevés, qu'ils soient destinés au marché intérieur ou à l'exportation (coton fibre, noix d'anacarde, huile de palme et tourteaux, ananas, tissus écrus, cossettes de manioc).

Les opportunités de vente sur le marché régional (Afrique de l'Ouest et Centrale) se sont améliorées pour les produits tels que l'huile de palme, les textiles, les vivriers (maïs et produits à base de manioc) »[13].

b) Des rendements toujours faibles

L'agriculture demeure extensive, y compris dans la production cotonnière, malgré une adoption croissante de l'attelage (voir Tableau 7).

Tableau 7 : Évolution du nombre d'attelages opérationnels de 1977 à 1992

Années	Atacora	Atlant.	Borgou	Mono	Ouéme	Zou	Bénin
1977	661	-	-	1	-	144	806
1982	2 191	6	11 512	2	-	45	13 756
1987	4 403	37	25 361	3	-	122	29 926
1992	5 645	38	37 180	12	34	308	43 217

Source : CARDER

13. Cf. FAO, Analyse de l'impact de la dévaluation du franc CFA sur la production agricole et la sécurité alimentaire, Propositions d'actions, 1995.

Ainsi, depuis 1990, l'accroissement des superficies en coton est très élevé et est en rapport avec le développement de la culture attelée dans le Nord. La production de coton graine est passée de 145 843 tonnes en 1990-1991 à 262 455 tonnes en 1994-1995, une augmentation de 45% résultant essentiellement de l'extension des surfaces cultivées. Les superficies sont en effet, passées de 122 767 en 1990-1991 à 212 800 en 1994-1995, soit une progression de plus de 73%. Les rendements au cours de la même période, n'ont que faiblement progressé passant de 1 188 kg/ha en 1991-1991 à 1 249 en 1994-1995[14]. La situation est plus critique pour les produits vivriers (voir tableau suivant), où les techniques de production demeurent peu intensives et tendent à épuiser le potentiel de production des terres.

Sur la période de 25 ans considérée ici, les rendements n'ont augmenté que de façon insignifiante : 41% pour le maïs, 12% pour le manioc, 21% pour l'igname, 61% pour le sorgho, mais avec des valeurs absolues toujours peu significatives. Il faut remarquer que le problème de la faiblesse des rendements et de la productivité ne se pose pas dans les mêmes termes sur le tout le territoire. Dans la zone cotonnière, notamment dans le Borgou, les rendements sont meilleurs pour la simple raison que les paysans de cette région disposent de beaucoup de revenus et, par conséquent, possèdent des équipements agricoles et utilisent des engrais pour la production des cultures vivrières.

Tableau 8 : Évolution des rendements des principaux produits vivriers

	1970-1971	1975-1976	1980-1981	1985-1986	1990-1991	1994-1995
Maïs	606	713	744	889	895	1 023
Manioc	7 174	6 569	6 241	6 885	7 977	8 145
Igname	8 568	9 913	9 722	9 957	11 145	10 843
Sorgho	483	890	627	744	731	778

Source : CARDER Borgou

14. Il convient de considérer les chiffres relatifs aux surfaces emblavées et aux rendements avec réserve car les statistiques diffèrent d'une structure à une autre.

Par contre, le problème se pose avec plus d'acuité dans le Sud du pays où en sus de la pénurie foncière, les paysans n'ont pas les moyens de se procurer des engrais et pratiquent la culture manuelle. En effet,

> « Les superficies moyennes cultivées en cultures saisonnières en 1992 sont de 0,37 ha par habitant rural de l'Atlantique, 0,31 ha dans l'Ouémé et 0,27 ha dans le Mono. Or pour une bonne couverture des besoins de base en maïs, il faut compter une consommation annuelle de 220 kg par adulte. Dans l'état actuel de la fertilité des sols, les rendements du maïs varient entre 300 et 500 kg par ha. En prenant comme rendement moyen 500 kg, l'habitant rural de l'Atlantique par exemple, même si toute la superficie cultivée est consacrée au maïs n'obtient que 185 kg et ses besoins ne sont pas couverts »[15].

Les effets conjugués de la faiblesse des rendements et de la pression démographique ne permettent donc pas d'atteindre l'auto-suffisance alimentaire. Ces effets sont encore aggravés par le peu de souci de maintenir la fertilité du sol. L'investissement dans le « capital fertilité » est très limité, notamment dans le Sud où le locataire de la terre qui a un droit d'usage limité a intérêt à exploiter au plus vite le sol qui se vide de ses éléments nutritifs. Il s'en suit une dégradation continue des terres et des jachères.

4. Une dynamique sociale précaire

Malgré le discours soutenu de libéralisation et de retrait de l'État avec à la clé, la sollicitation des ONG invitées à s'impliquer dans le développement rural à la base, il est clair que l'État détient toujours un quasi-monopole sur les moyens d'action en milieu rural. Certes, on conclut assez facilement sur le caractère peu fiable des ONG (surtout nationales). En revanche, les actions timides engagées par les différentes coopérations pour les appuyer partent avec une condescendance et un paternalisme infantilisants pour ces ONG. De plus les schémas proposés (points focaux, structuration, compétition avec les ONG étrangères pour accéder

15. R. Mongbo et A. Floquet (1985 : 13).

aux fonds sociaux dits autonomes) sont naïfs et foncièrement discriminatoires.

Les conditions sont loin d'être réunies pour le développement d'une masse critique de ressources humaines (tant au niveau des communautés villageoises qu'au niveau du monde des intervenants) capables de faire face de manière efficace et non violente aux problèmes importants qui demeurent ceux du secteur rural et de les mettre sur la place publique et les agendas des gouvernants. En d'autres termes, dans un contexte où le discours officiel est celui de la démocratie libérale, la société civile n'a toujours pas les moyens de son développement, et l'appareil administratif concentre toujours entre ses mains, notamment dans les Ministères et les agences de gestion des fonds spécialisés, les moyens de décision. Les problèmes clés tels que l'éducation en milieu rural, la propriété foncière, l'aménagement du territoire, les migrations et les colonisations agricoles sont occultés.

a) L'éducation en milieu rural

Actuellement, cette éducation revêt deux formes : la formation technique et l'éducation coopérative. Elle est assurée par les agents des services décentralisés de vulgarisation agricole, les Centres d'action régionale pour le développement rural. En ce qui concerne l'encadrement technique des producteurs, il prend en compte aussi bien les aspects liés à la gestion que ceux relatifs aux techniques culturales. Le mouvement coopératif féminin connaît de grandes faiblesses dans le domaine de la formation en ce sens que les femmes ont été très peu touchées par les campagnes d'alphabétisation et le taux de scolarisation des filles ne dépasse guère 15% en milieu rural. Les femmes ayant été à l'école ont rarement dépassé le niveau des études primaires. Résultat : toute action de formation en technique de gestion à leur endroit est rendue difficile.

Aujourd'hui, l'un des objectifs de la plupart des projets intervenant dans le cadre de la promotion féminine est de réduire la pénibilité et le temps de travail des femmes par la modernisation de leurs équipements sans jamais se préoccuper de leur capacité à assumer cette modernisation. D'où, l'abandon aux intempéries des équipements apportés par ces projets, faute d'avoir pu en assurer la maintenance.

Quant à l'action coopérative, les producteurs des produits de rente ont si bien compris l'intérêt de se rassembler en coopérative que le problème ne se pose pas à leur niveau. Par contre, au niveau des femmes, outre les productrices de coton, celles-ci ne perçoivent l'utilité des groupements que dans la mesure où ils leur permettent d'améliorer immédiatement leurs revenus. Selon une étude réalisée par le Ministère du Plan et de la Statistique en 1990, le mouvement coopératif féminin ne couvre que 1% de la population féminine active. D'où la nécessité d'une véritable éducation coopérative des femmes, la coopérative étant une forme d'organisation économique parmi tant d'autres. Il importe donc de les en informer, de les sensibiliser à cette forme d'association afin de créer en leur sein une certaine motivation, la dynamique nécessaire à leur évolution.

D'une manière générale, le problème de l'éducation en milieu rural reste posé, les actions menées jusqu'ici n'ayant pas produit les effets escomptés. En effet, les techniques enseignées aux paysans ne sont toujours pas bien assimilées. Parfois ceux-ci doutent du bien-fondé de ces techniques parce que bien souvent, la formation se donne sans expérimentation. De plus, des problèmes existent au niveau des agents de vulgarisation ; soit ils sont en nombre insuffisant, soit ils manquent de matériel. Toutes ces difficultés conjuguées se font ressentir de différentes manières au niveau du paysan :

- le non-suivi des techniques et méthodes enseignées, ce qui ne favorise pas l'amélioration des rendements ;
- la mauvaise tenue des documents de gestion ;
- la mauvaise gestion des ressources des groupements de producteurs.

b) L'accès à la terre et la propriété foncière

En matière de production agricole, la terre est le facteur le plus important. Cependant, en dépit du rôle primordial que jouent les femmes dans l'agriculture, elles ont difficilement accès à ce bien économique. Le régime foncier traditionnel leur enlève tout droit d'héritage sur la terre alors que les hommes ne sont pas toujours disposés à mettre leurs jachères à leur disposition. Le problème de manque de terre se pose avec acuité à la femme de la zone méridionale. En ce qui concerne l'accès à la terre, elle est obligée, dans le cadre de ses activités agricoles, de louer la terre contre rémunération en nature, notamment à concurrence du tiers de la quantité de produits récoltés[16]. Ou alors, elle exploite une terre qui appartient à son mari, à son père , à un proche parent ou très rarement à elle-même par suite d'un achat véritable. Le tableau ci-dessus illustre parfaitement la situation.

Tableau 9 : Répartition des femmes exerçant l'agriculture suivant le mode d'acquisition de la terre (en %)

	Héritage	Achat	Location	Emprunt	Mari	Ensemble
Atacora			12	38	50	100
Atlantique				33	67	100
Borgou	17				83	100
Mono			50		50	100
Ouémé	25		25		50	100
Zou	17				83	100
Ensemble	6	3	15	9	67	100

Source : MDR, Résultats de l'enquête réalisée dans le cadre de l'étude sur le revenu des femmes rurales par secteur d'activités, juin 1996, page 43.

Il convient de préciser que dans le cas de la location, l'exploitant paie en espèce un loyer au propriétaire du sol. Le contrat de location est difficilement obtenu par la femme avec le nécessaire appui de son mari. La contrainte fondamentale liée à cette location est l'obligation faite à la femme de payer intégralement et sans acompte, la totalité des frais de location avant le démarrage effectif des travaux agricoles. Ce phénomène n'est pas observé dans le Zou et le Borgou. Par contre, dans le Mono, l'Ouémé et l'Atlantique où la terre est plus rare, il est plus fréquent.

En ce qui concerne l'acquisition par héritage, la coutume veut que les femmes n'aient pas accès à l'héritage au même

16. Cf. MDR, *Etude sur le revenu des femmes rurales par secteur d'activités*, juin 1996, page 42.

titre que les enfants du sexe masculin. Cependant, l'application de la coutume présente des nuances selon les régions. Dans le département du Borgou par exemple, il n'est pas fait de distinction entre homme et femme lors du partage. Par contre dans de Nord-Atacora, la terre n'est pas encore propriété individuelle et la femme ne peut que jouir du fruit[17].

c) Les migrations, les colonisations agricoles et l'aménagement du territoire

Comme nous l'indiquions plus haut, un domaine où la démission de l'État est des plus compromettantes pour l'avenir du pays est celui de la question foncière et de l'aménagement du territoire. Les différences dans les conditions physiques des zones agricoles ne sont pas prises en compte pour l'élaboration des éléments d'une politique agricole. Ainsi par exemple, le prix de l'engrais est le même pour des zones à fort potentiel fertilitaire avec possibilités de cultures de rapport que pour des zones où les terres sont fortement dégradées, ne peuvent être restaurées qu'avec un fort apport de fumure et où les cultures de rapport sont à peine rentables.

La valeur spéculative prise par la terre dans ces zones s'ajoute à ce déficit de politique pour pousser des agriculteurs vers des zones encore en friches. L'afflux de ces migrants, l'antagonisme des logiques entre migrants et autochtones, les intérêts particuliers de certaines élites locales et l'absence de législation active en la matière entraînent des situations explosives et particulièrement dangereuses tant pour l'auto-suffisance alimentaire que pour la paix civile. Dans les zones où il ne semble pas y avoir de troubles, les conditions d'accès au foncier des migrants (agriculteurs comme éleveurs), ne permettent pas une exploitation durable des terres qui sont déjà de structure physique fragile. Les dernières ressources naturelles du pays sont ainsi soumises à une exploitation qui compromet la survie des générations à venir.

17. C. Sonon Boko et C. Ligan, *Contribution des femmes à la production, la transformation et la commercialisation des produits agricoles au Bénin*, page 34.

Les perspectives de la décentralisation risquent d'exacerber la tendance au régionalisme et aux affrontements ethniques ainsi évoqués et dont les causes profondes résident dans une absence virtuelle de l'État dans des domaines où sa responsabilité est pourtant engagée. Malheureusement, la forme de libéralisme engagé ne permet pas l'émergence d'une véritable société civile capable d'aborder ces questions vitales. Nous sommes là en présence de vides structurels qu'il est vital pour tous de combler.

5. Quelle alternative ?

Au regard des limites et des faiblesses sus-évoquées dans les différentes politiques et stratégies mises en place au Bénin depuis l'indépendance, nous tenterons d'ouvrir quelques pistes, qui bien entendu, restent à approfondir pour un développement du secteur agricole.

a) La redéfinition du rôle de l'État

L'Etat a plus que jamais un rôle à jouer face au phénomène de mondialisation. Son rôle est délicat dans la mesure où s'il s'immisce trop dans le processus actuel de privatisation du secteur agricole, il risque de le remettre en cause. S'il n'accompagne pas les mutations en cours, il risque de favoriser des crispations et des éclatements pouvant nuire au processus. Par conséquent, l'on ne saurait, dans ce processus, passer du « Tout État » à une situation de « Sans État ». Il s'agira donc pour lui, non pas de continuer à faire des paysans, des gens éternellement assistés mais d'être pour eux, non pas un État inefficace mais un État PRO c'est-à-dire :

> « – qui est PROducteur,
> - qui n'a jamais renoncé à sont rôle de PROtecteur,
> - qui se fait PROgrammateur et de plus en plus PROspecteur, afin de baliser les voies nouvelles à défricher »[18]. L'Etat se doit donc d'être non seulement un État encourageant la production mais également un État protecteur des intérêts des paysans de manière à ce que leurs organisations deviennent effecti-

18. Cf. C. SAUT'ER, *Les dents du géant*, Ed O. Orban, Paris 1987.

vement des structures autonomes capables de gestion rigoureuse. Pour ce faire, Il devrait faire preuve de volonté politique et maintenir ses interventions dans les domaines propices au développement.

b) Préalables pour un développement durable et équitable

Il est parfaitement inconcevable, dans un pays comme le Bénin où la pauvreté touche encore la majorité de la population, que dans certaines zones il existe autant de terres arables non exploitées alors que dans d'autres, la terre soit pratiquement inexistante ; cette situation, si elle persiste, éloigne de l'objectif d'auto-suffisance alimentaire. La preuve en est le phénomène de l'inflation souvent observé sur le marché local des produits vivriers du simple fait de l'insuffisance de l'offre par rapport à la demande. Aussi, convient-il que l'État prenne des dispositions pour combler le vide qui existe au Bénin en matière d'aménagement des territoires. L'autre problème auquel l'État devrait s'atteler est celui du régime foncier tout en tenant compte des spécificités béninoises relatives à l'accès à la terre et à la propriété foncière. Enfin, l'éducation reste un aspect fondamental du développement agricole.

Insistons sur ce dernier point. Des actions méritent d'être entreprises en direction des paysans sur lesquels repose le secteur, dans les domaines des techniques culturales, de la qualité de leur production car l'environnement national et international oblige à faire de la qualité. Ils doivent également être éduqués, en tant que coopérateurs, sur le caractère d'entreprises privées de leurs organisations et à se considérer comme des entrepreneurs individuels capables d'effectuer des calculs de coûts, de rendement, d'évaluer les superficies cultivées, ... et de prendre les bonnes décisions. Une attention particulière doit être accordée aux femmes rurales qui sont et demeurent des maillons importants dans la chaîne de développement.

Il est vrai que le libéralisme économique est fondé sur le « laisser faire, laisser aller » mais à l'étape actuelle de son développement et face au phénomène de la mondialisation, le Bénin devrait gérer son ouverture sur le monde, surtout qu'en dehors de la seule culture d'exportation, il n'a rien d'autre à proposer. Certes, quelques produits comme l'ananas et les cossettes de manioc commencent à faire leur percée sur le marché mais cette percée est encore très timide. C'est pourquoi, l'État doit mettre en place un véritable programme de développement rural permettant de faire réellement de l'agriculture, la base de la relance économique, prenant en compte plusieurs domaines.

c) L'intégration horizontale

La diversification des cultures et des activités économiques s'impose et devrait permettre à l'État et aux paysans, non seulement de diversifier leurs sources de revenus afin d'éviter les aléas liés à la promotion d'un seul produit, le coton ; mais de rompre également avec le caractère éphémère de leurs activités. Cette diversification peut prendre en compte plusieurs volets :

Au plan de la production, le Bénin devrait cesser de s'appuyer uniquement sur la production du coton compte tenu d'une part, des risques sus-évoqués, et d'autre part, des objectifs d'auto-suffisance alimentaire et de développement économique. Nous ne préconisons pas l'abandon pur et simple de la culture du coton mais il est évident que le Bénin doit se tourner progressivement vers d'autres produits (vivriers et de rente), organiser et encourager pour chaque région, le ou les produits qu'elle a un avantage comparatif à produire. Ainsi, des échanges au plan national pourraient se réaliser entre les différentes régions. A titre d'exemple, l'ananas qui est un produit consommé localement pourrait également devenir une culture d'exportation pour le département de l'Atlantique s'il faisait l'objet d'un appui similaire à celui du coton.

Pour pouvoir produire en quantité suffisante de manière d'abord, à nourrir convenablement les populations puis ensuite, à disposer d'un excédent à exporter, le mode de culture mérite d'être revu. Le Bénin doit, en effet, passer de la culture extensive à une culture intensive. Pour cela, l'accent devrait être mis sur l'utilisation des engrais et la mécanisation de l'agriculture. Pour ce qui concerne la fertilisation des sols, l'intensification des relations agriculture-élevage devrait permettre, outre les engrais chimiques, l'utilisation du fumier, ce qui améliorerait considérablement les rendements. Les résultats des essais d'un groupe de paysans ivoiriens consignés dans le tableau suivant témoignent de cette amélioration.

Tableau : Résultats des essais de la fumure organique

Essais	Qté de fumier (t)	Surface (ha)	Rendement (kg/ha)
P1	2,5	0,5	2 800
P2	3	0,5	3 000
P3	1,3	0,25	3 000
P4	1,3	0,25	2 800
P5	1,5	0,25	3 000

Source : CIDT, Rapport d'activités, Campagne 1991-1992, page 52

L'accroissement de la production par le biais de la mécanisation de l'agriculture suppose l'augmentation de la demande en intrants agricoles. D'où la nécessité d'encourager le développement de l'industrie d'équipements agricoles. En outre, l'industrie agro-alimentaire mérite d'être promue. Dans ce cadre, il faudrait, à court terme, aider au développement de petites unités industrielles au profit des groupements féminins qui s'adonnent à la transformation des produits vivriers. Bien souvent, leurs équipements acquis sur des subventions sont inadaptées et leur maintenance non assurée. Or la transformation des produits vivriers, si elle est bien organisée, contribue non seulement à l'augmentation de la valeur ajoutée intérieure mais permet également d'éviter les pertes post-récolte, assurant ainsi une certaine sécurité alimentaire dans la mesure où l'excédent qui pourrissait, peut être, une fois transformé, conservé plus facilement, vendu en période de soudure et, s'il y a lieu, exporté.

4. Le financement de l'agriculture

Les actions proposées appellent d'énormes moyens financiers que seule, la volonté politique peut sous-tendre. Aussi, contrairement à ce que préconise le programme d'ajustement structurel qui veut que les équilibres macro-économiques soient atteints même si les secteurs vitaux de l'économie, comme l'agriculture, doivent en pâtir alors même que des fonds substantiels sont investis par les bailleurs de fonds dans la production du coton, l'État devrait-il soutenir financièrement l'agriculture et lancer les industries liées à ce secteur (équipement agricole et industrie agro-alimentaire). Cependant, des efforts doivent être également faits de la part des paysans producteurs pour renforcer les actions de l'État au double plan de l'auto-financement et d'une gestion rigoureuse car les actions de l'État ne seraient pas concluantes si ceux-ci ne changent pas la manière de gérer leurs affaires.

a) La politique de financement de l'État

L'Etat devra commencer d'abord à réorienter les nombreux investissements faits dans la culture du coton et développer ainsi d'autres filières. L'on ne peut certes pas nier le fait que l'orientation actuelle est dictée par les bailleurs de fonds mais un État responsable a le devoir de faire comprendre et de faire accepter la nécessité de concilier les objectifs d'équilibres macro-économiques avec ceux de la réduction de la pauvreté par l'amélioration des conditions de travail et de vie de ses populations.

En outre, pour réussir à faire effectivement de l'agriculture la base de l'économie béninoise, l'État devra revoir la politique de crédit telle qu'elle se pratique actuellement et élaborer une véritable politique qui facilite l'accès du crédit à tous les producteurs. Ce faisant, il les aiderait à obtenir les intrants dont ils ont besoin pour accroître leur productivité, ce qui renforcerait leur position vis-à-vis des intermédiaires. Les CLCAM devraient être redynamisées de manière à être accessibles à tous les producteurs (petits comme grands) car dans l'actuel système, seulement 63 000 paysans environ jouissent aujourd'hui d'un crédit, ce qui est insignifiant par rapport à la population active du monde rural. L'Etat devrait également aider à développer à court terme, les caisses du genre gérées par les ONG qui ont fait leur preuve et faire, de façon périodique, des évaluations.

En l'absence de toute banque de développement rural et du fait de la complexité des procédures des banques commerciales, le nouveau système d'accès au crédit devra mettre en place une procédure de dossier simplifié, de taux d'intérêt bonifiés pour les meilleurs payeurs et d'un échéancier de remboursement adapté aux spécificités des activités économiques des différentes catégories de producteurs. L'on n'appliquerait pas, par exemple, les mêmes taux d'intérêt pour le Borgou et l'Atlantique.

L'accès de tous les ruraux au crédit serait de nature à résoudre beaucoup de problèmes du monde rural : alléger la pénibilité du travail agricole par l'acquisition des facteurs de production, améliorer les rendements et les productivités augmenter les revenus du paysan et tendre vers une réelle auto-suffisance alimentaire. Il donnerait également plus d'autonomie aux producteurs vis-à-vis des commerçants.

b) La participation des paysans

C'est ici qu'intervient l'importance de l'éducation et de la sensibilisation des paysans regroupés au sein des groupements, qui les aidera à prendre conscience aussi bien de la force qu'ils constituent que de la fragilité de cette force eu égard à leur dépendance vis-à-vis du coton. Cette prise de conscience suppose de leur part, la mise en œuvre d'actions leur permettant de s'équiper et de s'organiser, avec l'appui de l'État, autour d'autres produits. Ces actions concernent une mobilisation de fonds à travers l'auto-financement et une gestion rigoureuse de leurs fonds.

En effet, sur la base des fonds (ristournes et plus-values) que procure la production du coton aux paysans et de l'éducation en matière de gestion, ceux-ci doivent considérer leurs groupements comme de véritables entreprises et se considérer comme actionnaires de sociétés dont la faillite entraînerait leur chute. Aussi, devraient-ils utiliser les fonds investis dans les infrastructures et les investissements non productifs pour constituer leur capital social, mettre en place des réserves légales destinées à accroître leur surface financière dans le but de développer et de diversifier leurs activités économiques (petites industries de transformation des produits vivriers par exemple) et, par ricochet, leurs sources de revenus.

Il est évident que si ces fonds ne font pas l'objet d'une gestion rigoureuse, ils ne pourraient pas permettre aux paysans membres de ces groupements d'accroître leurs revenus. C'est pourquoi, la mise en place d'un système de contrôle (conseil d'administration, comité de contrôle et commissaires aux comptes) qui fonctionne réellement est indispensable.

Bibliographie

HENRY Paul-Marc et KOSSOU Basile, 1985, *La dimension sociale du développement*, Paris, UNESCO.

DEVEZE Jean-claude, « Réflexions sur l'enjeu culturel du développement africain », Notes et Études, Paris, n° 50, avril 1992.

JOUVE Henri, « Renforcer les organisations paysannes », *La lettre du réseau*, GAO, n° 16 du 3e trimestre de 1993.

DOSSOU-HOUESSOU Abelle, 1994, *Le mouvement coopératif en Côte d'Ivoire : nouvelles orientations et stratégies de développement des Unions de groupements à vocation coopérative de la zone de savanes*, 90 p. (mémoire de DESS), Université Pierre Mendès-France, Grenoble.

CECI, 1995, *Les acteurs de la filière coton au Bénin : fonctionnement et difficultés, possibilités d'échanges*, 29 p. [Rapport présenté par Abelle Dossou-Houessou], Korhogo.

MDR, DAPS, *Contribution des femmes à la production , transformation et commercialisation des produits agricoles au Bénin,* [Rapport présenté par Cyprien Boko et Calixte Ligan], 1996 Cotonou.

FAO, *Analyse de l'impact de la dévaluation du FCFA sur la production agricole et la sécurité alimentaire*, 1995, Cotonou.

BM, *Rapport d'évaluation du PRSA*, 1991, Cotonou.

MF, *Rapport économique et financier*, 1996, Cotonou.

MPRE, UNICEF, *Femmes et Développement : les structures d'encadrement et de promotion au Bénin*, 1991 .

BM, *Réduire la pauvreté au Bénin* [Rapport présenté par Maurizia Tovo] 1995, Cotonou.

- MONGBO, Roch et FLOQUET Anne , 1995 Enjeux fonciers, pauvreté et stratégies de survie sur terre de barre au Bénin [Rapport final de l'étude sur la pauvreté et l'accès à la terre de barre] Cotonou.

GNIDEHOU Justin, *L'évolution de l'économie, de la politique et des programmes de développement du Bénin de 1980 à*

1995, 1995, 140 p. Rapport provisoire [Rapport adressé au Gouvernement des Pays Bas]

MDR, *Etude de stratégie de développement du sous-secteur cotonnier*, 1996, 174 p., [Rapport définitif par Alain Waddell] Cotonou.

MDR, *Etude sur l'utilisation des ristournes et plus-values de campagne de la filière coton*, Cotonou, 1995, 67 p.

MDR, 1995, Forces et faiblesses de la filière coton au Bénin, Cotonou, 55 p.

LUTZ, C. *Le fonctionnement du marché du maïs au Bénin : l'arbitrage inter-régional durant la période septembre 1987 à septembre 1989*, 1992.

LARES, GTZ, *Synthèse des études du projet Sécurité alimentaire*, 1991, 72 p.

DOSSOU-HOUESSOU, Abelle, *Survie économique et conflits en zone rurale : Etude de cas en Côte d'Ivoire et au Bénin* [Communication. présentée à la 8e Assemblée Générale du CODESRIA], Dakar-MF, 1996, Rapport économique et financier, 1995, 73 p.

C. SAUTIER, 1987, *Les dents du géant*, Paris, Edouard O. Orban.

PNUD, 1994, Etude sur les conditions de vie des ménages ruraux (ECVR) : *Incidence et profilde la pauvreté dans la zone des terres de barre*, Document provisoire, 63 p.

ONC/GTZ, 1992, *Contribution à une stratégie de sécurité alimentaire pour le Bénin*, Cotonou, 82 p.

Chapitre 4

ÉTAT ET SOCIÉTÉ FACE A LA MONDIALISATION DE L'ÉCONOMIE

John O. IGUE

La fin du Communisme en Europe de l'Est a donné une forte impulsion au débat sur la mondialisation de l'économie. Ce débat a fait resurgir les préoccupations mercantilistes des siècles passés qui ont produit la traite des esclaves et le commerce triangulaire, puis débouché sur la colonisation de l'Afrique. Mais à la différence des siècles derniers, les nouvelles préoccupations mercantilistes se manifestent par l'uniformité de l'économie mondiale dominée uniquement par la logique du marché. On peut donc affirmer que nous assistons actuellement à un système économique mondial caractérisé par un certain monolithisme. La question qui vient à l'esprit, dans ces conditions, est celle-ci : *dans quelle mesure les pays pauvres comme le Bénin peuvent-ils, dans une telle situation, améliorer de façon durable le niveau de vie de leurs populations ?* Ces pays disposent-ils d'acteurs suffisamment actifs et bien organisés pour affronter les nouvelles exigences du mercantilisme ?

En effet, la longue période d'exploitation coloniale des pays pauvres s'est souvent traduite par la fragilité de l'État et la désorganisation de la société civile. Mieux, la logique de marché qui accompagne la mondialisation de l'économie, ne permet plus aux Etats de bien se structurer. Ceux-ci voient disparaître progressivement leurs principales prérogatives liées au pouvoir exclusif de redistribution des ressources nationales, à partir des services publics appropriés. La société civile elle aussi reste fragile, en raison de sa désorganisation provoquée par l'administration coloniale, de la multiplicité des acteurs et de la complexité des situations.

Si l'on cherche à analyser plus en profondeur les formes de précarité dont souffrent les pays pauvres comme le Bénin, on peut constater :

- au niveau de l'État, l'appropriation insuffisante, sous des régimes politiques par ailleurs très divers[1], des exigences actuelles de démocratisation de la société, d'instauration d'un État de droit et de bonne gouvernance ;
- au niveau de la société civile, une diversité d'acteurs dont les intérêts divergents compliquent la mission que devrait accomplir toute société civile.

On peut donc dire que les différentes composantes de la vie publique africaine sont aussi confrontées à l'instabilité des situations socio-politiques. Plusieurs formes de cloisonnement découlent, soit des contraintes géographiques, soit de la mauvaise circulation de l'information, soit enfin des préjugés de type colonial très forts entre pays francophones et anglophones. Il faut donc une recomposition des espaces politiques et géostratégiques actuels, qui sont autant d'obstacles à l'émergence d'acteurs dynamiques et bien organisés, tant en ce qui concerne l'État que la société civile[2].

Face à la complexité de la situation, il est clair que les Africains et singulièrement les Béninois ne pourront tirer parti de l'évolution actuelle du monde, qu'à la condition de réfléchir sérieusement à des alternatives durables.

---

1. Les régimes politiques que l'on rencontre en Afrique peuvent se classer en plusieurs groupes : régimes démocratiques (Bénin, Cap-Vert, Sénégal, Mali, ...) ; régimes militaires, régimes militaires démocratisés (Togo, Burkina-Faso...) ; régimes politiques issus des guerres de libération (République Démocratique du Congo, Ouganda) ; régimes religieux de type islamique (Soudan), Monarchies (Maroc, Lesotho...).
2. Au sujet de cette recomposition des espaces politiques et géostratégiques, on peut lire avec intérêt l'article de Jean-Pierre Raison : les formes spatiales de l'incertitude en Afrique contemporaine. Travaux de l'institut de géographie de Reims, n° 83-84, 1993, pp. 5-18.

Pour aborder ces questions dans leur détail, ce travail sera structuré en quatre parties.

I. Les nouvelles exigences du développement mondial

Ces nouvelles exigences sont nombreuses. Mais toutes prennent appui sur le libéralisme économique avec l'abandon progressif du rôle régulateur de l'État. Cet abandon se manifeste par la privatisation accélérée des entreprises publiques et la fin progressive des Etats-nations comme cadre d'une programmation économique rigoureuse. Le rôle des multinationales qui résultent des avantages apportés par l'accumulation capitaliste est devenu si important que les Etats-nations ne détiennent plus la clé des solutions au règlement des grands problèmes économiques. Dans une telle situation, les Etats ne fonctionnent plus pour le bien-être de leurs populations, mais plutôt pour une plus grande performance des multinationales. D'où d'ailleurs l'intérêt croissant pour la constitution de grands ensembles régionaux, devenus indispensables à l'épanouissement de ces multinationales.

1. La fin de l'État-nation

Le libéralisme économique se traduisant par la mondialisation de l'économie, réduit donc considérablement le rôle des Etats-nations au profit des grands ensembles régionaux qui se mettent en place aujourd'hui, presque partout dans le monde, et des grands réseaux commerciaux d'envergure internationale. La naissance de ces grands ensembles et la manière dont ils se structurent se font aux dépens des facteurs de souveraineté nationale comme la monnaie, l'orientation économique et l'organisation militaire. De même, le développement des grands réseaux d'intérêts commerciaux et financiers (exemple du réseau de la drogue, du trafic d'armes, du trafic d'argent, etc.), ne permet plus aux Etats-nations d'assurer la sécurité de leurs populations à partir du cadre strictement national.

Cette nouvelle manifestation du libéralisme économique qui arrache aux Etats-nations leurs grands moyens d'action, est en même temps devenue l'un des facteurs d'une subtile reconquête coloniale. Aucun pays pauvre n'a plus l'initiative de ses options économiques et sociales, face au poids des agences d'aide (que celles-ci soient bilatérales ou multilatérales). Le caractère obligatoire et contraignant des programmes d'ajustement structurel qui se sont étendus à tous les pays pauvres de la planète est la parfaite illustration de cette reconquête coloniale par les grandes puissances à économie libérale, à travers leurs multinationales et les réseaux d'intérêts commerciaux et financiers.

A ces manifestations du libéralisme économique s'ajoutent de nouvelles exigences concernant notamment des réformes de tout genre.

2. *Les réformes institutionnelles*

Parmi ces réformes, la première concerne les institutions dont le bon fonctionnement peut apparaît comme le meilleur gage du progrès économique et social et surtout de l'investissement étranger. De ce point de vue, le libéralisme économique s'accompagne désormais de plusieurs réformes institutionnelles dans les anciens pays colonisés : démocratisation de l'État, bonne gouvernance, décentralisation, etc. Il serait trop long de passer en revue la manière dont chacune de ces réformes se met en place et fonctionne dans nos pays respectifs. Mais si l'on se contente d'analyser le cas de la démocratisation de l'État, on peut se faire une idée du reste.

Bien que cette démocratisation résulte de longues luttes des populations africaines, on ne peut s'empêcher de constater qu'elle est complètement récupérée par l'idéologie libérale pour devenir un de ses principaux moyens d'action. Ainsi, les avantages de la démocratie ne servent plus les populations concernées, mais plutôt les grands intérêts internationaux. C'est la raison pour laquelle la manière dont elle fonctionne est devenue si disparate dans les pays pauvres. Les débats nécessaires à l'enracinement de la démocratie n'ont jamais été organisés nulle part. Il en résulte, qu'à part quelques rares pays comme le Bénin, l'avènement de la démocratie se traduit plutôt par la résurgence des crises politiques très profondes, comme c'est le cas au Cameroun, au Congo, au Niger et au Togo, sans bien sûr oublier les petits pays de la région des grands lacs comme le Rwanda et le Burundi. Là où les crises de la démocratie ne sont pas encore grandement ouvertes, elles se manifestent tout de même de façon diffuse, comme par exemple en Côte-d''voire, en Guinée, en Mauritanie et au Sénégal.

En regardant l'évolution de la situation socio-politique des pays colonisés de très près, on peut dire sans exagérer que la plupart des crises qui s'y développent sont plutôt entretenues pour affaiblir l'État et permettre au secteur privé, notamment d'origine étrangère, de prendre progressivement sa relève. Malheureusement, l'affaiblissement de l'État qui résulte de la mauvaise gestion du processus démocratique se traduit aussi par une profonde paralysie sociale qui ne facilite pas la prise en charge des secteurs vitaux par le secteur privé. En effet, ce n'est qu'en temps de paix, et grâce à un bon fonctionnement des institutions étatiques, que le libéralisme économique peut bien marcher.

Somme toute, les différentes réformes institutionnelles exigées dans le cadre de l'économie libérale n'ont jamais connu de succès dans les pays pauvres. A la limite, elles induisent tellement de confusions que la plupart de ces pays se demandent aujourd'hui le bien-fondé de ces réformes surtout lorsqu'au même moment, ils se trouvent bloqués par le jeu des contradictions d'intérêts occidentaux.

Ensuite, la seconde exigence de la mondialisation concerne les bases mêmes de l'économie libérale. Lorsque l'on regarde bien comment fonctionne actuellement l'économie mondiale, celle-ci n'est plus nécessairement basée sur les secteurs autour desquels s'organisent les pays colonisés tels que l'exploitation des ressources naturelles classiques. Ces ressources naturelles traditionnelles deviennent de plus en plus caduques. L'économie mondiale fonctionne désormais à partir de nouveaux enjeux comme la dématérialisation progressive de l'économie, l'importance du cerveau devenu lui aussi l'un des produits de première nécessité et le rôle croissant des flux financiers.

3. La dématérialisation de l'économie

La dématérialisation progressive de l'économie amorce la fin des matières premières traditionnelles en tant que bases de la richesse nationale. Cela voudrait donc dire que tout pays qui mise son développement sur l'exploitation des ressources naturelles d'origine agricole ou minière sera forcément en retard, et que la recherche d'une valeur ajoutée est désormais indispensable à l'accumulation de la richesse. Ainsi, se contenter de vendre les matières premières à l'état brut, comme le font la plupart des anciens pays colonisés, ne rapporte à la nation que des crises périodiques, telles les crises du cacao, du cuivre, du pétrole, etc. Les seuls secteurs agricoles encore rentables concernent le secteur vivrier pour lequel la demande ira croissante, sous l'impulsion des villes en pleine expansion démographique.

Pour que les matières premières traditionnelles servent judicieusement l'économie, il faudrait qu'elles soient transformées en produits industriels de qualité, à partir de la mise à contribution d'une technologie avancée qui ne peut venir que du travail du cerveau.

C'est la raison pour laquelle le cerveau est devenu lui aussi une matière première très recherchée aujourd'hui dans le monde. Celui-ci ne peut se valoriser qu'à partir de la création des institutions de formation de haut niveau. Le coût de ces institutions de formation est si élevé que leur mise en place interpelle la responsabilité de l'État de plusieurs manières : d'abord en termes de politique, ensuite en termes de financement et enfin en termes d'encadrement. Un encadrement correct de la jeunesse est en effet indispensable pour identifier très tôt dans la nation les véritables « génies en herbe ». Le secteur privé ne pourra intervenir dans cette politique de formation que de façon sectorielle. Si l'État démissionne de ce secteur clé, il s'ensuivra inéluctablement une dépendance vis-à-vis des autres pays qui auraient investi dans l'amélioration de la compétence technologique. Les institutions de formation des pays pauvres traversent aujourd'hui des crises d'une ampleur telle que seule une intervention vigoureuse de l'État pourra permettre d'assurer le progrès technique dans ces pays.

4. Les flux financiers

Le dernier aspect lié à la mondialisation concerne les flux financiers. L'argent est ainsi devenu une nouvelle matière première, au même titre que le fer, le charbon, le pétrole, le cacao ou le coton. Cette situation est la conséquence directe des placements d'argent dans les grandes institutions financières internationales qui se chargent de les faire fructifier. Si l'on analyse le rôle des pays colonisés dans ces flux financiers, à l'exception des pays qui exploitent la drogue, ou se sont enrichis d'énormes ressources pétrolières, la plupart dépendent essentiellement des fonds publics détournés par les responsables politiques et les hauts cadres de l'administration. Si l'on se contente d'analyser le cas de l'Afrique, les flux financiers qui partent de ce continent vers les grandes places financières internationales ne proviennent aucunement du secteur privé. Cela voudrait donc dire que pour le moment, seul le secteur étatique détient les moyens du développement dans les pays pauvres. La participation du secteur privé ne peut provenir que de l'argent étranger ou de celui détourné par ceux-là mêmes qui sont chargés de la gestion des ressources nationales au nom de leurs populations et pour l'intérêt de ces dernières.

Au regard de ces différentes évolutions, quel est donc le poids de l'État et de la société civile au Bénin, pour faire de l'idéologie libérale le facteur de progrès et de bien-être des populations ?

II. L'état beninois et les nouvelles exigences de la mondialisation

Les exigences de l'économie libérale se manifestent sur les Etats africains et singulièrement sur l'État béninois de plusieurs manières. Mais l'aspect le plus important concerne les réformes exigées par les bailleurs de fonds, portant sur la démocratisation de l'État et de la société, l'avènement de l'État de droit, l'adoption du Programme d'ajustement structurel et la pratique de la bonne gouvernance.

1. La pratique démocratique au Bénin

La démocratisation de l'État et de la société devant favoriser l'émergence de l'État de droit a démarré au Bénin avec l'organisation de la Conférence des Forces Vives de la Nation, en Février 1990. Cette conférence a mis fin aux 17 années de régime marxiste-léniniste dominé par le parti-État du PRPB. Une nouvelle constitution fut élaborée, consacrant l'État de droit, avec la reconnaissance du multipartisme intégral. Cette constitution propose aussi comme option économique l'économie libérale.

L'avènement de l'État de droit s'est donc traduit par la création de plusieurs partis politiques et la mise sur pied de toutes les institutions démocratiques : élection des députés à l'Assemblée Nationale et du Président de la République au suffrage universel, création des structures de contre-pouvoir comme la Cour constitutionnelle, la Haute autorité de l'audiovisuel et de la communication, la liberté de la presse, l'émergence de la société civile, à travers la reconnaissance des syndicats, l'organisation des producteurs, la constitution et l'installation de plusieurs ONG, la création de plusieurs associations d'opérateurs économiques (Jeune chambre économique du Bénin, la Chambre d'agriculture, le Conseil national des exportateurs, etc.).

Toutes ces réformes ont créé ici une ambiance de liberté et de paix qui fait l'honneur et la fierté de tous les Béninois résidant tant à l'intérieur qu'à l'extérieur du pays. Ces réformes ont été aussi valorisées par la communauté internationale à travers un appui financier massif accordé à ce pays, entre 1990 et 1996.

Mais si l'on analyse ces différents changements, on s'aperçoit que malgré leurs aspects positifs, très peu résisteront au temps pour s'enraciner profondément. La plupart sont destinés à satisfaire une demande extérieure et font par conséquent partie des évolutions modes exigées par la mondialisation de l'économie. Pour montrer le caractère passager de ces changements, on pourrait insister sur les limites du processus démocratique en cours et les inquiétudes qu'il soulève. A titre d'exemple, les partis politiques ne dépassent pas encore le cadre des clubs électoraux, beaucoup plus tournés vers la recherche de rente que vers la constitution d'un véritable contre-pouvoir. Ces partis n'ont aucun programme qui prenne en compte une gestion rationnelle du pays, encore moins l'éducation civique et patriotique de leurs militants. Cette recherche de la rente entraîne plusieurs évolutions catastrophiques pour le pays.

- D'abord elle entraîne la fin progressive des partis d'opposition par manque de moyens financiers pour résister efficacement à ceux qui sont au pouvoir. Tous les partis, afin d'accéder plus rapidement à la rente du pouvoir, font facilement allégeance au régime en place, et détruisent la possibilité qui leur est offerte d'organiser une opposition constructive.
- Ce besoin de la rente se manifeste sur le terrain, par la multiplicité des partis politiques. Le Bénin compte actuellement environ 120 partis politiques et l'on est loin de s'arrêter à cet effectif, dans la mesure où chaque mois se créent de nouveaux partis. Pourtant le pays ne dispose que de 84 sièges de députés à l'Assemblée Nationale. Ce qui signifie que même lorsque les élections se dérouleront dans la transparence, beaucoup de formations n'auront pas de députés à l'Assemblée. Mais l'existence de ces partis donne à leur leader quelques chances d'accéder aux postes de ministre, de conseiller ou d'ambassadeur. Du coup, les partis politiques n'ont plus de programme d'action et ne se structurent aucunement autour d'un objectif national précis. Bien au contraire, il s'agit de partis d'obédience ethnique, dont l'apparition vient aggraver les difficultés de la construction nationale. Leur multiplicité peut être aussi considérée comme un fonds de commerce, sans oublier que le nombre élevé de ces partis rend difficile un débat consensuel sur l'avenir du Bénin, par le jeu des alliances de circonstance qui se font et se défont, selon les enjeux de la rente. Tout cela se traduit par la fuite en avant devant les nobles responsabilités politiques.
- Mais la plus grande difficulté de ces partis, conformément à leur logique de rente, réside plutôt dans la prise en charge de plusieurs d'entre eux par les bailleurs de fonds et les multinationales qui cherchent à investir dans le pays. Cette situation se traduit par la forte allégeance de certains leaders de partis à ces bailleurs de fonds et multinationales

qui mettent à leur disposition d'importants moyens financiers grâce auxquels ils achètent facilement les voix des électeurs. Ainsi, la démocratie par le jeu de l'argent devient un moyen facile pour les bailleurs de fonds et les multinationales d'imposer leur *diktat* au pays. Cette situation rejaillit sur la manière dont se gère le dossier de la privatisation des anciennes sociétés d'État au Bénin, et surtout lors des négociations des différents programmes d'ajustement structurel.

2. Les Programmes d'Ajustement Structurel

La crise économique de la décennie 80 a obligé presque tous les Etats d'Afrique subsaharienne à entamer des négociations avec les Institutions de Bretton Woods afin d'améliorer leur situation économique.

a. Les trois Programmes d'Ajustement Structurel

C'est en 1989 que le Bénin a souscrit à son premier Programme d'ajustement structurel dans un contexte économique catastrophique. Les objectifs de ce premier programme qualifié de programme d'assainissement peuvent se résumer en deux points :

- le rétablissement d'un système bancaire sain,
- l'instauration d'une économie de marché, à travers un programme de libéralisation et de réorganisation des services publics.

Mais ce programme n'a pas pu être conduit à terme, compte tenu de l'évolution politique qui a débouché sur l'organisation de la Conférence Nationale des Forces Vives, et par la suite le changement de régime politique. Aussitôt arrivé au pouvoir, le nouveau régime entame de nouvelles négociations qui aboutissent à la signature d'un second accord d'ajustement portant sur la période 1992-1994. Ce second accord a été baptisé Programme d'assainissement et de réformes économiques. Son objectif est identique à celui du premier :

- rétablir l'équilibre budgétaire,
- restructurer le système bancaire,

– restructurer les entreprises publiques,
– rétablir les conditions d'une croissance durable.

Le troisième programme a été négocié au milieu de l'année 1994 sous la dénomination « Programme de relance et de croissance durable ». Celui-ci vise à :

- améliorer l'efficacité du secteur privé ;
- mettre en place les infrastructures et les services sociaux de base nécessaires à la croissance ;
- favoriser la diversification de l'économie et le développement de l'appareil productif ;
- remédier aux défaillances de l'administration publique, par un redéploiement des effectifs, une rationalisation des barèmes de traitement, etc.

L'application de ces différents programmes a débouché sur la reprise de la croissance et l'amélioration substantielle de l'économie béninoise. L'ajustement structurel a donc permis à l'État de réformer profondément les secteurs économiques et sociaux. Sur le plan économique, le pays a renoué avec la croissance et les principaux secteurs de production sont en cours d'assainissement.

A partir de 1991, la croissance du PIB a redémarré, l'inflation a été maîtrisée, le solde primaire des opérations financières de l'État est redevenu positif, le système bancaire inspirait à nouveau confiance aux opérateurs, et les réserves de change avaient considérablement augmenté.

Malgré ces résultats encourageants, le PAS a entraîné dans la société béninoise un certain nombre de problèmes qui méritent d'être bien analysés. On mentionnera ici quelques-uns de ces problèmes[3].

b. Le mauvais fonctionnement du marché agricole

Le modèle de croissance préconisé dans le cadre des différents programmes d'ajustement structurel a considérable-

3. A propos des conséquences du PAS sur l'économie et la société, on peut lire avec intérêt, *L'économie béninoise sous ajustement structurel : questions cruciales et perspectives*, publiés par le Laboratoire d'analyse régionale et d'Expertise Sociale et l'institut Kilimandjaro, décembre 1996.

ment limité le rôle de l'État dans la commercialisation des produits vivriers. Par contre, son rôle est resté prépondérant dans la promotion des cultures d'exportation considérées comme le secteur clef de la relance économique. Cette situation, ajoutée aux effets de proximité, a eu pour conséquence la dépendance croissante du pays vis-à-vis de l'approvisionnement extérieur, pour garantir la sécurité alimentaire.

Ainsi, depuis 1995, année du boom du coton, la production des principales denrées alimentaires est en baisse, entraînant d'importants déficits alimentaires. Dès 1996, presque toutes les productions vivrières enregistrent d'importants déficits. Celui-ci est de l'ordre de 21 000 tonnes pour le maïs, 30 776 tonnes pour le sorgho, 10 000 tonnes pour l'arachide, 14 000 tonnes pour les cultures maraîchères[4].

Même là où apparaissent quelques excédents comme c'est le cas pour le manioc, l'igname et le haricot, la forte demande des pays voisins ne permet pas de disposer facilement de cet excédent sur le marché.

La situation est si grave que le pays, malgré le libéralisme économique, s'est vu obligé d'interdire l'exportation des produits vivriers en 1996 et de recourir à l'importation du maïs de l'Afrique du Sud en 1997 pour ravitailler la population.

Quand on analyse les causes de ce déficit, elles sont de plusieurs ordres :

- la trop grande attention réservée à la filière coton, au détriment du secteur vivrier. La capacité productive des paysans béninois est si limitée que ces derniers font un choix préjudiciable à la production vivrière ;
- l'organisation même du marché vivrier, entièrement laissée aux mains des privés, ne favorise pas toujours un bon ravitaillement des principaux marchés urbains ;
- le niveau élevé de l'intégration par le marché ne permet pas aux commerçants béninois de contrôler à eux seuls les producteurs, en particulier dans les régions frontalières.

---

4. ONASA, Evaluation de la consommation des céréales, tubercules et légumes au Bénin. Journées portes ouvertes, Cotonou, les 6, 7, 8 juin 1996.

Au total, les résultats des réformes mises en place dans le cadre des PAS ont eu un impact négatif sur la sécurité alimentaire des populations, se traduisant par des hausses de prix assez fortes ces derniers temps. Les raisons de cet impact négatif sont nombreuses.

Par exemple, les programmes, malgré l'amélioration des grands équilibres macro-économiques, n'ont pas débouché sur la création d'une capacité compétitive, en dépit de la dévaluation du franc cfa, intervenue le 11 janvier 1994. Sur ce terrain, le réajustement monétaire opéré par les pays non utilisateurs du franc cfa comme le Nigeria et le Ghana, a empêché cette compétitivité.

Par ailleurs, la structure économique du pays reste largement tributaire de l'économie de traite, initiée depuis la colonisation. D'où le caractère mono-sectoriel des activités agricoles dominées par la seule culture d'exportation, bien encadrée par l'État assisté de quelques partenaires au développement.

Dans le secteur du marché agricole, la réponse qu'apportent les producteurs face à l'ajustement est plutôt tournée vers la protection du marché, avec le développement extraordinaire des oligopoles sur les principales filières vivrières. La formation de ces oligopoles a d'abord commencé avec l'organisation du marché de maïs ; elle s'est ensuite étendue à l'oignon à Malanville, puis aux produits maraîchers, et peut-être bientôt aux cossettes et aux tubercules d'igname. Cette stratégie des producteurs et des commerçants du vivrier par rapport à un marché qui se libéralise montre bien que les instruments de cette libéralisation ne rassurent pas tout le monde.

3. Les conséquences du PAS sur les échanges commerciaux et les flux financiers

L'intérêt de ces deux questions est intimement lié aux objectifs même du PAS, fondés sur la recherche de l'équilibre de la balance des paiements par apport de l'épargne extérieure.

a. Les échanges commerciaux

L'un des objectifs majeurs du PAS est la réduction du déficit de la balance commerciale et l'amélioration de celle des paiements[5]. Si on regarde ce qui se passe dans ces deux domaines, la réduction de la balance commerciale n'a connu qu'un succès relatif, sensible entre 1993 et 1994. Par contre, celle des paiements s'est nettement améliorée en restant positive jusqu'en 1994, conformément au tableau ci-dessous.

Tableau 1 : Évolution de la balance des paiements entre 1992 et 1995 (en milliards de FCFA)

Années	Balance commerciale	Balance des paiements
1992	- 73,9	25,3
1993	- 50,4	2,3
1994	- 34,4	85,6
1995	- 72,1	- 8,9

Source : Banque de France, Rapport zone franc 1995.

Si la balance commerciale n'a pas connu un solde positif, cela est dû en grande partie à la nature même de l'économie béninoise, fondée sur le transit et la réexportation. Cette dernière représente 35% des exportations béninoises et conditionne largement la constitution des recettes d'ajustement dont les montants sont indiqués dans le tableau ci-après.

5. Balance commerciale : compte récapitulant les importations et les exportations d'un pays au cours d'une période donnée pour en faire le solde.
Balance des paiements : compte retraçant l'ensemble des opérations intervenues au cours d'une période donnée entre un pays et l'extérieur.

Tableau 2 : Évolution des recettes d'ajustement par différents secteurs (en milliards de FCFA)

Types de recettes	1995	1996	1997	1998	1999
Recettes programmées	130,085	142,549	158,82	182,58	199,28
Part de la douane	52,667 (40,9%)	57,934 (40,5%)	82,68	91,32	104,78
Part des impôts	55,31 (42,5%)	55,724 (42,5%)	76,14	91,25	94,50
Part du coton	21,788 (16,7%)	48,153 (33,7%)	16,51	16,90	13,22

Malgré la performance du secteur cotonnier ces dernières années, les activités de réexportation dans lesquelles le pays s'est engagé depuis 1973 continuent de dominer largement les recettes publiques, à travers les apports de la douane.

Les produits qui participent à ces activités de réexportation sont tous achetés sur le marché international et revendus dans les pays limitrophes, notamment le Nigeria. Bien que variables en nature et en volume dans le temps, 14 de ces produits constituent les activités clefs du port autonome de Cotonou et en même temps de la douane béninoise dont notamment : le lait, le riz, la farine de blé, le tabac, le sel marin, les pneumatiques usagés, les tissus coton, les piles électriques, les cigarettes et les voitures d'occasion etc. Parmi ces 14 produits, 5 sont particulièrement importants, en raison du volume importé et des recettes fiscales qu'ils procurent à la douane : le riz, les tissus coton, les voitures d'occasion, la farine de blé et les cigarettes.

L'avenir de ces activités de réexportation est de plus en plus compromis par la politique économique du Nigeria, suite à la pression qu'exercent les bailleurs de fonds pour obliger ce dernier à libéraliser son économie. Ainsi, depuis le début de 1996, le Nigeria a commencé à réaliser un désarmement douanier assez important sur un certain nombre de produits de grande consommation et à lever les mesures d'interdiction qui frappent quelques denrées alimentaires comme le riz. Cette céréale dont l'importation était taxée à 150% en 1995 du prix CAF bénéficie actuellement d'importantes réductions allant de 150 à 50% seulement. Les frais de dédouanement des automobiles compris entre 30 et 100% selon l'état du véhicule sont passés à 19,50 % et 65 %. La taxe d'importation sur les cigarettes est également tombée de 40 à 26 %. A cet abaissement douanier s'ajoutent la libéralisation des intrants agricoles et l'amélioration des services portuaires[1].

Ces différentes mesures ont commencé à agir sur le volume de la réexportation béninoise, qui a considérablement chuté ces derniers mois, comme on peut le constater à travers le tableau suivant :

1. Lares, *Les échanges Bénin-Nigeria*, 1996.

Tableau 3 : Évolution de la réexportation vers le Nigeria de quelques produits clefs (en tonne)

Produits	1994	1995	1996 (30.09)
Riz	173 682	105 530	96 070
Blé	17 759	8 918	2 485
Tissus	9 080	15 821	4 916
Cigarettes	772	527	110
Friperie	14 210	11 072	4 573

Source : Statistiques de la douane.

Cette baisse de la réexportation, consécutive aux mesures d'ajustement au Nigeria signifie que la manière de négocier le PAS dans la zone est quelque peu gênante, et même contradictoire, dans la mesure où les réformes qu'on suggère à un pays pour améliorer ses performances économiques paralysent immédiatement l'autre pays voisin. Compte tenu donc du niveau élevé de l'intégration par le marché, entre le Bénin, le Togo et le Nigeria, il y a nécessité d'entrevoir des modalités d'un PAS régional dont l'objet serait de veiller au meilleur fonctionnement des Etats[2].

L'aperçu des échanges commerciaux qui vient d'être présenté nécessite donc la mise sur pied d'un cadre de concertation entre le Bénin et ses voisins, afin de mieux gérer les réformes engagées.

b. Les flux financiers.

L'analyse de ces flux permet de se rendre compte de l'efficacité des différents programmes sur la mobilisation de l'épargne extérieure pour consolider la monnaie et financer le développement économique.

Si l'on regarde ce qui s'est passé entre 1989, début des programmes et 1994, date à laquelle on dispose de quelques chiffres, les flux financiers dont a bénéficié le pays sont importants. Le Bénin a reçu de la communauté internationale

2. Au sujet de cette intégration par le marché entre le Bénin et ses voisins, on peut se référer à J. Egg et J. Igué : *L'intégration par le marché dans le sous-espace Est : l'impact du Nigeria sur ses voisins immédiats*, INRA-IRAM-UNB, avril 1993.

deux formes d'aide : les dons et les prêts. Sur la période considérée, l'aide reçue s'élève à 8 510 millions de francs français, dont 5 188 millions de dons, soit les 61% et 3 322 millions de francs français sous forme de prêts, soit les 39 %. Ces prêts représentent environ 46,81% de toute la dette du pays évaluée durant la période à 7 096 de millions de francs français[3].

Cette remarque signifie que les programmes sont devenus les facilitateurs de dons et prêts pour le pays. Bien que ces flux financiers soient importants, leur impact dans la vie socio-économique reste faible, dans la mesure où cela n'a pas toujours servi à lutter contre le chômage et la pauvreté. La destination de ces flux financiers va plutôt vers l'amélioration du fonctionnement des services de l'État, la réalisation de quelques infrastructures de base que vers la création d'emplois. La ventilation de l'aide extérieure par type d'assistance entre 1989 et 1994 confirme bien cela, dans la mesure où les 50% de l'aide sont des aides en capital et en projets d'investissement, les 26% vont à la coopération technique, les 21 % servent à l'appui budgétaire et à la balance des paiements, et le reste, soit 4% est réparti entre l'aide alimentaire et les secours d'urgence.

On peut donc conclure que les flux financiers, malgré leur importance se dirigent davantage vers les services administratifs, montrant ainsi l'incapacité du pays à saisir les opportunités d'ajustement structurel pour asseoir un vigoureux programme de développement économique.

Cette orientation de l'aide issue des différents programmes d'ajustement structurel éclaire bien sur les déséquilibres qui apparaissent dans le fonctionnement de la société.

La forte injection monétaire dans les services publics se traduit d'ailleurs, dans bien des cas, par des phénomènes de détournements massifs qui constituent le principal fléau des programmes d'ajustement. Il en résulte l'émergence d'une bourgeoisie administrative, incapable de favoriser l'essor d'un secteur privé dynamique pourtant indispensable pour promouvoir l'économie libérale.

Il s'ensuit alors une sorte de relation conflictuelle entre l'État et le secteur privé, consécutive à cette mauvaise orien-

3. A. Elègbè et S.A. Afouda, *Les aides internationales publiques au Bénin*, de 1985 à 1995, MICAC, Cotonou, 1996.

tation des ressources du PAS. Cette méfiance est particulièrement importante dans ce pays. En effet, si l'on regarde bien la situation, il y a entre les rentes de l'administration et celles des activités commerciales et industrielles une sorte de bipolarisation qui ne facilite pas toujours la collaboration entre l'État et le secteur privé.

c) Les conséquences du PAS sur la société

Ces conséquences ne sont pas rassurantes malgré la mise sur pied d'un service devant se charger des aspects sociaux du Programme d'ajustement structurel. Aussi, l'actuel gouvernement sent-il le besoin de mettre l'accent sur l'application du Minimum social commun devant lui permettre de négocier un nouveau partenariat avec la population[4]. Par ce Minimum social commun le gouvernement cherche à résoudre de façon urgente quatre problèmes sociaux fondamentaux :

- La sécurité alimentaire,
- L'éducation de base,
- L'accès aux soins de santé,
- Le développement de la capacité à générer des richesses de façon durable.

La sécurité alimentaire soulève à la fois la question de la couverture convenable des besoins alimentaires et celle de l'accès à l'eau potable. Bien que le Bénin dispose de grandes potentialités agricoles, les tendances démographiques actuelles, les incertitudes climatiques, et le contexte régional de proximité mettent à rude épreuve la satisfaction correcte des besoins alimentaires des populations. De même, la disparité des conditions naturelles fait apparaître dans le pays des zones à risques où la production agricole reste encore faible. Ces différentes situations assujettissent environ 162 900 ménages, soit 20% de la population béninoise, à l'insécurité alimentaire[5].

---

4. Au sujet de l'application de ce Minimum Social Commun, on peut se référer aux travaux du colloque organisé sur le même thème à Cotonou, du 04 au 06 août 1997.
5. Programme National de l'Emploi au Bénin, Ministère du Plan, de la Restructuration Economique et de la Promotion de l'Emploi, Cotonou, juillet 1996.

Quant à l'accès à l'eau potable, et malgré l'abondance des ressources en eau, on est loin d'atteindre l'objectif fixé par la nation qui est de pouvoir fournir 20 litres d'eau par jour et par habitant. Actuellement, le taux de couverture des besoins en milieu rural est estimé à 50%. Ce taux cache beaucoup de disparités, non seulement entre les départements, mais aussi entre différentes localités d'un même département. Ainsi dans le Mono, la couverture des besoins en eau potable n'est que de 27%.

L'éducation de base a connu un progrès soutenu, de 1980 à 1989, avec un taux de scolarisation record de l'ordre de 62% en 1983. Puis ce taux, en raison des mouvements sociaux qui ont paralysé le pays à partir de 1989, est tombé à 49,68% en 1990. Ce n'est que tout récemment, avec les efforts déployés par le gouvernement, que l'on avoisine le taux de 68%. Ici aussi, ce taux de 68% reste disparate d'une région à une autre. S'il est relativement élevé dans la partie méridionale du pays, environ 80%, il est encore faible dans les deux départements du nord, qui enregistrent un taux inférieur à 50%. Le phénomène le plus alarmant ne réside pas dans le niveau bas de ce taux, mais concerne surtout sa baisse régulière dans un contexte d'économie agricole assez dynamique dans ces régions, avec le développement de la production cotonnière[6].

A l'éducation des enfants, s'ajoute aussi l'alphabétisation des adultes en langues nationales. Le taux national en la matière, de l'ordre de 28% reste faible et constitue un frein aux innovations technologiques dans les domaines agricole et artisanal.

L'accès des populations et notamment des couches les plus déshéritées aux soins de santé, bien que prioritaire dans la politique gouvernementale, pose lui aussi beaucoup de problèmes, en raison de la crise économique persistante. La déclaration de ALMA ATA de 1978, et l'initiative de Bamako de 1987, auxquelles le pays a souscrit, en vue de réaliser l'objectif « Santé pour Tous en l'an 2000 », restent lointaines pour les couches les plus pauvres de la population, à cause du coût élevé des soins de santé, de l'insuffisance des infra-

6. Revue des dépenses publiques : éducation et santé ; comité technique, septembre 1996.

structures sanitaires, des équipements et du personnel médico-sanitaires[7].

Le développement de la capacité à générer des richesses de façon durable est compromis par le faible niveau d'instruction scientifique et technologique des forces productives, et par l'essor de la pauvreté. Les récentes études réalisées par le PNUD sur le profil de la pauvreté au Bénin, estiment que 33 % des ménages ruraux et 31% des ménages urbains se situent en dessous du seuil de pauvreté[8].

Toutes ces situations montrent bien les limites du PAS par rapport à la promotion au Bénin du bien-être des populations et d'un développement équitable et durable. Bien au contraire, l'application de ce programme éloigne le pays des exigences fondamentales de la mondialisation de l'économie telles que l'amélioration de la compétence technologique, la qualité de l'information et le niveau élevé des flux financiers. Les difficultés du pays à faire face à ces exigences résident dans le fait que le peu de moyens financiers apportés par la vente de quelques produits agricoles comme le coton, et par l'aide internationale, sont utilisés pour payer la dette et les services de la dette selon les différents accords d'ajustement.

4. La pratique de la bonne gouvernance

Le dernier point des exigences de la mondialisation de l'économie concerne la pratique de la bonne gouvernance. Celle-ci est prise en compte dans les différentes orientations économiques et principalement dans les résultats de la Conférence économique nationale qui a eu lieu en décembre 1996. Ainsi, on peut lire dans les conclusions de cette Conférence les recommandations suivantes :

---

7. Enquête démographique et de santé au Bénin. Rapport de synthèse, avril 1997.
8. Les études du PNUD sur la pauvreté au Bénin sont nombreuses. On peut mentionner entre autres : *Étude sur les conditions de vie en milieu urbain*, vol. 1, novembre 1996. Etude sur les conditions de vie des ménages ruraux, février 1996. *Perception des dimensions de la pauvreté, du bien-être et de la richesse*, juillet 1995.

« Les conditions de succès de la Conférence économique dépendent des stratégies de développement adoptées. A ces stratégies, « *doit être associée la bonne gouvernance afin d'introduire la rationalisation dans la gestion des biens publics et sociaux, et l'amélioration de l'efficacité de l'action publique pour favoriser l'essor économique du pays... La bonne gouvernance doit aussi permettre à l'État d'éviter que se reproduisent dans ce pays les faits répréhensibles que l'on pourrait qualifier de* ***« Plus jamais çà »****, comme l'improvisation, la corruption, la mauvaise gestion des ressources, l'absence de contrôle dans la gestion des biens publics, la dégradation de l'espace sécuritaire, la mauvaise circulation de l'information, le laxisme et l'irresponsabilité* ».

« *La bonne gouvernance passe inévitablement par la moralisation de la vie publique. C'est pourquoi les gouvernants doivent définir très rapidement des actions visant à réduire le train de vie de l'État, à réprimer et à sanctionner les délinquants, qu'ils soient de l'administration publique ou du secteur privé. A ce propos, l'adoption des lois sur la moralisation de la vie publique paraît indispensable, etc.* »[9].

Malgré ces recommandations, pas un jour de la semaine ne s'écoule sans que la presse ne fasse état d'un scandale au sujet des sociétés d'État et ne publie des articles assez alarmants comme par exemple « **Au Bénin la corruption tue plus que le SIDA** ». Ici, « *le silence plane dans l'administration, le silence que les gouvernants opposent à nombre de sujets-clefs, le silence du peuple qui sommeille devant mille actions perpétrées sous ses yeux* »[10].

N'en pouvant plus, le Président de la République accuse tous les hauts cadres de la Nation de manquer d'amour pour la patrie. Et pour montrer sa bonne foi, il invite le Président de la Coalition Mondiale pour l'Afrique, M. Robert Mc Namara et le Président de l'ONG Transparence Internationale, à venir lui prêter main forte dans son combat contre la corruption. Ces derniers ont effectivement rendu visite au Bénin, du 30 août au 02 septembre 1997. Au cours d'une conférence de presse donnée le 02 septembre à la Présidence de la République, M. Mc. Namara a reconnu l'ampleur de la

---

9. Conférence économique nationale, synthèse des recommandations. Cotonou, mai 1997.
10. Serges Soglohoun : « Moralisation de la vie publique », Le quotidien *Le Matin*, n° 979 du mercredi 3 septembre 1997.

corruption au Bénin et a plaidé pour que « *les actions que le chef de l'État entreprend dans ce sens soient appuyées par les institutions internationales* ».

Comme on peut le constater, les préoccupations de l'État en matière de réformes conformes aux exigences de la mondialisation n'ont jamais donné de bons résultats. Aucune de ces préoccupations ne s'enracine profondément dans la société, faute d'une réelle intériorisation à la fois par les dirigeants et les populations. Toutes ces préoccupations sont considérées comme des préoccupations-modes, et ne sont guère prises au sérieux par les uns et les autres. En tant que préoccupations-modes, ces réformes ne peuvent avoir qu'un caractère passager. Aussi sommes-nous encore loin des bonnes solutions pouvant aider l'État à plus d'efficacité et à des performances meilleures dans ses actions, condition indispensable pour sortir le pays du marasme économique et de la misère des populations.

III. La société civile et sa nouvelle responsabilité face à la mondialisation de l'économie

Le nouveau mercantilisme dominé par la logique d'accumulation capitaliste donne un poids exceptionnel à la société civile, à travers le libéralisme intégral. C'est aux acteurs privés qu'incombe désormais la tâche principale de développement. L'Etat quant à lui, doit se contenter de favoriser l'émergence de ces acteurs privés en créant, par des dispositifs juridiques appropriés, le cadre incitatif aux initiatives privées, d'où d'ailleurs l'importance des réformes qui lui sont imposées. Celles-ci sont indispensables pour créer des cadres propices aux investissements privés.

Mais face à la désorganisation du secteur privé africain et singulièrement béninois, provoquée par les anciennes compagnies de traite de la période coloniale[11], il fallait d'abord

11. Pour bien comprendre les conséquence de l'économie de traite sur la désorganisation de la société africaine, on peut lire : E. Assidon, *Le commerce captif en Afrique occidentale*, L'Harmattan, Paris, 1989 ou de Robin Law (Edits) *From Slave Trade To « Legitimate » com-*

chercher à réorganiser cette société civile qui compte plusieurs catégories d'acteurs aux intérêts et stratégies d'intervention sur le marché assez divergents. Parmi ces acteurs, les plus actifs sont les producteurs, les commerçants, les artisans auxquels s'ajoutent quelques industriels et financiers.

1. Les acteurs en présence

Les producteurs sont largement dominés par les agriculteurs qui représentent environ 60% de la population béninoise. Leurs moyens de production sont encore rudimentaires, d'où le bas niveau de leur revenu dont la moyenne annuelle est inférieure à 100 000FCFA[12].

Les commerçants sont surtout représentés par les communautés étrangères : Libanais, Indiens et Ibos du Nigeria. Les nationaux qui interviennent dans ce secteur se cantonnent en majorité dans les activités informelles[13]. Mais la plus grande difficulté de ces commerçants béninois réside dans leur incapacité à s'associer pour s'offrir de grands moyens financiers pouvant leur permettre de jouer un rôle plus actif dans la libéralisation de l'économie. La plupart d'entre eux agissent plutôt de façon individuelle ou familiale. Cette méthode rend cette catégorie d'acteurs privés plus fragile face aux exigences du libéralisme économique et de la mondialisation.

Les artisans, très nombreux dans les grandes villes, sont également en majorité cantonnés dans le secteur informel de services : secteurs du bâtiment, de la forge métallique, de la maçonnerie, de l'habillement, de la coiffure et surtout de la restauration populaire. Mais la faiblesse principale de ce secteur est son instabilité dans le temps et dans l'espace, faute d'un marché dynamique et d'une stratégie organisationnelle assez performante. Du coup, le revenu annuel des artisans reste très fragile et leur participation à l'essor économique aléatoire et incertaine.

---

merce : The commercial Transition in nineteenth-century West Africa, Cambridge University Press, 1995.

12. *Profil de la pauvreté en milieu rural*, op. cit.
13. O. J. Igué et B.G. Soulé, *L'État-entrepôt au Bénin : commerce informel ou solution à la crise ?*, Karthala, Paris, 1992.

Les industriels sont très marginaux dans la société béninoise au regard du faible tissu industriel du pays. Les plus importants d'entre eux sont d'origine étrangère et peuvent à tout moment quitter le pays pour des questions de sécurité ou de profit.

Quant au secteur financier, il est en train de se structurer. Les quelques banques qui existent sur la place, bien qu'elles mobilisent d'importantes ressources financières, sont plutôt intéressées à placer leur argent sur les grands marchés financiers internationaux qu'à contribuer de façon significative au développement du Bénin. Il semble d'ailleurs que la nature des dépôts qu'elles contrôlent ne leur permette pas de prendre suffisamment de risques en s'investissant à fond dans le processus de développement en cours. Pour le moment, le financement des activités du secteur artisanal et commercial est principalement assuré par le secteur financier informel à travers les groupes de tontine qui fonctionnent ici comme de véritables institutions bancaires.

Mais le problème majeur de ces différents secteurs est celui de leur forte dépendance vis-à-vis du système politique en place par le jeu du clientélisme. Cette dépendance se traduit par la recomposition permanente de ces acteurs, notamment ceux intervenant dans le secteur commercial, face au changement des régimes politiques. Ce fonctionnement clientéliste est très gênant dans le processus démocratique actuel, lequel se manifeste par de fortes alternances.

2. Les stratégies de mobilisation des acteurs en présence

Au regard de ces constats, le libéralisme économique se traduit, en ce qui concerne la société civile, par deux stratégies tout à fait opposées et même contradictoires :

La première est la forte mainmise des sociétés étrangères sur les secteurs vitaux de l'économie, par le rachat massif des sociétés d'État, comme c'est le cas de la brasserie « la Béninoise », de l'ancienne Industrie Béninoise des Textiles (IBETEX) à Parakou et du secteur cimentier, en attendant que la Société Béninoise d'électricité et d'Eau (SBEE), ou celle s'occupant de la vente des produits pétroliers, ou encore les postes et télécommunications changent de titulaire. Cette mainmise étrangère sur les secteurs vitaux de l'économie accentue la dépendance du pays et empêche les dirigeants de bâtir une nation solide à partir d'une politique de solidarité fondée sur le partage équitable des ressources nationales, laquelle solidarité est indispensable à la formation de la conscience d'appartenance nationale.

La seconde stratégie porte sur une meilleure organisation et un meilleur encadrement des acteurs privés soit par l'État à partir du soutien que lui apportent les bailleurs de fonds, soit par les ONG par le biais de la coopération décentralisée, soit par les formations religieuses et les sectes mystiques. Cette nouvelle stratégie d'organisation débouche sur l'émergence de nouvelles forces productives, en dehors des partis politiques. Malgré ces efforts de mobilisation et d'organisation, les différentes expériences en cours dans le pays sont loin d'être concluantes, à cause de leur caractère parfois rétrograde ou instable.

3. De quelques forces rétrogrades

On peut noter comme forces rétrogrades :

- Le fondamentalisme chrétien de toutes obédiences qui se développe de façon extraordinaire, et par le biais duquel sont encadrées une bonne partie de la jeunesse et des femmes béninoises, en particulier dans les populations pauvres des villes. Les actions de ce fondamentalisme chrétien empêchent l'évolution correcte de la société autour des valeurs républicaines garantes de l'unité et de la cohésion nationales.
- L'intégrisme musulman qui recrute aussi ses adhérents dans les mêmes milieux pauvres des villes et développe les valeurs d'exclusion et d'intolérance.
- L'émergence des sectes spirituelles ou philosophiques d'origine étrangère ravage aussi la jeunesse tout autant que le fondamentalisme chrétien ou l'intégrisme musulman.

Toutes ces structures d'encadrement de la jeunesse débouchent sur deux formes d'exploitation humaine, matérielle et morale qui finissent par détruire les racines culturelles de la société en transformant peu à peu le peuple béninois en un véritable relais de l'idéologie capitaliste internationale.

Comme forces instables, on peut évoquer les diverses organisations d'acteurs économiques et singulièrement les organisations paysannes. Aujourd'hui le monde rural est devenu le meilleur cadre d'expérimentation, tant des bailleurs de fonds que des Organisations Non Gouvernementales de toutes sortes. Tous ont le même programme vis-à-vis de la paysannerie : mobiliser les populations à la base pour qu'elles se prennent mieux en charge. Mais si l'objectif visé est noble, l'impatience et surtout la mauvaise connaissance du milieu qui caractérisent ces différentes actions à la base les empêchent d'être concluantes et de dépasser le phénomène de « feu de paille ».

4. Enjeux de la mobilisation paysanne

Si l'on se réfère au cas particulier des Organisations Paysannes très à la mode, tant au Bénin que partout ailleurs en Afrique noire, les facteurs de leur mobilisation se cantonnent autour des cultures de rente : coton, palmier à huile, ananas, anacardier, café, etc. En effet, c'est autour de ces cultures de rente que se développe la lutte entre les producteurs et l'État. Elles deviennent un élément important de mobilisation, soit pour exiger un bon encadrement, soit pour garantir un meilleur prix d'achat des produits. Or, pour qui connaît l'histoire de l'agriculture africaine et béninoise, toutes ces cultures de rente n'ont qu'un caractère éphémère face aux caprices des cours mondiaux.

La question se pose donc de l'avenir de ces organisations de producteurs. Que deviendront-elles lorsque les produits qui justifient leur existence viendront à disparaître sur le marché parce qu'ils seront devenus non rentables ? L'arachide, le ricin et même aujourd'hui le palmier à huile ne sont plus tellement demandés sur le marché international.

L'incertitude des cours mondiaux devrait plutôt favoriser l'émergence d'associations de producteurs autour des cultures traditionnelles, à partir desquelles on pourrait mieux assurer une certaine pérennité à ces organisations. Mais si l'on ne s'intéresse pas à ces cultures vivrières, c'est probablement parce qu'il est difficile, compte tenu de la manière dont est organisé leur marché, de partir d'elles pour monter une organisation syndicale paysanne. Même si ces cultures vivrières ne constituent pas des enjeux de luttes syndicales évidentes, ces organisations devraient se mobiliser autour de trois autres objectifs :

- La question foncière se posant sous trois formes :
  Premièrement, par la réactualisation des lois foncières de 1965 qui régissent les rapports homme-terre sur l'ensemble du territoire national. Celles-ci reconnaissent deux modes d'appropriation : le droit coutumier et le droit moderne. L'existence de ces deux modes d'appropriation confère aux régimes d'appropriation foncière un caractère ambivalent qui permet de dire que ces lois de 1965 ne sont plus adaptées à la situation actuelle. C'est d'abord aux organisations paysannes qu'il appartient de se battre pour exiger de l'État leur amélioration, conditions indispensables à la modernisation de l'agriculture et de la paysannerie.
  Deuxièmement, la colonisation agricole devenue de plus en plus importante et s'opérant dans des situations de très grande confusion qui finissent par opposer les allochtones à leurs hôtes. Là aussi, les organisations paysannes devraient se mobiliser pour exiger que l'État intervienne dans ce secteur afin de définir les modalités d'établissement des étrangers dans les zones d'accueil.
  Troisièmement, la gestion des terroirs villageois pour mieux rationaliser les domaines d'exploitation agricole par une zonation correcte dans la manière d'occuper ces domaines villageois, afin de mieux lutter contre la dégradation abusive de l'environnement.
- La seconde motivation des organisations paysannes pourrait être l'amélioration des facteurs de production : engrais, machinisme agricole, et autres innovations technologiques, y compris l'alphabétisation.
- Enfin, il y a l'organisation du marché afin que celui-ci soit plus transparent et plus profitable aux producteurs. Actuellement, la principale motivation de ces organisations paysannes tourne autour de cette question du marché mais uniquement à la faveur des produits de rente et

de quelques collecteurs de denrées vivrières qui se sont constitués en oligopoles assez puissants dans les principales zones de production[14].

On pourrait multiplier ces exemples d'organisations d'acteurs privés en insistant davantage sur les activités des ONG. Malheureusement, ces dernières s'interposent entre l'État et la population, pour récupérer une partie des rentes du développement à la base. Malgré le nombre impressionnant de ces ONG (environ 1 000 enregistrées au Ministère de l'Intérieur), peu d'entre elles sont effectivement efficaces sur le terrain. Certaines sont constituées de vieux retraités de la fonction publique qui cherchent davantage à se protéger contre les dures périodes de la retraite, qu'à s'intéresser réellement au progrès du monde rural.

Comme on peut donc le constater, les principales stratégies mises en œuvre pour faire de la société civile le facteur essentiel du développement national butent contre plusieurs difficultés qui proviennent en grande partie de la précipitation et de l'incapacité de l'État à instaurer un véritable dialogue avec tous les acteurs de la société. Mais la difficulté de la société civile vient surtout des bailleurs de fonds assistés des experts qui arrivent ici plutôt pour vendre une technologie ou une théorie de développement que pour se préoccuper réellement de la dynamique locale. Les conditions de la vente de cette technologie ou de cette théorie de développement sont si alléchantes que tout le monde se trouve aujourd'hui pris au piège. La question de fond est de savoir comment faire pour sortir de cet engrenage à la fois politique et financier.

---

14. Concernant l'organisation du marché des produits agricoles, on peut signaler l'étude que vient de réaliser le Laboratoire d'analyse régionale et d'expertise sociale intitulé *Analyse descriptive du marché des produits agricoles au Bénin*, avril 1997.

IV. Alternatives pour un développement durable au Bénin

Le tableau qui vient d'être brossé de la situation politique et sociale du Bénin montre les limites des différentes approches de solution à la problématique du développement national. Ces limites proviennent à la fois des contraintes structurelles et du caractère extraverti des démarches préconisées. Il y a beaucoup de suggestions, mais peu de réflexion les accompagne. La difficulté du développement dans les pays africains en général et au Bénin en particulier réside, en effet, dans le manque d'une démarche intellectuelle autonome devant prendre en compte toutes les contraintes et réalités socio-économiques, excepté les grandes conférences, qui malheureusement se déroulent dans une ambiance de fête empêchant le plus souvent d'aller au fond des problèmes soulevés[15]. Cette démarche intellectuelle autonome devrait s'appuyer sur les profondes aspirations des populations et surtout sur leur propre perception des changements utiles et nécessaires afin que le développement ne se fasse pas contre leurs intérêts.

1. A l'écoute des populations

Si l'on écoute les populations africaines et singulièrement béninoises, il se pose à leur niveau plusieurs problèmes dont les plus importants résident dans le manque de confiance à l'État et dans le fait que les espaces territoriaux de développement qui leur sont proposés actuellement ne sont pas toujours conformes à leurs aspirations.

L'Etat, malgré les différentes réformes en cours, est toujours considéré comme un système d'embrigadement mis en place pour continuer l'exploitation des populations, conformément à la logique coloniale. Aujourd'hui cette exploitation revêt plusieurs formes : celle opérée par les fonctionnaires à tous les niveaux de la hiérarchie administrative, celle

15. Exemple des différents États généraux sur les secteurs vitaux de l'économie nationale qui s'organisent au Bénin, couronnés ces derniers temps-ci par la Conférence économique nationale organisée en décembre 1996.

exercée par les villes sur les campagnes à travers les rapports ville-campagne, encore défavorables au monde rural et enfin à partir des prix des produits agricoles imposés de l'extérieur.

En effet, la logique qui a présidé à la délimitation des territoires coloniaux comme celle qui justifie les découpages administratifs à l'intérieur de ces territoires sont toujours les mêmes : créer des cadres appropriés d'exploitation coloniale et d'embrigadement des hommes qui permettent une meilleure mobilisation de ces derniers. Du coup, peu de colonies héritées de la colonisation sont actuellement bien fonctionnelles, d'où d'ailleurs l'ampleur des demandes de rectification frontalière, débouchant le plus souvent sur des conflits parfois graves. De même, les différentes circonscriptions administratives sont en permanence sujettes à des réformes. Malgré ce besoin de réformes, tant des anciennes colonies que de leurs unités administratives, on est encore loin d'avoir en Afrique *un espace économique désaliéné et viable, capable d'infrastructurer une culture africaine authentique, capable de promouvoir l'auto-gestion familière à ce continent*[16].

2. Deux exigences

A partir de ces remarques, il paraît donc urgent de mieux réfléchir à des alternatives futures. Celles-ci porteront d'un côté sur la nécessité d'améliorer les cadres spatiaux de développement, de l'autre sur l'urgence qu'il y a d'envisager une nouvelle forme d'encadrement et de gestion des hommes afin de promouvoir la dynamique communautaire. Ces deux suggestions ne sont pas nouvelles. En effet, la nécessité d'améliorer les cadres spatiaux de développement a toujours été affirmée par les dirigeants africains depuis l'accession des Etats à l'indépendance. Cette affirmation a débouché sur les préoccupations d'intégration régionale, les découpages administratifs se faisant de façon régulière, à travers plusieurs réformes de l'administration territoriale. De même le besoin

16. Joseph Ki-Zerbo, Préface à H Bourges et C. Wauthier, *Les cinquante Afrique*, Paris, Le Seuil, t. 1, 1979.

d'un meilleur encadrement et d'une meilleure gestion des hommes s'exprime par le biais de toute une série de concepts comme par exemple *rapprocher l'administration de l'administré* ayant servi de base idéologique aux différents découpages administratifs que ce pays a réalisés jusqu'ici. Cette nécessité s'est aussi affirmée à partir de la mise sur pied d'une nouvelle armature urbaine, la ville étant considérée comme le meilleur moyen de rapprochement des hommes et le cadre approprié de développement.

Enfin, les dernières préoccupations portant sur la démocratisation de la société et sur la décentralisation tendent elles aussi à améliorer de façon qualitative le mode d'encadrement et de gestion des hommes.

Mais à ce niveau, il paraît nécessaire de se poser deux questions :

- D'abord, pourquoi toutes les tentatives de recomposition spatiale et de réforme de l'administration territoriale n'ont-elles jamais atteint les objectifs visés ?
- Ensuite, ces tentatives ont-elles été réalisées en accord avec les populations à la base ?

Évidemment, les objectifs visés à travers les différentes réformes opérées jusqu'à présent n'ont jamais permis aux pays africains de tourner le dos à leur passé colonial. Les modèles qui servent de références à ces réformes sont toujours calqués sur les anciens pays colonisateurs. Le cas des lois sur la décentralisation en vigueur actuellement dans les pays francophones est édifiant de ce point de vue. De même, les pratiques de la démocratie reflètent parfaitement celles en vigueur dans les pays développés avec adoption du multipartisme intégral et la règle de l'alternance. Or, ce modèle de démocratie à l'occidentale fonctionne bien en Occident parce qu'il existe là-bas de puissantes structures de contre-pouvoir fondées sur la liberté effective de la presse, de la justice, sur la capacité de lecture et d'écriture des citoyens et sur l'existence de groupes de pression constitués des lobbies d'argent. Aucune de ces situations n'existe de la même manière en Afrique. Bien au contraire, l'évolution actuelle de nos sociétés à travers les rapports de classes n'est pas toujours conforme à cette pratique de la démocratie. Les pays qui ont montré ses limites sont le Rwanda et le Burundi, à partir du poids de l'aristocratie tutsi dans la société.

Mais la plus grande difficulté à faire aboutir les réformes qui s'inspirent des expériences des pays du nord concerne le poids excessif de l'influence de ces pays sur les intellectuels qui finalement ne fonctionnent que pour servir de relais à la logique de pensée occidentale ainsi qu'à la perpétuation de ses valeurs de civilisation dans le monde. Les intellectuels qui détiennent les rênes du pouvoir et des affaires en Afrique et au Bénin n'ont toujours pas compris la portée de leur mission dans la société. Tout le monde semble aujourd'hui partager l'idée que les problèmes africains résident finalement dans la démission des intellectuels, par rapport à ce que doit être leur rôle dans la nation. C'est d'ailleurs la raison pour laquelle les réformes engagées ou préconisées ne sont jamais conformes aux aspirations des populations à la base, parce que celles-ci sont peu consultées par ces intellectuels qui s'adaptent mal à leur milieu sociologique. Or, le poids écrasant des analphabètes dans les sociétés africaines et béninoises tend de plus en plus à limiter le rôle des lettrés dans leur société, se reflétant par l'échec des différentes tentatives de développement et l'émergence de la paupérisation massive.

Ces rappels paraissent nécessaires pour bien comprendre la portée des solutions alternatives qui, de mon point de vue, résident toujours dans la possibilité pour nos pays respectifs, de recréer les cadres appropriés d'un développement durable. Ces cadres doivent répondre à l'impérieuse nécessité des africains de contribuer de façon significative à l'évolution actuelle du monde par le savoir et les innovations technologiques.

Pour cela, deux possibilités s'offrent à ces pays : valoriser le dynamisme communautaire à travers les anciennes bases ethniques à l'intérieur des Etats-nations actuels ; et élargir l'espace national par la promotion de l'intégration régionale, conformément à la dynamique régionale développée par les populations elles-mêmes.

a. Valoriser le dynamisme communautaire

La valorisation du cadre communautaire paraît nécessaire pour mettre fin aux différentes luttes de revendication identitaire qui se manifeste çà et là, et qui s'est fortement exprimée ces derniers jours au Bénin lors du vote des lois sur la décentralisation à l'Assemblée Nationale. Dans ce sens, il y a eu beaucoup de protestations, mais aussi des suggestions pertinentes. Les protestations ont concerné l'éclatement de certains départements, comme par exemple celui de l'Atlantique. Il y a la suggestion de créer un treizième département regroupant les sous-préfectures de Banikoara, de Kérou, de Péhunco et de Kouandé, qui serait dénommé le département de la Mékrou ayant pour chef-lieu Banikoara[17].

Il est impossible de tourner le dos à ces revendications, et de dire que l'on cherche à développer le Bénin selon les intérêts des populations. Aller à l'encontre de ces revendications qui viennent de la base signifie que l'on se détourne des aspirations profondes de la base.

L'intérêt d'accorder une attention particulière aux revendications identitaires comme alternative de sortie repose d'abord sur la nécessité de recréer les bases de la fierté nationale chez les populations, lesquelles ne peuvent se fonder que sur les valeurs culturelles. C'est à partir de la fierté que l'homme peut donner le maximum de lui-même, pour innover et participer activement à l'œuvre de construction nationale. Ainsi, la fierté des populations peut devenir pour elles une incitation à relever les plus grands défis.

Ensuite, c'est à travers les critères culturels de base que les opportunités d'une invention technologique et d'une contribution substantielle au progrès de l'humanité deviennent plus évidentes. La créativité intellectuelle ne saurait se développer sans partir des stratégies endogènes élaborées par chaque groupe socioculturel. Le plus bel exemple en la matière concerne la musique africaine actuellement très recherchée dans le monde. Celle-ci est percutante parce qu'elle s'enracine profondément dans les chansons, musiques et danses traditionnelles. Il faudrait dépasser la musique pour réfléchir aux acquis scientifiques et technologiques de nos sociétés.

Enfin, la décentralisation considérée actuellement comme la dernière porte de sortie par nos pays ne peut réussir que si elle valorise les bases traditionnelles du pouvoir à travers la

17. Cf. Le quotidien *Le Matin*, n° 980 du 4 septembre 1997.

langue, la culture et les stratégies locales de développement, si elle prend sérieusement en compte les aspirations des populations à la base. Autrement, cette décentralisation risque de détruire encore nos sociétés à travers ce qu'elles ont réussi à sauvegarder jusqu'ici. Elle risque d'amorcer un autre processus de développement qui se fera dans le dos et contre l'intérêt de ces populations.

Comme autre intérêt du cadre communautaire, on pourrait mentionner la nécessité d'alléger le système politique centralisé et bureaucratique fondé sur le principe de diktat pour envisager à sa place une nouvelle administration de développement axée sur la négociation, la concertation et le partenariat. De cette manière peuvent se mettre en place de véritables territoires de démocratie conformes à la nécessité d'une vision de l'avenir à construire à partir de l'héritage historique et culturel de toutes les mosaïques des communautés nationales.

Une telle démarche obligera les élites africaines qui prennent appui sur leur anonymat dans les grandes métropoles africaines pour affiner les méthodes de prélèvement sur les autres couches de la population, à retourner à leur région d'origine pour soutenir le fonctionnement des collectivités locales. Elle peut aussi donner aux différents partis politiques à caractère ethnique une base géographique à partir de laquelle ils pourront élaborer de véritables programmes politiques.

Mais une telle évolution de nos sociétés pose beaucoup de problèmes. Par exemple, les dirigeants politiques peuvent craindre la perte de leur autorité sur tout le territoire national. De même, les élites intellectuelles, satisfaites de l'anonymat dont elles jouissent dans les grandes métropoles africaines, auront peur du risque de la résurgence de l'aristocratie traditionnelle dans la mesure où la plupart d'entre elles sont issues de la classe roturière. On peut aussi évoquer les dangers du tribalisme tels que vécus aujourd'hui en Afrique, notamment au Nigeria et dans la région des grands lacs, pour ne citer que ces exemples. Il y a aussi le problème du débordement ethnique à travers les frontières coloniales. Comment recréer le dynamisme des sociétés partagées entre deux ou plusieurs Etats ? Enfin, la plus grande difficulté à valoriser le cadre tribal est le risque de reproduire à la base le modèle d'État central avec toutes ses faiblesses et déviations actuelles.

Bien que ces problèmes soient pertinents, cependant, la valorisation du cadre communautaire permettra aux groupes les plus dynamiques et les mieux organisés de résister à toutes ces faiblesses pour offrir au reste de la société une lueur d'espoir pouvant déboucher sur de véritables compétitions au niveau national. On pourrait également régler le problème du débordement ethnique par la politique de coopération transfrontalière telle que le Nigeria l'avait initiée avec ses voisins entre 1988 et 1992. L'objectif recherché par le Nigeria à l'époque était d'arriver à la signature de traités de coopération transfrontalière devant consacrer la co-gestion des espaces frontaliers en y impliquant les populations victimes de la partition[18].

Quoi qu'il en soit, c'est dans le cadre communautaire que l'on pourrait motiver les populations à partir de leur fierté et de la foi en elles-mêmes. C'est aussi dans le contexte ethnique qu'il est possible de négocier de façon efficace et durable les bases d'un nouveau partenariat entre l'État et la société.

De ce point de vue, certains pays africains issus d'une longue guerre de libération comme l'Erythrée, ont réussi à recréer cet État communautaire offrant ainsi le signe d'un nouvel espoir qui montre bien que la valorisation des bases culturelles de nos sociétés n'est plus impossible[19].

b. Élargir l'espace national

L'autre voie de développement durable est d'élargir l'espace national béninois, en l'intégrant à son contexte régional de proximité. Là aussi s'offrent deux possibilités conformes au dynamisme manifesté par les populations à la base :

---

18. Dans ce cadre, le Nigeria et le Bénin ont déjà rédigé leur traité de coopération transfrontalière. Mais celui-ci n'a jamais été signé à cause de l'instabilité des régimes politiques au Nigeria. La signature de ce traité aurait pu offrir des solutions alternatives à la division des groupes ethniques victimes de la partition.
19. Au sujet des performances de ces pays, on peut lire avec intérêt l'article intitulé « An africain Success Story », paru dans l'hebdomadaire britannique *The Economist*, du 14 au 20 juin 1997.

- Elargir la zone d'emprise du Nigeria, en prenant en compte le phénomène d'intégration par le marché, bien analysé par J. Egg et O. J. Igué à travers leur étude sur l'*intégration par le marché dans le sous-espace est*[20]. Ce phénomène d'intégration par le marché dans la zone d'emprise du Nigeria constitue aujourd'hui la base essentielle des activités du Laboratoire d'analyse régionale et d'Expertise Sociale, avec la constitution d'un réseau de chercheurs, d'universités et d'institutions des pays concernés par ce phénomène[21]. Les travaux réalisés dans ce cadre montrent bien les avantages d'un tel élargissement de l'espace national béninois. Les conclusions de ces travaux sont d'ailleurs relayées par d'autres discours politiques qui estiment que la principale ressource du Bénin est celle d'un marché de 200 millions d'habitants. Le pays, perçu de cette manière, peut bénéficier de nouvelles opportunités d'un développement durable.
- Intégrer le Bénin à tous les Etats du Golfe du Bénin (Ghana, Togo, Nigeria), conformément à la vieille aspiration des dirigeants de ce pays ayant débouché sur le changement du Dahomey en Bénin, comme pour inscrire cette préoccupation dans la mémoire collective. En effet, dans ce contexte du Golfe du Bénin, est en train de se mettre en place une forte urbanisation unique dans tout le continent noir. Celle-ci engendre une polarisation spatiale d'envergure à partir du rôle que jouent les grandes métropoles de plus de deux millions d'habitants chacune comme Abidjan, Accra, Lagos et Ibadan. A ces métropoles sont associées d'autres villes de plus d'un million d'habitants telles que Lomé, Cotonou, Abéokuta, Benin-City, Port-Harcourt et Abba... Ces dernières villes sont aussi satellisées par plusieurs autres agglomérations de plus de 100 000 habitants comme Porto-Novo, Badagry, Shagamu, Ijebu-Odé, pour ne citer que les principales. Dans un tel contexte urbain, la notion d'État-souverain risque d'être ébranlée dans son fondement géographique et juridique à court terme. Cette évolution urbaine engen-

20. J. Egg et O. J. Igué, *op. cit.*
21. Dans le cadre de ces activités s'est constitué un véritable réseau qui publie les résultats de sa réflexion à travers un bulletin périodique de conjoncture dénommé *Echo des frontières.*

dre une dynamique démographique fondée sur les flux migratoires pendulaires et un essor économique à partir des activités commerciales dominées par les échanges informels de marchandises et de capitaux.

Cette dynamique régionale peut offrir au Bénin la possibilité de se structurer autour d'une nouvelle fonction de services et d'affaires, à l'instar des cités-entrepôts du monde, comme Singapour, Panama, Hongkong et Gibraltar.

Cette dernière option fondée sur l'élargissement de l'espace national béninois rejoint celle suggérée par d'autres intellectuels sur la nécessité d'envisager une nouvelle recomposition territoriale du continent autour de dix à quinze pôles de développement beaucoup plus fonctionnels[22]. Bien que les manifestations de revendication identitaire ne militent pas en faveur de cette nouvelle recomposition spatiale, celle-ci peut néanmoins permettre d'avoir des ensemble mieux structurés, beaucoup plus efficaces pour répondre aux préoccupations actuelles du monde axées sur la construction de grands blocs homogènes.

Ces différentes alternatives méritent d'être intégrées dans les préoccupations de l'État béninois à cause des opportunités de développement durable qu'elles offrent. Mais en attendant, tout le monde reste encore bloqué par la perception trop classique de ce que doit être l'État béninois, ses moyens, ses règles de jeu et son espace de manœuvre. Malheureusement, cette perception de l'État béninois est loin des dynamismes locaux qualifiés de secteur informel. Mais ce que l'on appelle informel ici représente de loin l'essentiel pour ce pays. C'est de cet essentiel qu'il faudrait partir pour proposer une nouvelle approche de développement capable de s'enraciner plus profondément.

22. Malai Wa Mutua, « Redrawing the map along Africa lines », *The Boston*, 19th, october, 1994.

Chapitre 5

CONSTRUIRE L'AUTOSUFFISANCE

L'économie béninoise, d'hier à demain

Paulin J. HOUNTONDJI

On peut donc dresser l'état des lieux, et d'autre part indiquer, face aux impasses, des éléments pour une alternative. On ne peut en effet constater simplement l'échec, il faut dégager des perspectives. Le passé doit servir à éclairer le présent et l'avenir, un peu comme le suggère Joseph Ki-Zerbo à qui on emprunte ici volontiers le sous-titre de sa grande synthèse de l'histoire du continent : Histoire de l'Afrique, d'hier à demain[1].

Le mal profond de l'économie béninoise depuis l'indépendance est d'avoir gardé la même structure, les mêmes finalités, le même mode de fonctionnement qu'à l'époque coloniale, voire, à l'époque de la traite négrière. Aujourd'hui comme hier elle reste tournée vers l'extérieur, subordonnée aux besoins des métropoles industrielles du nord. Mais à la différence d'hier, le Bénin d'aujourd'hui ne peut s'en prendre qu'à lui-même de n'avoir pas su rompre ces liens qui l'enchaînaient, alors qu'il en avait et en a toujours formellement la possibilité.

L'impact de cette extraversion sur la société est immense. On verra de ce point de vue comment de nouvelles formes d'inégalité se sont greffées sur les anciennes. On examinera

1. Paris, Hatier, 1978.

les dysfonctionnements d'un État devenu d'autant moins efficace qu'il n'est plus désormais, aux yeux des groupes rivaux qui s'en disputent le contrôle, que la source d'une « rente politique » et un moyen d'enrichissement personnel. On appréciera l'impact de l'extraversion économique sur des services sociaux comme la santé publique, le système éducatif et la recherche scientifique.

Diagnostiquer le mal n'est cependant pas suffisant. On se demandera donc dans la dernière partie de cette synthèse comment il est possible, dans les conditions d'aujourd'hui, de mettre fin à l'extraversion. Rappelant l'impératif de la self-reliance, terme anglais que l'on traduit très approximativement par « autosuffisance », on en montrera les implications sur le plan macro-économique et plus particulièrement en matière de politique agricole, puis sur le plan socio-politique. Construire l'autosuffisance dans le Bénin d'aujourd'hui, c'est réorienter entièrement la production en fonction des besoins du pays, de la sous-région et de la région et seulement de manière secondaire en fonction des besoins des pays nordiques, diversifier la production agricole au profit des cultures vivrières, mettre en place une politique industrielle cohérente utilisant d'abord les matières premières locales, restructurer le commerce en subordonnant l'axe nord/sud, aujourd'hui dominant, au développement progressif, en cercles concentriques, d'un marché local, sous-régional et régional, recourir davantage aux financements intérieurs qu'aux financements extérieurs et ce faisant, rompre le cercle vicieux de l'endettement.

Seule cette révision déchirante des pratiques actuelles peut permettre d'édifier un nouveau type de société et d'enrayer progressivement la pauvreté. Il faudra à cet effet gérer et coordonner les solidarités traditionnelles, enraciner la démocratie dans la vie de tous les jours, soutenir de façon résolue la petite paysannerie en arrêtant le processus de prolétarisation d'un nombre croissant de paysans sans terre, en prenant des mesures propres à rendre le travail agricole moins pénible et plus rentable. Dans le même ordre d'idées, pour que l'école cesse d'être une immense usine à fabriquer des chômeurs, il faudra mettre en place un système éducatif de type nouveau et un système de la recherche qui permette l'appropriation effective par la société béninoise, de tout l'héritage scientifique et technologique aujourd'hui disponible, y compris l'héritage des savoirs et savoir-faire traditionnels, en vue de résoudre effectivement les problèmes actuels de la société.

Avant de faire le point sur ces questions, toutefois, il convient de situer les expériences passées dans leur contexte politique. On proposera donc, pour commencer, une périodisation de l'histoire récente du Bénin depuis l'indépendance.

I. Le cadre politique

On distinguera trois périodes : les lendemains immédiats de l'indépendance, caractérisés par une grande instabilité politique et l'alignement constant sur l'ancienne métropole (1960-1972), la période dite révolutionnaire, qui s'étend de 1972 à 1989, enfin la période néo-libérale ouverte en février 1990 par la Conférence nationale, et marquée à la fois par le rétablissement des libertés démocratiques et une volonté de libéralisation économique, dans le cadre des programmes dits d'ajustement structurel.

1. L'indépendance-surprise

L'indépendance a été imposée en 1960 à des dirigeants locaux qui n'en avaient que faire. Deux ans plus tôt, ces mêmes dirigeants avaient fait répondre par un « oui » massif au référendum du Général de Gaulle, comme le firent leurs homologues dans tous les territoires de l'AOF et de l'AEF à l'exception de la Guinée[2]. C'est donc à un stratagème de la « métropole », davantage qu'à la détermination de ses propres populations, que le Dahomey de 1960 doit son accession à la souveraineté internationale. A un stratagème et à un calcul, bien plus qu'à une hypothétique générosité de la

2. Le référendum du 28 septembre 1958 donna, au Dahomey, les résultats suivants : « Oui » : 418.962 voix ; « Non » : 9.246 voix. Cf. Dov Ronen, *Dahomey between tradition and modernity*, Ithaca / Londres, Cornell University Press, 1975 : 116.

puissance colonisatrice : affaiblie sur l'échiquier international par sa défaite au Vietnam, engagée dans une nouvelle guerre en Algérie, la France de de Gaulle avait tôt fait de comprendre qu'il lui était plus avantageux, dans la nouvelle conjoncture mondiale, de gérer des néo-colonies par élites locales interposées, que d'administrer directement ses « possessions » d'Afrique noire.

Du reste, l'octroi de l'indépendance s'accompagnait d'un démembrement de la fédération de l'Afrique occidentale française (AOF), à laquelle appartenait le Dahomey. Ce processus de « balkanisation », comme l'a appelé Senghor, avait commencé en 1957 avec la loi-cadre Deferre. La constitution de la cinquième République soumise à référendum le 28 septembre 1958, parachevait le processus. Les populations de l'AOF ne pouvaient faire bloc, ni pour aller ensemble à l'indépendance ni pour décider ensemble d'adhérer à la Communauté française. La France dissolvait une fédération qu'elle avait elle-même créée 63 ans plus tôt, et au sein de laquelle s'était réalisé un brassage considérable des populations. Du coup, la classe politique africaine, dans les différents territoires, s'est trouvée placée devant ses responsabilités. On sait cependant comment s'est soldée la lutte entre fédéralistes (Senghor en tête) et territorialistes (Houphouet-Boigny en tête) : la Fédération du Mali, dont la constitution est établie en janvier 1959 par des représentants du Sénégal, du Soudan, de la Haute-Volta et du Dahomey, ne regroupe plus, à sa création, que les deux premiers pays et finit d'ailleurs par éclater un an plus tard.

Quoi qu'il en soit, lorsqu'advient l'indépendance, le pouvoir est recueilli précisément par une fraction de l'élite qui avait combattu et l'indépendance et l'idée fédérale. On ne sera pas surpris que, sous une telle direction, le Dahomey soit resté une néo-colonie aux ordres de l'ancienne métropole.

Les populations ne pouvaient cependant se satisfaire de cette forme d'alignement. La cascade des coups d'État qui se sont succédé de 1960 à 1972 – coups d'État dont une des caractéristiques a été régulièrement de se dérouler de façon pacifique et sans effusion de sang – exprime bien ce refus, ce désir de changement, dans un contexte où personne ne prenait suffisamment au sérieux les mécanismes prévus par les constitutions, pour laisser au jeu normal des institutions le soin de créer l'alternance.

Pendant toute cette période, l'armée s'est constamment posée en arbitre, intervenant régulièrement pour mettre fin à tout régime civil devenu impopulaire, et décidant non moins régulièrement de se retirer de la scène politique au profit d'un nouveau pouvoir élu, quand elle estimait avoir rempli sa mission. Toutefois, il faut bien admettre que ces nombreux coups d'État (six en douze ans) ont eu pour effet de retarder la maturation des contradictions et des luttes politiques et une claire vision des alternatives. Par ailleurs, l'instabilité politique a un coût. Chaque nouvelle équipe au pouvoir était aussi mal préparée que l'ancienne et devait forcément prendre le temps de définir une politique, ce qu'elle aurait dû faire avant. Mais à peine en avait-elle défini une – quand elle le faisait – qu'elle était à son tour renversée.

2. *Une rupture manquée*

Les choses devaient changer avec le dernier en date de cette série de coups d'État, intervenu le 26 octobre 1972. Le nouveau pouvoir se montre conscient de ses limites. Pour se doter d'un programme politique, son premier acte est de convoquer un vaste forum des forces populaires. Des propositions de ce forum, le Discours-programme du 30 novembre 1972 peut être considéré comme une synthèse. D'emblée, et dès la première phrase, est posé sous les applaudissements du public, un diagnostic que jamais gouvernement dahoméen n'avait osé : « La caractéristique fondamentale et la source première de l'arriération de notre pays est la domination étrangère ». Pour la première fois depuis l'indépendance, la direction politique du pays reconnaissait le fait du néo-colonialisme et annonçait une rupture. L'instrument de cette rupture, c'était un « Programme nouveau d'indépendance nationale ».

Les choses, cependant, ne devaient pas s'arrêter là. Sous la pression d'un groupe d'activistes assez habile pour imposer sa collaboration, le nouveau pouvoir proclame, deux ans plus tard, le socialisme comme « voie de développement » et le marxisme-léninisme comme « guide philosophique ». Le

Discours d'orientation nationale du 30 novembre 1974 exprime cette nouvelle option. A la différence des pays du bloc socialiste où le marxisme-léninisme, d'abord idéologie de parti, était devenu de facto idéologie du pouvoir suite à la conquête de l'appareil d'État par les partis qui s'en réclamaient, le marxisme-léninisme a été proclamé à froid, au Bénin, par l'État lui-même, de façon passablement gratuite et folklorique, avant même que ne soit créé un an plus tard par le même État, dans une sorte de dialectique descendante, un parti qui s'en réclame : le Parti de la Révolution Populaire du Bénin (PRPB), dont la création était annoncée le 30 novembre 1975 par le même discours qui, rebaptisant le pays, décidait qu'on l'appellerait désormais « République Populaire du Bénin ».

Du coup le PRPB, émanation du pouvoir, ne pouvait être que parti unique : non un cadre de concertation et de lutte pour la conquête du pouvoir, puisque celui-ci était acquis, mais un moyen d'embrigadement et de contrôle des masses[3]. En même temps le vocabulaire marxiste donnait une nouvelle dimension à un discours qui, depuis le 26 octobre 1972, se plaisait à célébrer les valeurs du patriotisme, la rupture avec « l'ancienne politique « et toutes les pratiques de démission nationale, ou plus simplement, la « révolution ». Des slogans fusèrent de tous côtés, dont un des plus fréquents fut : « Pouvoir ... au peuple ! Pouvoir ... au peuple ! Tout le pouvoir ... au peuple ! ». On conviendra d'appeler populiste ce type de discours. Populiste est un pouvoir qui, tout en magnifiant le peuple comme source ultime de sa propre légitimité, s'emploie par tous les moyens à le bâillonner et à se soustraire de son contrôle.

On connaît en effet la suite de l'histoire : la confiscation des libertés démocratiques, l'évolution vers un régime de terreur, la violation de plus en plus grave des droits de l'homme, la corruption généralisée et le développement d'une culture d'impunité, puis la crise financière de l'État, la faillite économique du régime entraînant sa faillite politique,

3. On conviendra aujourd'hui que les partis au pouvoir dans les pays du bloc socialiste n'étaient guère différents. Les origines très particulières du marxisme-léninisme béninois n'empêchent donc pas qu'il ait fonctionné en fait, une fois mis en œuvre, de la même manière et selon les mêmes modalités que dans le contexte du « socialisme réel ».

enfin la Conférence des forces vives de la nation, réunie à Cotonou du 19 au 28 février 1990, qui permet une transition pacifique vers un régime de démocratie pluraliste.

3. L'ajustement structurel

La faillite du PRPB devait entraîner la remise en cause intégrale de l'expérience de la rupture : le rejet, non seulement des abus, mais aussi des acquis ; non seulement du monolithisme politique, des violations des droits de l'homme et du terrorisme d'État, mais du projet même d'un État souverain jouissant de toute l'autorité nécessaire pour organiser la vie de la nation et lui imprimer ses orientations essentielles. La faillite de l'économie étatisée a discrédité l'idée même d'un contrôle de l'État sur l'économie, l'idée d'une mission de l'État dans la définition des objectifs et des étapes – ce qui s'appelle la planification – et de son rôle dans la gestion des secteurs-clés de l'économie. Sur un autre plan, la réaction contre l'usage qui était fait du marxisme-léninisme, qui avait servi d'alibi idéologique pour couvrir tant de crimes et de forfaits, a pris la forme d'un anti-marxisme forcené et d'une inflation du discours religieux[4]. On réagissait désormais très

4. Le succès de la Conférence nationale, qui avait permis d'enterrer pacifiquement et sans effusion de sang une dictature passablement féroce, avait fait dire à tout le monde : « Dieu aime le Bénin ». La longue maladie du nouveau président élu, l'année suivante, et son rétablissement après plusieurs semaines de coma, renforçait ce sentiment d'une chance extraordinaire qui tenait du miracle. De cette ferveur collective on est passé très vite à l'inflation religieuse et à un oubli des principes de la laïcité, se traduisant par un encouragement direct de l'État aux différents cultes. Le festival « Ouidah 92 : premier festival mondial des cultures vodun », organisé par la Présidence de la République en février 1993, traduit la volonté, légitime par certains côtés, de revaloriser les religions traditionnelles. Ce qui n'a pas été dit, cependant, c'est que ce nouveau discours, dont un des effets fut de renforcer le pouvoir des prêtres traditionnels, a entraîné entre autres la résurgence de pratiques que l'on croyait révolues, tels les internements forcés dans les couvents dits fétichistes. Pour une critique des amalgames conceptuels fondateurs de ce discours, on lira avec intérêt Paulin J. Hountondji : « Dieu : mode d'emploi », *L'opinion* (Cotonou) [éditorial d'un numéro de 1990], et Id., « Le

mal, tant dans l'opinion qu'au sein de l'appareil d'État, à toute critique de l'inégalité sociale comme à toute critique de l'impérialisme. On avait, comme disent les Anglais, jeté le bébé avec l'eau de bain.

Les études qui précèdent montrent cependant une chose : si l'échec économique du PRPB est aujourd'hui unanimement reconnu, celui du néo-libéralisme ne saurait tarder à l'être. En tout état de cause, le programme d'ajustement structurel, dont l'objet premier est de rétablir les équilibres macro-financiers, n'est au mieux qu'une école de rigueur, ou plus exactement il le serait s'il était davantage intériorisé, « internalisé » pour utiliser un barbarisme aujourd'hui courant, au lieu d'être perçu et présenté à la population comme un mode de gestion imposé par les institutions financières internationales, et s'il était intégré à un réel programme de développement. Le PAS n'a, au mieux, qu'une valeur pédagogique. En aucun cas il ne saurait tenir lieu de projet de société.

II. Une économie extravertie

1. L'époque précoloniale et coloniale

Les problèmes remontent loin. Avec la traite négrière a commencé une ère nouvelle : celle de l'intégration brutale au marché capitaliste mondial. L'appellation classique du Dahomey, baptisé Côte des Esclaves, indique clairement quel était, aux yeux des acteurs du commerce triangulaire, son principal produit d'exportation. L'actuel Ghana avait été baptisé, dans le même sens, Côte de l'Or, et l'actuelle Côte d'Ivoire, ... Côte d'Ivoire.

Depuis cette époque a été mise en place, dans notre pays, une économie de traite visant à satisfaire avant tout une demande extérieure : en l'occurrence, le besoin d'une main d'œuvre servile pour la mise en valeur des ressources de

---

ministre de la culture déclare : « Non, les cultures du Bénin ne sont pas des cultures vodun », *La nation*, numéro du 27 novembre 1992.

l'Amérique et des Caraïbes. C'est au XVIIe siècle que les Européens s'installent sur la « Côte des esclaves ». Portugais, Hollandais, Anglais et Français installent leurs comptoirs sur la côte. Tour à tour sont construits à Ouidah un fort français (1704), un fort portugais (1721) et un fort anglais à partir desquels se pratiquent un intense trafic d'esclaves et l'embarquement de ces derniers vers le « Nouveau monde »[5]. L'impact de ce commerce sur la vie politique, économique et sociale du pays est considérable. L'expansionnisme d'Agadja, roi du Danhomè, qui s'empare du royaume d'Allada en 1724 et peu après, du royaume de Savi et du port de Ouidah, n'a pas d'autre motif, en dernière analyse, que la volonté de contrôler directement ce commerce florissant, sans besoin d'intermédiaires.

On sait que huit ans après son abolition par la Convention le 16 pluviôse an II (4 février 1794), Bonaparte rétablit l'esclavage en 1802. Tandis que tour à tour le Danemark en 1802, puis l'Angleterre en 1807 déclarent illégale la traite négrière, et qu'une escadre britannique sillonne l'Atlantique de 1819 à 1869 pour faire respecter cette interdiction, Ouidah reste, avec Lagos, un des deux ports négriers toujours actifs sur la côte ouest-africaine[6].

Toutefois, la même époque fut marquée par une initiative qui revêt la plus haute importance pour notre propos : la reconversion stratégique de l'économie danhoméenne du commerce d'esclaves vers le commerce de l'huile de palme. Cette reconversion est l'œuvre de Ghézo, roi du Danhomè de 1818 à 1858. Elle entraîne une extension considérable de la

5. Seul subsiste aujourd'hui le fort portugais, mais on connaît l'emplacement exact des autres forts. Le fort français aurait été rasé à l'époque coloniale dans le but déclaré d'effacer toute trace de ce commerce honteux. Robert Cornevin signale que le fort anglais était le plus puissant de tous, avec une garnison de 20 Européens et 100 esclaves, et pas moins de 21 canons. L'un des gouverneurs de ce fort, Testefole, fut supplicié sur l'ordre d'Agadja en 1730. On lira avec intérêt, sur ces questions, Robert Cornevin, *Histoire du Dahomey*, Paris, Berger-Levrault, 1962, 568 p. ; et du même auteur, *Le Dahomey*, Paris, coll. « Que sais-je ? », Presses Universitaires de France, 1970, 128 p.

6. C'est ce que nous apprend Robert Cornevin. Il semble cependant qu'à un moment donné, Ouidah soit devenu le seul port négrier de la région, Lagos ayant été également, selon Akinjogbin, interdit de trafic.

palmeraie sur le territoire du royaume. L'histoire de cette reconversion est aujourd'hui bien connue. Elle témoigne de l'effort conscient d'un pouvoir d'État précolonial pour s'adapter à la nouvelle conjoncture économique internationale. Mais elle témoigne aussi des limites de cet effort, qui ne met pas en cause la structure de base des relations économiques établies, à savoir l'échange inégal, mais se contente de substituer un produit à un autre[7].

La colonisation devait, au fond, poursuivre les mêmes objectifs. L'étude de Roch Mongbo et Abelle Houessou cidessus montre comment a été créé en 1905 dans la colonie du Dahomey, le service de l'agriculture et des forêts dont la mission était d'une part de favoriser l'installation de fermiers européens sur le territoire, et d'autre part de développer les cultures d'exportation. Si pour diverses raisons, le premier volet de cette mission n'a guère été rempli (ce qui aura au moins épargné au Dahomey les difficultés propres à une colonie de peuplement), le deuxième volet, par contre, a été minutieusement exécuté.

A cette époque remonte la création des circonscriptions agricoles. Celle-ci répondait au départ à un besoin de spécialisation des sols en fonction de leurs caractères agroécologiques, pour l'optimisation des différentes cultures d'exportation. Mongbo et Houessou observent cependant judicieusement que l'année 1941 aura été, à cet égard, une année-charnière : c'est d'elle que date en effet « la bureaucratisation du service agricole » dont les zones, initialement au nombre de quatre, sont désormais, sur décision du gouverneur de la colonie, rattachées aux circonscriptions administratives.

A cette époque remonte aussi la structuration autoritaire du monde paysan par le pouvoir politique. L'histoire des « sociétés indigènes de prévoyance » (SIP) créées en 1919 est à cet égard révélatrice. L'étude montre que par-delà leurs dénominations successives, ces structures n'ont jamais été ce qu'elles étaient censées être, à savoir des organisations mutualistes, mais en fait, des structures d'encadrement et de contrôle, auxquelles les paysans étaient contraints d'adhérer.

---

7. Sur ce point, on lira avec intérêt Robin Law (1995) et Patrick Manning (1982).

La politique coloniale avait donc, en matière d'agriculture, un objectif précis : assurer par tous les moyens l'approvisionnement des industries métropolitaines en matières premières agricoles. De cet objectif découlent en toute logique l'ensemble des mesures prises pour gérer le secteur, et quelques mesures d'accompagnement comme la création en août 1913 d'un corps du personnel indigène des services agricoles, destiné en fait à donner un statut officiel aux interprètes des techniciens agricoles français, et l'ouverture en juin 1914 d'une école élémentaire d'agriculture, destinée à former des cadres subalternes.

Pour une telle politique, le développement des cultures vivrières ne pouvait être un objectif prioritaire. Et si le maïs a retenu l'attention, ce n'était pas en tant que culture vivrière mais, observe l'étude, parce qu'il était demandé par les industries européennes d'armement et était aussi, de ce fait, une culture d'exportation au même titre que le palmier à huile, le cocotier, le cacao, le café, le coton et le tabac.

2. Les lendemains de l'indépendance

Rock Mongbo et Abelle Houessou montrent sur l'exemple précis de la politique agricole comment l'élite au pouvoir a non seulement accepté, mais renforcé l'extraversion. Deux grandes sociétés mixtes sont créées dans la période : la SONADER, Société nationale pour le développement rural, et la SADEVO, Société nationale d'aménagement et de développement de la vallée de l'Ouémé. Leur mission spécifique est de réaliser les travaux et aménagements nécessaires sur de vastes périmètres délimités par l'État dans le sud du pays et décrétés d'utilité publique. Or, les périmètres confiés à la SONADER et exploités sous financement Banque mondiale et Fonds d'Aide et de Coopération, ont été recouverts principalement de palmiers à huile sélectionnés, pour la production d'une huile destinée à l'exportation.

Le cas de la SADEVO est peut-être moins évident : il faudrait que l'on précise à quoi servait le riz produit sur ces 800 hectares de périmètres rizicoles irrigués, pris sur les 1 800 hectares aménagés au total ; comment ont été commercialisées les 2 400, 4 000 et 6 000 tonnes de riz produites respectivement en 1974, 1975 et 1976, comment a été commercialisé le maïs également produit sur ces domaines, comment ont été distribués les autres produits. Il faudrait voir si les cultures ainsi développées l'ont été en tant que cultures vivrières pour le marché intérieur et pour la satisfaction des besoins de la population, ou si elles l'ont été comme cultures de rente. Bien qu'elle n'apporte pas à ces questions de réponse précise, l'étude nous met cependant sur la voie en constatant la « gestion patrimoniale » que pratiquaient volontiers certains responsables de la SADEVO, puis de la société d'État qui devait lui succéder dans la période suivante, la SONIAH.

L'étude montre en outre comment le gouvernement se concentre sur les cultures de rente dans le reste du pays : l'arachide au centre (Zou-nord), le coton au centre et au nord (Zou-nord, Borgou et Atacora) sous la houlette, cette fois, de sociétés françaises : la SATEC, la CFDT et le BDPA. L'exemple dont une analyse détaillée nous est proposée, celui du Projet de développement rural du centre-Dahomey, dénommé plus tard « Opération de développement intégré du Zou » (ODIZ), montre par ailleurs, à partir du cas précis de la SATEC, comment ces sociétés dites d'intervention, en faisant fi de la dynamique des organisations paysannes préexistantes, ont pu, par certains côtés, bloquer le processus d'émergence d'une société civile paysanne.

Au total, le nouvel État indépendant ne s'est pas contenté, pendant ces douze années, de subir l'extraversion ; il l'a activement prise en charge et développée, même s'il ne pouvait tout à fait prévoir certains effets induits, à moyen et long terme, par cette politique.

3. Le projet de rupture

a) La politique macro-économique

Le 26 octobre 1972 amorce un virage important. Les nouvelles autorités annoncent une rupture. Le premier plan triennal d'État, qui devait couvrir la période 1977-1979 et qui, suite à des retards accumulés dans l'élaboration des documents, couvrira finalement la période 1978-1980, poursuit des objectifs clairs : indépendance nationale, participation populaire à la conception et à la mise en œuvre des changements, développement du marché intérieur, création d'une industrie financée par l'agriculture, construction à terme d'une société socialiste. Si l'on examine, toutefois, les moyens préconisés, ils sont tout simplement incompatibles avec ces objectifs.

De l'analyse de Houédété, il découle que l'échec ne provient pas seulement d'une mauvaise application du Plan, mais d'abord des incohérences du Plan lui-même. La structure même des investissements prévus favorise en effet massivement l'industrie (45 %), l'équipement et les transports (22,5 %) au détriment de l'agriculture (10,7 %) dont on déclare pourtant vouloir faire le fer de lance de l'industrialisation. Par ailleurs, les ressources attendues proviennent en majorité de financements extérieurs, qui représentent 43,36 % des besoins et 72,88 % des fonds à mobiliser. La volonté politique de rupture ne se traduit donc pas, au niveau du Plan d'État, par un effort pour compter d'abord sur les propres ressources du pays en ajustant les objectifs aux moyens effectivement disponibles.

L'examen de la structure du PIB et de son évolution sur cette période confirme ce qu'on pouvait prévoir : Comme l'écrit Houédété, « le mode d'accumulation de l'économie ne s'effectue pas au profit des secteurs productifs (agriculture et industrie) mais du secteur improductif : le secteur tertiaire ». Constat désastreux quand on connaît la fragilité du commerce béninois fondé sur les activités de transit et de réexportation, principalement vers le Nigeria voisin, plutôt que sur une dynamique de croissance interne[8].

Fatiou Adékountè a montré avec force détails comment les entreprises publiques et semi-publiques créées à tour de

8. Ce commerce transfrontalier a longtemps été et est toujours, pour l'essentiel, un commerce de contrebande. Un mot a été forgé en yoruba, depuis l'époque coloniale, pour dire « contrebande » : *fayawô, contraction de fi aya wô* : ramper sur la poitrine (pour échapper à la vigilance des douaniers). Ce que montrent cependant les travaux de John Igué, c'est que le premier contrebandier, si contrebande il y a, c'est l'État béninois lui-même. On lira avec intérêt à ce sujet John O. Igué et B. G. Soulé, *L'Etat-entrepôt au Bénin : commerce informel ou solution à la crise ?,* Paris, 1992.

bras pendant cette période ont contribué à ruiner le pays[9]. L'étude de Houédété renvoie à juste titre à ce beau travail. L'intention initiale était bonne : il s'agissait d'accumuler du capital au profit de l'État, pour permettre à ce dernier d'amorcer le développement économique du pays. Mais ici encore, Dante avait raison : l'enfer est pavé de bonnes intentions. Quarante-cinq nouvelles entreprises nationales s'ajoutant aux 15 dont le régime avait hérité, plus 60 entreprises provinciales, toutes créées en 1978 alors même que l'État et ses structures décentralisées étaient incapables d'en libérer simplement le capital social, voilà très exactement ce qu'il fallait pour rendre impossible, à très court terme, une véritable accumulation.

Analysant les résultats de la période, Houédété montre comment cette politique a d'abord été couronnée, dans la période 1972-1983, d'un relatif succès, avec un taux de croissance moyen de 5 % et une augmentation appréciable des recettes de l'État. Toutefois, l'augmentation inconsidérée des dépenses publiques, la dépendance de plus en plus grave vis-à-vis des financements extérieurs, la structure même du budget de l'État, qui priorise les frais d'administration générale, de sécurité et de défense nationale rendus exorbitants par un processus de bureaucratisation et de militarisation croissantes au détriment des investissements productifs, la part démesurée de la masse salariale dans le budget de fonctionnement de l'État, la détérioration de la position exportatrice du pays, le déséquilibre croissant de la balance commerciale, l'endettement de plus en plus considérable, qui atteint près de 719 millions de dollars en 1981, soit 7 fois plus qu'en 1973, concourent très vite à rendre ce succès précaire et à précipiter le pays dans une crise économique sans précédent.

La crise se précise et s'aggrave entre 1983 et 1990. Houédété en décrit les aspects essentiels : chute de l'activité économique et de la production, accroissement du déficit extérieur et du fardeau de la dette, alourdissement du déficit public entraînant une crise de liquidité au niveau de l'État, faillite généralisée du système bancaire avec comme corollaires le blocage de l'intermédiation financière et la fuite des

9. Fatiou Adékountè, *Entreprises publiques béninoises : la descente aux enfers*, Cotonou, Editions du Flamboyant, 1996.

capitaux. Cette crise est structurelle et non conjoncturelle : l'étude le montre clairement, et tente d'analyser en même temps les facteurs internes et externes de cette évolution désastreuse.

b) La politique agricole du PRPB

Traduit en termes de politique agricole, le projet de rupture appelait d'abord un renversement complet des priorités : le secteur devait cesser de fonctionner comme un simple pourvoyeur de matières premières agricoles pour l'industrie de l'ex-métropole, et s'atteler résolument au développement des cultures vivrières en vue de l'autosuffisance alimentaire. La rupture appelait aussi la lutte contre les inégalités et la transformation en profondeur des rapports de production en milieu rural ; la réorientation complète de la recherche agronomique qui, au lieu d'avoir pour finalité principale l'amélioration des cultures d'exportation, devait se mettre désormais, en priorité, au service de l'amélioration des cultures vivrières, et répondre aux préoccupations des populations paysannes.

Ces nécessités sont très clairement perçues par le nouveau pouvoir. Dans la pratique, quelques dispositions sont prises en vue d'assurer au pays un meilleur contrôle de actions dans le secteur. Sont ainsi suspendus les contrats des sociétés françaises dites d'intervention : la SATEC et la CFDT – ce qui mettra d'ailleurs le gouvernement en difficulté avec les financeurs traditionnels de sa politique agricole. Les différents laboratoires et stations de recherche agronomique, jusque-là simples antennes locales de laboratoires métropolitains, sont pris en charge par l'État et regroupés dans une seule et même Direction de la recherche agronomique (DRA) transformée plus tard en Institut National de la Recherche Agricole (INRAB). Un système pyramidal de financement de l'agriculture est mis en place en 1975-1976, sous la forme d'un réseau de caisses locales de crédit agricole mutuel (CLCAM) dans les communes, de caisses régionales (CRCAM) dans les six provinces et d'une caisse nationale de crédit agricole (CNCA) au niveau national.

Ces actions, toutefois, ne vont pas bien loin. Mongbo et A. Houessou montrent comment les CARDER, offices d'État formellement créés en 1975 à raison d'un par province, s'inscrivent en droite ligne dans une stratégie de centralisation des interventions en milieu rural mise en place, en dernière analyse, par les agences de financement. Les réflexes étatiques du nouveau pouvoir induisent en outre, dans la pratique, une politique d'encadrement et de contrôle du monde paysan identique à celle des temps coloniaux. La DRA, de son côté, souffre d'un manque cruel de moyens matériels et humains et ne parvient pas vraiment à réorienter ses programmes, ni à les articuler aux préoccupations paysannes. Quant au système de crédit mis en place, il n'a à peu près fonctionné que dans ses structures décentralisées. Des fautes de gestion énormes ont conduit, en 1987, à la liquidation de la CNCA qui laisse derrière elle 6 caisses régionales et 99 caisses locales.

L'étude évoque en outre un immense problème : celui de la réglementation du foncier. Il faudra sans doute des études complémentaires pour comprendre pourquoi et comment la terre est devenue dans le Sud du pays un bien marchand et un refuge pour l'épargne, ce qui rend de plus en plus précaire la situation des petits paysans et contribue de façon évidente à la « production de la pauvreté » ; pourquoi et comment, par contre, la situation a évolué différemment dans le centre et le nord ; comment s'affrontent sur le terrain, parfois de façon tragique, « plusieurs logiques contradictoires » : celle des autochtones d'âge avancé pour qui la terre n'a jamais été un bien marchand, et qui concèdent volontiers à des migrants, sous certaines conditions, le droit d'en user, et celle de ces migrants qui se croient le droit de revendre les terres ainsi concédées. On aurait pu s'attendre à ce que le régime révolutionnaire légifère sur ces questions : il n'en a rien été.

En ce qui concerne la transformation des rapports de production, le régime procède d'une manière volontariste sans s'appuyer vraiment sur la dynamique organisationnelle préexistante. En 1977 est lancé un mot d'ordre qui invite les populations à créer partout, en milieu rural, trois types d'organisation : des GRVC, groupements révolutionnaires à vocation coopérative, des CAETS, coopératives agricoles expérimentales de type socialiste, et des Clubs 4D, clubs de jeunes ayant démocratiquement décidé de faire leur devoir pour un réel développement de leur localité. Mongbo et A. Houessou montrent comment des promesses d'aide et de financement ont suscité la création de plusieurs GRVC fictifs et contribué à développer une mentalité d'assistés, c'est-à-dire tout le contraire d'une « dynamique de prise en charge et d'auto-promotion autour de préoccupations collectives endogènes ».

Au total, la politique agricole du PRPB se solde par un échec total. Les chiffres cités par l'étude sont sans appel : si, comme l'indiquent les auteurs, la production alimentaire passe de 773 kg/an en 1969 à 633 kg en 1978, si la part du secteur agricole dans le PIB chute de 45,1 % en 1970 à 43,2 % en 1979 puis à 37 % en 1991, on doit bien reconnaître que sur ce terrain aussi, la montagne n'aura accouché que d'une souris.

4. La logique du marché

a) Le nouveau contexte mondial

Examinant d'emblée la dernière des trois périodes distinguées ci-dessus, l'étude de John Igué tente de l'éclairer à partir d'une analyse de ce qu'on appelle aujourd'hui « la mondialisation de l'économie ». Le contexte actuel se caractérise par le triomphe universel d'une nouvelle forme de mercantilisme. Depuis l'effondrement du bloc communiste, l'économie de la planète tend à s'uniformiser, étant dominée, de façon de plus en plus exclusive, par la logique du marché.

Décrivant les « nouvelles exigences du développement mondial », Igué en mentionne quatre :

- d'abord la fin progressive de l'État-nation qui jouait traditionnellement un rôle régulateur et qui aujourd'hui bat en retraite au profit des grands ensembles régionaux et des grands réseaux commerciaux ; d'où découle forcément la « reconquête coloniale » des pays pauvres ;
- deuxièmement, les réformes institutionnelles : démocratisation, bonne gouvernance, décentralisation, etc.. ;
- troisièmement, la « dématérialisation de l'économie », c'est-à-dire la fin des matières premières traditionnelles, progressivement déclassées au profit des produits industriels de qualité comme bases de la richesse ; d'où la né-

cessité d'une bonne maîtrise des savoirs et du savoir-faire nécessaires pour transformer les matières premières, et en conséquence la valorisation du cerveau désormais devenu « une matière première très recherchée » ;

- enfin quatrièmement, la valorisation de l'argent, devenu lui aussi une nouvelle matière première à la faveur de l'importance croissante des placements dans les grandes institutions financières internationales.

Face à ces exigences, comment s'est comporté et se comporte le Bénin ? En réponse à cette question, Igué constate, désabusé, que la démocratisation, conquise au terme d'un long combat des populations, est aujourd'hui « complètement récupérée par l'idéologie libérale » et devenue un moyen au service des intérêts des multinationales. L'analyse du fonctionnement réel des partis politiques, qui se sont multipliés inconsidérément au lendemain de la Conférence nationale au point d'atteindre aujourd'hui le chiffre faramineux de 96, pour un pays dont le parlement ne compte pour l'instant que 84 sièges[10], montre que ces partis ne sont en fait que des clubs électoraux à base essentiellement ethnique, des « fonds de commerce » pour un partage de ce que l'auteur appelle « la rente politique ». Il en découle des conséquences graves, dont notamment, la fin de toute opposition réelle, l'extrême difficulté d'un débat consensuel sur l'avenir du pays, enfin et surtout la vénalité de ces partis, dont certains sont carrément pris en charge par les bailleurs de fonds et les multinationales, qui mettent à leur disposition les moyens d'acheter les voix des électeurs. Pour toutes ces raisons, Igué ne voit dans la démocratisation qu'un de ces « changements qui s'inscrivent dans une demande extérieure et font partie des évolutions-modes exigées par la mondialisation de l'économie ».

S'agissant de la « bonne gouvernance », les choses sont encore plus claires. La Conférence nationale avait réclamé à cor et à cri une « moralisation de la vie publique ». Les gouvernements qui se sont succédé depuis ont fait leur ce mot d'ordre qui disait, au fond, la même chose que l'exigence de « bonne gouvernance » dont les bailleurs de fonds font dé-

---

10. Ces chiffres remontent à 1997. Les partis politiques sont aujourd'hui (fin 1999) au nombre de 120.

sormais une conditionnalité. Mais les trois études sont d'accord sur ce point : aucune mesure concrète n'a été prise, dans les faits, pour enrayer la corruption. Igué en conclut pour sa part que cette préoccupation, comme celle concernant la démocratisation, n'est qu'une « préoccupation-mode » superficielle et passagère.

b) Les programmes d'ajustement structurel

Le Bénin n'a pas attendu la Conférence nationale pour entrer sous ajustement structurel. Le premier programme, lancé en 1989, a été négocié et mis en exécution sous le régime du PRPB. Les assises de 1990 n'ont fait qu'entériner et donner une sorte de justification théorique à une décision antérieure. Le deuxième programme couvre la période 1992-1994. Le troisième, négocié en 1994 pour couvrir la période 1995 – 1997, a dû être renégocié après le changement d'équipe intervenu à la tête de l'État en avril 1996, et couvre désormais la période 1996-1999.

Analysant les deux documents officiels dans lesquels sont consignés les objectifs et stratégies du PAS III actualisé, Houédété suggère qu'au fond, l'objectif majeur – mais qui n'est pas présenté comme tel – est la « réduction de l'endettement extérieur ». Cet objectif commande, en dernière analyse, les différentes stratégies préconisées en matière de finances publiques : alourdissement de la pression fiscale par toutes sortes de procédés y compris l'institution de péages sur l'ensemble du réseau routier bitumé, mais aussi, dans le même temps, diminution de la masse salariale. En matière de gestion macro-économique, le programme accentue le désengagement de l'État et la politique de privatisation des entreprises publiques. Houédété appelle spécialement l'attention sur le projet d'une « libéralisation de la filière coton » qui signifie, en clair, l'ouverture prochaine du capital de la SONAPRA et son contrôle par la CFDT - toujours elle.

L'étude sur le secteur rural complète ce tableau en partant des objectifs sectoriels établis dans la « Lettre de politique de développement rural » de mai 1991. Il faut savoir entendre une déclaration comme celle-ci, citée innocemment et sans commentaire par Mongbo et A. Houessou : « *Les objectifs principaux de la politique de développement rural du gou-*

vernement béninois viseront à élever le niveau de vie des populations rurales par le biais d'une **conquête des marchés** *et d'une amélioration de la* **compétitivité** *des paysans béninois plutôt que par la recherche d'une simple autosuffisance alimentaire au plan régional ou national* » (nous soulignons). Elever le niveau de vie des populations, est un objectif auquel souscrirait n'importe quel gouvernement et qui, par conséquent, ne nous apprend rien de nouveau. Par contre ce qui importe, ce sont les moyens choisis. Ici le choix est clair. Il s'agit de *produire pour le marché extérieur*, de *produire plus et mieux* pour l'exportation. L'objectif alternatif est présenté dans des termes péjoratifs qui visent clairement à le déprécier : « une *simple* autosuffisance alimentaire » – comme si c'était vraiment si « simple » !

Dans ses objectifs déclarés, la politique agricole du régime néo-libéral confirme donc et renforce l'orientation extravertie de toutes celles qui l'ont précédée depuis l'époque coloniale. Dans sa pratique aussi, elle renforce cette orientation. Toutes les mesures de la période, si bien décrites par nos collègues, visent à apporter les améliorations possibles dans le cadre et les limites, et en fonction des contraintes de ce choix stratégique. Restructuration de la filière coton et de la filière des corps gras, entraînant la privatisation de la SONICOG et bientôt de la SONAPRA, réhabilitation des CLCAM et des CRCAM, restructuration des services agricoles comportant entre autres le dépouillement des CARDER d'une partie importante de leurs attributions au profit des organisations professionnelles et du secteur privé, mise en place d'un « projet d'appui au secteur agricole » (PASA) et d'un « projet d'appui au développement du secteur agricole » (PADSA), respectivement orientés vers les services publics et les secteurs privé et associatif, ces différentes mesures n'ont de sens que dans le cadre d'une économie volontairement, profondément extravertie.

c) La reprise de la croissance

Quels sont, à ce jour, les résultats de cette politique ? Y a-t-il eu, oui ou non, relance de l'économe béninoise, comme aimait à le dire le régime dit du renouveau démocratique ?

Beaucoup de débats passionnés se ramènent en réalité à des querelles de mots, qui se dissipent dès qu'on s'avise de s'entendre d'abord sur le sens de ces mots. Peut-être est-ce bien le cas ici. Les trois études montrent qu'il y a bien eu « relance » en effet, si l'on entend par là l'augmentation du taux de croissance, l'assainissement des finances de l'État et la reprise des affaires. Mais « relance » est peut-être malgré tout un bien grand mot qui pourrait dissimuler, si l'on n'y prenait garde, la fragilité du processus, les faiblesses structurelles d'une économie qui reste massivement extravertie, livrée aux aléas du marché extérieur et qui par surcroît génère, sur le terrain social, des effets pervers qui la menacent à plus ou moins brève échéance.

Le PIB, on l'a vu, n'a cessé d'augmenter pendant cette période, tant et si bien que le taux de croissance, tombé à un chiffre négatif en 1989, est remonté dès l'année suivante pour se maintenir, entre 1990 et 1995, à une moyenne de 4 %. Le déficit budgétaire a été sensiblement réduit, de même que le poids des dépenses salariales dans le budget global de l'État. Le règlement progressif des arriérés intérieurs a fortement contribué à la reprise des affaires, et le système bancaire a été reconstruit. On a vu en outre comment, dans le secteur agricole, la filière coton n'a cessé d'alimenter les caisses de l'État dans une proportion variable qui a pu atteindre jusqu'à 28,40 % en 1993 – 1994, comment elle a généré, pour les agriculteurs et les organisations paysannes, des revenus bruts d'un montant cumulé de plus de 97 milliards de francs CFA sur 4 ans, et déterminé des flux financiers irrigant divers autres secteurs.

d) Les faiblesses structurelles

Les études ci-dessus montrent cependant à quel point cette croissance est fragile. Les succès sont liés à une conjoncture qui, à plusieurs égards et pour diverses raisons, est aujourd'hui favorable, mais pourrait s'inverser du jour au lendemain. Il faut donc être attentif aux faiblesses structurelles du processus en cours, et ne pas crier trop tôt victoire.

Premièrement, en effet, malgré les mesures de déréglementation et toutes les dispositions prises en faveur du secteur privé, le niveau de l'épargne, tant intérieure que nationale, par rapport au PIB, est resté faible et par conséquent incapable de financer de manière significative les investissements nécessaires. Le recours au financement extérieur s'est donc non seulement poursuivi, mais considérablement aggravé par rapport à la période précédente. On peut comparer à cet égard les tableaux 2 et 22 de l'étude de Houédété : d'un taux moyen de financement extérieur évalué à 43,36 % du besoin total de financement sur la période 1977-1979, on est passé à un taux moyen de 92,6 % pour la période 1990-1995.

Deuxièmement, la disponibilité effective des financements extérieurs a quelque chose d'exceptionnel, de purement conjoncturel. Elle a été rendue possible, en effet, par un afflux massif de capitaux vers le Bénin exprimant, au lendemain de la Conférence nationale, le soutien politique de la communauté internationale, et ce qu'on a appelé une « prime à la démocratie ». Igué cite des chiffres hautement significatifs, qui montrent que dans la période 1989-1994 les aides accordées à titre de dons ont largement dépassé les prêts, mais que d'un autre côté ces prêts représentent à eux seuls 46,81 % de l'endettement total dans la même période. En 5 ans, le pays aura ainsi quasiment doublé sa dette extérieure au lieu de la réduire. Il faudra bien payer un jour. Le remboursement serait jeu d'enfant si l'aide était gérée, prêts et dons confondus, de façon assez saine et assez judicieuse pour être rentabilisée. Or, on constate qu'il n'en est rien.

Troisièmement, en effet, cet important flux financier, loin d'être utilisé pour créer de la richesse et des emplois, est utilisé avant tout pour améliorer les services de l'État, réaliser quelques infrastructures de base, équilibrer le budget national et la balance des paiements, financer la coopération technique elle-même.

Quatrièmement, dans la mesure où l'État reste gestionnaire d'une part importante de l'aide, à travers des services publics où les habitudes n'ont toujours pas changé malgré la Conférence nationale, les nouveaux flux financiers offrent des possibilités de détournement et d'enrichissement illicite plus importantes que par le passé. Igué voit dans ces « détournements massifs (...) le principal fléau des programmes d'ajustement ». Mongbo et A. Houessou observent de leur côté que le transfert aux organisations paysannes des activités de commercialisation du coton exercées jusque-là par les CARDER a fait apparaître au sein des groupements villageois des pratiques prédatrices parfois plus sévères que celles que l'on déplorait naguère parmi les agents des CARDER.

Cinquièmement, la croissance constatée reste fondée, pour l'essentiel, sur la monoculture du coton. L'étude sur le secteur rural montre le caractère éphémère d'une richesse fondée sur un produit peu fiable, dont les cours mondiaux sont susceptibles de chuter du jour au lendemain en fonction de la production d'autres pays tels les Etats-Unis, la Chine, le Vietnam, pour n'en citer que quelques-uns. L'effort de diversification entrepris récemment par le gouvernement ne mène pas non plus très loin : non seulement cet effort porte encore essentiellement sur les cultures d'exportation, mais l'appui aux nouvelles filières reste loin derrière le soutien massif à la culture du coton.

Sixièmement, l'extension de la culture du coton a eu pour corollaire, dans les régions productrices, une baisse de la production vivrière. C'était inévitable dès lors que ni les superficies cultivables, ni la quantité de main d'œuvre disponible, n'étaient indéfiniment extensibles. Il s'ensuit une pénurie alimentaire particulièrement sévère dans certaines zones. Pénurie aggravée par la libéralisation complète et, partant, l'inorganisation du marché des produits vivriers. Le Bénin s'est vu obligé, en 1997, d'importer du maïs : d'Afrique du sud selon Igué, du Nigeria et du Zimbabwe selon Mongbo et A. Houessou. Houédété observe en outre que le démantèlement du service du contrôle des prix, consécutif à la libéralisation économique, a favorisé une flambée générale des prix des produits de première nécessité, y compris des produits vivriers produits localement. De ce point de vue, les réformes mises en place ont eu un impact négatif sur la sécurité alimentaire.

Septièmement, les réformes en cours ont non seulement laissé intacte, mais en outre conforté la structure traditionnelle du commerce béninois, essentiellement fondé sur les activités de transit et de réexportation. Or un commerce de ce type est éminemment fragile, puisqu'il dépend de l'évolution de la conjoncture économique et politique dans les pays de destination finale. On l'a vu avec les progrès de la libéralisation au Nigeria. Dès lors que ce grand voisin de l'Est s'est avisé de réaliser un désarmement douanier sur certains produits de grande consommation, les réexportations béninoises ont subi, de 1994 à 1996, une chute vertigineuse, dont on peut apprécier l'importance à partir des chiffres donnés par Igué : 44,68 % sur le riz, 86 % sur le blé, 45,85 % sur les tissus coton, 85,75 % sur le tabac, 67,81 % sur la friperie, tout cela en moins de deux ans.

III. Extraversion et société

1. Le pluralisme ethnique

Comme toutes les ex-colonies d'Afrique noire, le Bénin a hérité de frontières arbitraires tracées par le colonisateur. Brisant l'unité des ethnies, dont les morceaux séparés évoluent désormais sur des territoires différents, ce tracé a, inversement, regroupé sur un même territoire et sous une même autorité politique des ethnies différentes. On se gardera cependant ici d'exagérer ce pluralisme ethnique, comme on l'a si souvent fait. Les entités politiques précoloniales ne correspondaient pas forcément à des ethnies différentes. Ainsi on sait que les fondateurs des royaumes d'Allada, d'Abomey-Danhomè et de Hogbonou (Porto-Novo) étaient trois frères. Cela ne les a pas empêchés de se battre. Interpréter ces conflits armés comme des guerres « tribales », c'est ne rien comprendre à l'histoire réelle de l'Afrique précoloniale.

On distinguera *grosso modo* quatre grands groupes ethniques. Au sud, le groupe Aja-Fon, quantitativement le plus important du pays, comprend les Aja, Aïzo, Fon, Gen ou Mina, Gun, Mahi, Péda, Wachi, Wémènu, Whla. Les parlers de ces différents sous-groupes se rattachent à une même langue originelle, la langue *gbe*[11]. Le groupe Yoruba comprend en-

---

11. Le terme est de Hounkpati Capo, professeur de linguistique à l'Université Nationale du Bénin et fondateur du « Labo gbe », laboratoire situé à Comè dans le Mono, au sud-ouest du Bénin. Capo désigne de ce nom toutes les langues dans lesquelles une langue se dit « gbe » : fongbe, gungbe, mahigbe, ajagbe, aizogbe, gengbe, etc.

tre autres, outre les Yoruba de Porto-Novo très proches de ceux de Lagos au Nigeria, les différents Nago de Sakété, Pobè, Kétu, Savè, ainsi que les Dassa et les Holli. Au nord on distingue deux grands groupes : les Baatonu (ou Bariba) des plaines et les Be Tammaribe (ou Somba) des montagnes de l'Atakora. Ces groupes vivent en symbiose, entre autres, avec les Peuhls, les Gando, les Dendi, les Pila-Pila.

Certaines entités politiques étaient solidement organisées : ainsi le royaume de Porto-Novo, au sud-est, devenu protectorat français en 1884 ; le royaume de Kétou, en pays *nago* ; les royaumes bariba de Nikki au nord-est et de Kouandé au nord-ouest ; et, toujours au sud, le puissant royaume d'Abomey, dont le nom légendaire (Dan-homè : construit sur le ventre de Dan) devait devenir celui de tout le territoire, en souvenir de la résistance farouche de son dernier roi précolonial, Béhanzin, à l'envahisseur français.

La vie politique du Dahomey a été et continue d'être marquée, depuis la veille et les lendemains immédiats de l'indépendance, par une rivalité parfois farouche entre ce qu'on appelle le sud, le centre et le nord[12] Avec l'avènement des nouvelles pratiques politiques et l'habitude des consultations électorales, on a vu se développer une polarisation nord/sud inconnue jusque-là. C'est ce qu'on appelle le régionalisme. Fait remarquable, cependant : tandis que s'est développé parmi les populations du nord un réflexe unitaire qui relègue au second plan toutes autres rivalités pour faire front commun à l'occasion de chaque grande compétition électorale, le sud, lui, reste constamment divisé entre un « sud » et un « centre ».

L'examen attentif des faits montre cependant combien ce « régionalisme » est factice. Guy-landry Hazoumè a montré

Ces langues sont de la même famille et se caractérisent par un degré très élevé d'intercompréhension. Cf. H. Capo, « Terrain et théorie en linguistique : notre expérience des parlers gbe », Afrikanistische Arbeitspapiere, 41 : 119-132 ; Hounkpati B. C. Capo et Médard D. Bada, « Collecte des données et élaboration théorique : l'exemple du linguiste africaniste », communication au colloque sur « L'accumulation du savoir », Cotonou, mai 1997, à paraître.

12. En fait si l'on regarde la carte, on s'aperçoit que le prétendu Centre est en réalité tout à fait au Sud, Abomey étant à 110 kilomètres seulement de la côte. Le vrai centre serait plutôt autour de Parakou, que l'on classe abusivement au Nord.

la nécessité de distinguer le fait du pluralisme ethnique d'une part, et d'autre part son exploitation idéologique, à des fins intéressées, par certaines personnes ou certains groupes[13].

De façon plus précise, on a pu montrer que le régionalisme a une date de naissance : l'année 1951. Analysant les consultations électorales organisées au Dahomey au lendemain de la deuxième guerre mondiale, Dov Ronen observe que, ni à l'occasion des élections de 1945 à l'Assemblée constituante française (qui ont vu élire le Père Aupiais pour le premier collège, et son protégé Sourou Migan Apithy pour le deuxième collège, comme représentants du Dahomey et du Togo), ni à l'occasion des deux référendums et des trois compétitions électorales qui ont jalonné l'année 1946, il n'y eut aucun clivage significatif nord/sud ni d'autre manifestation de régionalisme. Les choses devaient changer à la veille des nouvelles élections à l'Assemblée nationale française organisées le 17 juin 1951. Le Dahomey devait élire cette fois deux députés au lieu d'un. Des rivalités personnelles provoquent une crise au sein de l'Union des Populations du Dahomey (UPD) dont le leader, Apithy, est exclu et fonde aussitôt un autre parti, tandis qu'un autre dirigeant fait sécession pour fonder à son tour un parti dont l'appellation même est un signe des temps : « Groupement ethnique du Nord-Dahomey » (GEND). Se fondant sur des rapports et autres correspondances officielles de l'époque, Dov Ronen indique que la formation d'un parti politique nordique avait été fortement suggérée, dès 1949, par l'administration française, et qu'au-delà de cette étape, le but recherché était l'autonomie de la région septentrionale[14].

2. *La stratification sociale*

a) L'héritage du passé

Les inégalités sont anciennes. Sans elles la traite des esclaves n'aurait jamais eu lieu, ou n'aurait pas eu lieu de la

13. Cf Guy-Landry Hazoumè, *Idéologies politiques et nation en Afrique : le cas dahoméen*, Paris, Présence africaine, 1972.
14. Pour plus de détails, on lira avec intérêt Dov Ronen, *Dahomey between tradition and modernity*, Ithaca / Londres, Cornell University Press, 1975, notamment le chapitre 3.

même façon. On commence aujourd'hui à mieux connaître cette question. La colonisation n'a pas balayé l'ancienne stratification sociale, mais l'a compliquée d'un cran. Les aristocraties « traditionnelles »[15] existent toujours, de même que leurs corollaires, les classes dites roturières. Les études qui précèdent n'abordent pas la question, si ce n'est pour indiquer au passage, comme Igué, que les élites intellectuelles d'aujourd'hui « sont issues de la classe roturière » et pourraient, de ce fait, redouter une « valorisation de la dynamique communautaire » qu'il juge, pour sa part, indispensable, mais qui pourrait entraîner la résurgence de l'aristocratie traditionnelle ; ou pour signaler, comme Mongbo et A. Houessou, que dans les organisations paysannes auxquelles sont désormais dévolues les tâches de commercialisation primaire du coton naguère confiées aux CARDER, il arrive parfois que les postes-clés des conseils d'administration soient pris d'assaut par des chefs traditionnels. Respectés pour leur statut social et/ou religieux, ces derniers échappent généralement à tout contrôle, ce qui ne les met pas forcément au-dessus de tout soupçon, encore moins au-dessus de toute tentation.

Il faudra sûrement revenir sur cette question importante, examiner comment fonctionne aujourd'hui ce qui reste des stratifications sociales précoloniales et comment elles s'articulent à la stratification nouvelle. Il s'agira en somme d'étudier les formes spécifiques que revêt au Bénin, ce que Meillassoux appelle « l'articulation des modes de production ». En attendant, on signalera simplement ici que l'État béninois n'a encore jamais, à ce jour, réglé le problème de façon claire et satisfaisante. Le régime du PRPB a cru pouvoir engager, sans analyse préalable ou sur la base d'une analyse insuffisante, une lutte frontale contre ce qu'il appelait la « féodalité » et toutes les formes d'« obscurantisme » qui, à ses yeux, y étaient liées. Mais une chasse aux sorcières de la pire espèce – non au sens figuré, mais bien au sens

15. Les guillemets visent à rappeler ici que ces aristocraties n'ont pas toujours existé, qu'elles ont elles aussi une origine historique, qu'elles doivent par conséquent être mises en perspective et relativisées. On l'oublie parfois trop vite dans certains débats politiques où la revendication d'une origine princière tient lieu, encore aujourd'hui, d'argument-massue pour faire taire un adversaire qu'on dit roturier.

propre, comme à la belle époque de l''nquisition dans l'Europe médiévale – donna lieu aux pires abus et aux règlements de compte les plus sordides.

Prenant le contrepied de cette attitude, le régime du renouveau est tombé, comme on l'a vu ci-dessus, dans l'excès inverse, au nom d'un nationalisme culturel auquel manquent aussi l'analyse sereine, la mise en perspective historique, anthropologique et sociologique de ce qui, à ses yeux, constituait une fois pour toutes l'identité collective (la prétendue « culture vodun », entre autres).

b) La production de la pauvreté

Par rapport au fonctionnement actuel de la production, on peut distinguer :

- la paysannerie pauvre, largement majoritaire ;
- les artisans et autres acteurs du secteur informel urbain ;
- les grands propriétaires fonciers ;
- la bourgeoisie d'affaires ;
- la bourgeoisie « politico-bureaucratique ».

La pauvreté sous sa forme actuelle est fille de l'extraversion. Elle frappe durement deux couches sociales : celle des petits paysans, qui forment à eux seuls 60 % de la population (70 % de la population active, précisent Mongbo et A. Houessou), et celle des acteurs du secteur informel urbain comprenant d'une part les artisans ayant pignon sur rue, d'autre part les démarcheurs, vendeurs à la criée, racoleurs de clients pour taxis, et autres praticiens des « petits métiers », acteurs du secteur tertiaire inorganisé.

Les études ci-dessus, en particulier celle de Mongbo et A. Houessou, ont montré comment la création par l'État de grands domaines fonciers confiés à l'exploitation de diverses sociétés d'État ou de sociétés d'intervention étrangères, a eu pour préalable l'expropriation des paysans installés sur ces terres ; comment les anciens exploitants sont devenus coopérateurs dits de parts A sur leurs propres champs et les paysans sans terre, coopérateurs dits de parts B, dans une société mixte à laquelle ils étaient forcés, les uns et les autres, d'adhérer ; comment les administrateurs élus, censés gérer les coopératives de la SONADER avec l'appui technique de conseillers nommés par l'État, étaient en réalité dépouillés de leur pouvoir de décision par ces assistants techniques ; comment les paysans étaient tenus de travailler sur les champs dits collectifs, sous peine de sanctions.

Les études montrent aussi comment la terre est devenue un refuge pour l'épargne des déflatés de la fonction publique qui, par une coïncidence malheureuse, recevaient leurs indemnités de départ au moment précis où éclatait au grand jour la faillite du système bancaire. De sorte que l'on assiste, dans le sud du pays, à une raréfaction croissante de la terre et à une prolétarisation des petits paysans ; et partout dans le pays, mais surtout au centre et au nord, à l'affrontement de deux logiques, l'une traditionnelle, pour laquelle la terre ne saurait être un bien marchand, et l'autre mercantiliste, qui ne connaît d'autres lois que celles du marché.

Pendant longtemps, on l'a vu, le monde paysan s'est vu imposer par l'autorité publique diverses structures organisationnelles, depuis les sociétés indigènes de prévoyance (SIP) créées en 1919, jusqu'à l'organisation pyramidale en Groupements villageois (GV), Unions sous-préfectorales des producteurs (USPP) et Unions départementales des producteurs (UDP) mise en place sous le régime du « renouveau démocratique », en passant par les GRVC, les CAETS et les Clubs 4D. Les organisations ainsi créées n'avaient qu'un but : accroître le rendement des cultures d'exportation. Mais ce qui est remarquable, c'est que cet objectif ait été très tôt pris en charge, intériorisé par les paysans eux-mêmes. Tant et si bien que, même en période de désengagement de l'État, la même dynamique continue à régir leur activité.

Qu'il s'agisse des coopératives privées dont la création a été encouragée par l'administration coloniale au lendemain de la deuxième guerre mondiale (parmi lesquelles l'UMAS de Savè et l'UMAD de Dassa ont été, on l'a vu, citées en modèles), ou qu'il s'agisse des GV, USPP et UDP actuelles, les structures de mobilisation du monde paysan ont été et continuent d'être mises en place, même en dehors de toute contrainte et de tout embrigadement de l'État, autour des cultures de rente. Une fois intériorisée, la logique de l'extraversion fonctionne toute seule. Hier, l'huile de palme, aujourd'hui le coton : la société rurale s'organise d'abord pour l'agro-exportation afin de mieux répondre à la demande du marché dit international – celui des pays industrialisés. Il suffira donc d'une baisse inattendue des cours mondiaux pour que s'effondre, du jour au lendemain, toute cette organisation.

Tout le monde se plaît à déplorer, au Bénin, la hausse des prix des produits de première nécessité, y compris les produits vivriers. Les études ci-dessus se font volontiers l'écho de ces plaintes. Mais ce qu'on n'observe pas assez, c'est que de telles hausses proviennent de la spéculation orchestrée sur ces produits par les commerçants, et profitent très peu aux petits paysans. Le travail de ces derniers est toujours aussi mal rémunéré, voire pas rémunéré du tout. Une politique agricole qui voudrait améliorer vraiment la productivité du travail paysan serait donc amenée, d'une part, à relever le prix de vente des produits par les producteurs, et d'autre part à minimiser l'intermédiation entre producteur et consommateur final.

Pour l'instant, cette perspective n'est qu'un rêve. Rien d'étonnant, par conséquent, que l'exode rural se poursuive. Des jeunes ruraux, désormais sans terre ou découragés par le caractère pénible et toujours aussi peu rentable du travail agricole, affluent tous les jours vers la ville pour y « tenter leur chance », comme ils disent. En réalité, ils vont grossir les rangs des citadins sans travail, ou qui survivent tant bien que mal d'un travail précaire et peu rémunérateur.

c) Le monde des affaires

Comme la pauvreté, la richesse est d'abord, aujourd'hui, fille de l'extraversion. Les grands propriétaires fonciers, généralement fils de notables revenus dans la localité à l'issue de leurs études et qui se font attribuer plusieurs dizaines, parfois plusieurs centaines d'hectares de terrain, se spécialisent dans l'agro-exportation. Certains, il est vrai, ne se contentent pas d'exporter des produits bruts, mais mettent en place une industrie de transformation : par exemple la production industrielle du « gari », farine de manioc torréfié abondamment consommé dans tout le Bénin, tout le Nigeria, tout le Togo, tout le Ghana. Mais le gari ainsi produit n'est destiné ni au marché local, ni au marché sous-régional et régional ; il est exporté vers l'Europe, où il se consomme aussi de plus en plus, et où les prix sont plus rémunérateurs.

Une des grandes faiblesses de l'économie et de la société béninoises est, on l'a vu, l'absence d'une véritable industrie. Les investissements sont plus immédiatement rentables dans le commerce que dans l'industrie. L'étroitesse du marché national restreint d'ailleurs considérablement les possibilités en matière d'industrialisation. On l'a vu avec la SOBETEX : Houédété signale que cette entreprise semi-publique, excédentaire jusqu'en 1982, a commencé à afficher des pertes à partir de 1983, suite à la disparition de son marché nigérian qui l'avait contrainte à tourner à 15 % seulement de sa capacité de production. Seuls quelques produits spécifiques de grande consommation peuvent donc se contenter du marché intérieur : par exemple le pain. De tels produits donnent lieu, tout au plus, à une petite industrie individuelle ou familiale, à la limite de l'artisanat. Ils ne suffisent pas pour créer une classe d'industriels. L'Etat n'a jamais rien fait, non plus, ou n'a jamais fait grand chose, pour favoriser l'émergence d'une telle classe. Ainsi, les privatisations qui se succèdent depuis 1990 ont régulièrement eu pour effet de conforter la suprématie du capital étranger.

C'est dans le secteur tertiaire, non dans l'industrie, que les nationaux investissent le plus volontiers. C'est dans le commerce d'import-export, le transport terrestre et le transit que se réalisent les bénéfices les plus substantiels. Les produits importés d'Europe et d'Amérique sont destinés pour l'essentiel à la réexportation, surtout vers le Nigeria. Des fortunes appréciables ont été bâties sur cette activité. Toutefois, comme on l'a signalé ci-dessus, il aura suffi que le Nigeria révise sa politique de restriction à l'importation (il n'est d'ailleurs pas évident qu'il l'ait fait sous la pression des bailleurs de fonds internationaux, comme on l'a supposé), pour que s'effondre brusquement, depuis 1995, le volume de la réexportation béninoise. Le problème se pose donc de l'avenir de cette activité. Une restructuration du secteur tertiaire est désormais inévitable. Elle sera profonde et affectera le secteur dans son ensemble. Elle ne viendra pas de l'État, ou pas seulement de lui. Elle viendra du monde des affaires lui-même qui a toujours fait preuve, ici, de beaucoup d'imagination pour s'adapter et inventer de nouveaux modes d'enrichissement.

d) Le rôle des femmes

Pas plus au Bénin qu'ailleurs, les femmes ne forment une classe à part. Les clivages sociaux traversent aussi bien cette moitié de la population que l'autre. Il se trouve cependant que les coutumes, les traditions, les lois, la division sociale du travail, les préjugés culturels leur sont, dans l'ensemble, défavorables.

L'étude sur le secteur rural évoque au passage une des questions cruciales sur lesquelles l'injustice est flagrante : celle de l'accès à la terre. Le régime foncier traditionnel refuse à la femme tout droit de propriété sur la terre[16]. Ce problème se pose avec acuité dans la partie sud du pays. On a vu en outre comment les spoliations liées à la politique d'aménagement rural ont contribué, au lendemain de l'indépendance, à aggraver cette situation. Par ailleurs, le taux de scolarisation des filles reste largement inférieur à celui des garçons dans le système éducatif formel, de même que le taux d'alphabétisation des femmes par rapport à celui des hommes dans le système d'éducation des adultes.

Les groupements de femmes, dont le développement en milieu rural remonte seulement à 1980, contribuent à créer, là où ils existent, un « espace de socialisation et de solidarité hors du ménage ». Roch Mongbo et Abelle Houessou ont montré comment les femmes, dans ce contexte, se disent volontiers « les yeux du village ». On pourrait d'ailleurs élargir leur interprétation de cette belle expression : recevant fréquemment la visite de délégations étrangères, les femmes ne font pas seulement connaître, mieux que tout autre groupe, le village à l'extérieur. Elles se considèrent aussi comme l'organe du corps social qui voit, mieux que tout autre, ce qui se passe à l'extérieur et peut en retour, fort de cette information et de ce contact, proposer à l'intérieur, de manière

---

16. Irène Albert a montré, suite à une enquête minutieuse, l'évolution considérable intervenue en ce domaine à mesure que progressait la monétarisation de l'économie. On lira avec intérêt sur ce point, *Des femmes, une terre : une nouvelle dynamique sociale au Bénin* (Albert, 1993).

critique et responsable, les changements nécessaires. Être civilisé se dit, en aja/fon, *hun nukun*, littéralement : avoir les yeux ouverts. En se disant les yeux du village, les femmes revendiquent un rôle civilisateur à tous points de vue. Elles portent le progrès, perçoivent et prescrivent la direction à suivre pour le mieux-être de toute la collectivité.

Les femmes jouent dans le secteur de la distribution un rôle de premier plan qui, en raison de l'articulation même du présent travail, n'a pas été et ne pouvait être examiné dans les études ci-dessus. On ne peut cependant passer sous silence le fait que, par exemple, le marché Dantokpa, un des centres commerciaux les plus actifs de toute la sous-région, est tenu, pour l'essentiel, par des femmes. Exclues par tradition de la propriété du sol, les femmes sont aussi traditionnellement assignées à l'échange des produits agricoles ou de toute autre provenance. Au Bénin comme dans toute la sous-région, elles assument ce rôle avec brio.

Toutefois, le commerce n'enrichit pas tout le monde. De l'importatrice en gros à la revendeuse du marché de village ou de quartier en passant par la commerçante de demi-gros, on retrouve tous les clivages, toutes les inégalités de la société globale. Il faudra, à l'occasion, revenir sur cette question, voir comment l'extraversion produit, dans cette moitié de la population du pays autant que dans l'autre, les inégalités les plus criardes et parfois les plus féroces, qui aggravent et compliquent la situation déjà inéquitable faite à la femme en tant que femme.

3. Le fonctionnement de l'État

L'Etat béninois est malade. Les maux qui l'affligent ne sont pas liés en particulier à tel ou tel régime politique, mais ils persistent d'un régime à l'autre : ils ne sont pas conjoncturels, mais structurels.

Parmi ces maux il en est trois qui paraissent essentiels : l'inefficacité de l'appareil bureaucratique, la corruption des agents, enfin le mal le plus profond, celui dont découlent tous les autres, l'intériorisation de la dépendance.

a) L'inefficacité de l'appareil

Lenteur et lourdeur de la machine bureaucratique, imprévoyance, manque total de vision, enlisement dans la routine : les études ci-dessus ont abondamment illustré, sur des exemples précis, ces constantes du fonctionnement de l'État. Ces tares sont dues parfois, comme le suggère Houédété, aux insuffisances techniques des cadres placés à certains postes stratégiques : comment comprendre autrement qu'ait pu leur échapper, par exemple, la grave inadéquation entre les fins proclamées et les moyens préconisés par ce qu'on a pompeusement baptisé le premier plan triennal d'État ? Comment comprendre que, pour financer le développement du pays, l'État ait cru devoir s'enfoncer dans la spirale de la dette, tant sous le régime du PRPB que sous celui du « renouveau démocratique » ?[17]

Mais plus qu'à l'incompétence, les dysfonctionnements de l'appareil sont dûs à une sorte d'inconscience collective, ou plus exactement à une certaine perception de l'État : à ce qu'on pourrait appeler une relation d'extériorité, non seulement entre l'État et le citoyen, mais pire encore, entre l'État et le fonctionnaire, voire entre l'État et l'homme politique, ces derniers n'épousant que de très loin les intérêts de l'État. Comme si chacun se disait secrètement : « qu'importe la banqueroute de l'État si mes intérêts sont saufs ? ». On reviendra plus loin, à propos de la corruption, sur ce grave problème d'éthique ou tout simplement, de culture politique.

L'inefficacité de l'appareil se traduit aussi par les retards inconsidérés que l'on observe, à tous les niveaux, dans l'exécution des tâches administratives et politiques. Ces retards ont souvent un impact direct sur l'économie. Ainsi les « bailleurs de fonds » bilatéraux et internationaux, dont on a noté l'apport massif de capitaux en guise de soutien à la démocratisation, ont-ils parfois mis en cause la capacité du

---

17. Rappelons les chiffres donnés par Houédété sur le ratio du service de la dette par rapport aux exportations : de 12,7 % en 1982, le ratio passe à 40 % en 1983, puis à 63 % en 1987. Le Club de Paris apporte une bouffée d'oxygène en acceptant, en 1989, d'annuler une partie des arriérés s'élevant à 55,79 milliards de francs CFA et de rééchelonner le reste. De nouveau cependant, le pays reste incapable d'améliorer sa gestion, puisqu'il continue de recourir fortement au financement extérieur sur la période 1990-1995, dans une proportion qui varie entre 91,68 % et 93,2 % de l'investissement total.

Bénin à absorber ces crédits, tant il était courant que l'administration laisse passer les délais, ces fameux « deadlines » dont on sait à quel point ils peuvent être fétiches dans les organisations internationales. Le remède inventé par le Chef d'État d'alors a été la création d'une « Commission nationale de développement » (CND). Mais cette Commission, qui devait être présidée par lui-même, n'a jamais vraiment fonctionné.

On a étudié de près, dans un rapport récent, un autre exemple de cette gestion désastreuse du temps : le rythme des opérations de suivi après la participation béninoise aux conférences internationales ou mondiales organisées par le système des Nations unies[18]. Chacune des huit conférences dénombrées sur la période 1990-1995 ayant débouché sur l'adoption d'un plan d'action mondial précédé, le plus souvent, d'une déclaration mondiale, chaque pays était invité à reformuler ces documents à sa manière, en tenant compte du contexte national[19]. Des financements étaient prévus sous

---

18. Cf. Paulin J. Hountondji, *De Jomtien à Beijing : étude sur le suivi des conférences internationales au Bénin*, Cotonou, PNUD, 1996
Il s'agit des huit conférences suivantes : la Conférence mondiale sur l'éducation pour tous réunie à Jomtien, en Thaïlande, en mars 1990 ; le Sommet mondial pour less enfants tenu à New York en septembre 1990 ; le Sommet mondial sur l'environnement et le développement réuni à Rio de Janeiro en juin 1992 ; la Conférence internationale sur la nutrition réunie à Rome en décembre 1992 ; la Conférence mondiale sur les droits de l'homme réunie à Vienne en juin 1993 ; la Conférence du Caire sur « Population et développement », tenue dans la capitale égyptienne en septembre 1994 ; le Sommet mondial pour le développement social tenu à Copenhague en mars 1995 ; la Quatrième conférence internationale sur les femmes, tenue à Beijing en septembre 1995.
19. C'est désormais un phénomène de société : il est devenu très difficile, au Bénin, d'organiser la moindre réunion sans prévoir des per diem pour les participants. Une des raisons est que les cadres béninois, toujours relativement mal payés mais bons observateurs, voient bien comment fonctionne l'expertise internationale, et l'écart considérable qui sépare, sur le terrain, la rémunération des consultants dits internationaux et celle des consultants nationaux. On ne peut donc sérieusement leur reprocher de prendre leur part, quand ils le peuvent, de cette manne « internationale ». Ce qu'il faut par contre déplorer, c'est que ce comportement, qui s'inscrit une fois de plus dans une logique de l'extraversion, s'étende de plus en plus à toutes sortes de réunions et de tâches, et surtout, qu'il induise une gestion vicieuse

forme de subventions pour aider les pays économiquement faibles à réaliser leurs programmes nationaux.

Or, après avoir minutieusement identifié les actions liées à la participation du pays à de telles conférences (les tableaux 1 et 2 indiqueront, pour ceux qui ne peuvent se passer de tableaux, le résultat de cette identification), le rapport montre qu'à la date de l'évaluation effectuée en novembre 1996, trois des huit conférences avaient débouché sur l'adoption d'un plan d'action national. Une quatrième, celle de Rio, avait donné lieu à la mise au point d'un projet de plan d'action (l'« Agenda 21 national »), mais il restait encore à faire examiner et adopter ce projet en Conseil des ministres.

On pouvait donc évaluer le délai écoulé entre la date d'adoption du plan d'action mondial et la date d'adoption du programme national. Le rapport montre que ce délai est compris entre 19 mois 20 jours (plus d'un an et demi) et plus de 52 mois c'est-à-dire près de 4 ans et demi (voir tableau 3). De tels délais sont visiblement excessifs. Examinant de près la séquence des opérations depuis l'annonce de la conférence jusqu'à sa tenue effective puis jusqu'à l'adoption du programme national correspondant, le rapport indique quelques-uns des facteurs de blocage : parmi eux, les conflits d'attributions entre ministères (qui fera quoi ?) jouent un rôle de tout premier plan (tableau 4).

---

d'un temps précieux, qui gagnerait à être consacré à autre chose – avec ou sans *per diem*.

Tableau 1 : Avant et pendant les conférences

Conférence	Structures-pilotes	Rapports nationaux	Conférences régionales	Nombres de délégués	Chef de délégation
Jomtien 1990	MEMS (CNBU)	+	Dakar 27-30 nov. 1989	4	MEMB
New York 1990	MAEC/MSP	-	Néant	6	MAEC
Rio 1992	MPS, MEHU	+	Le Caire, juil. 91 ; Abibijan, nov. 91	7	MEHU
Rome 1992	MDR (DANA)	+	Dakar, fév. 92	5	MDR
Vienne 1993	MAEC/MJL	-	Tunis, nov. 92	?	MJL
Le Caire 1994	MPRE	+	Dakar, déc. 92	9	MPRE
Copenhague 1995	MTEAS	+	?	?	ME
Beijing 1995	MPRE	+	Dakar, nov. 94	27	épouse PR

MEMS : Ministére des enseignements moyen et supérieur

MEMB : Ministére des enseignements maternel et de base

MSP : Ministére de la santé publique

MEHU : Ministére de l'environnement, de l'habitat et de l'urbanisme

DANA : Direction de l'alimentation et de la nutrition appliquée

MPRE : Ministére du plan et de la restructuration économique

PR : Président de la république

CNBU : Commission nationale béninoise pour l'UNESCO

MAEC : Ministére des affaires étrangères et de la coopération

MPS : Ministére du plan et de la statistique

MDR : Ministére du développement rural

MJL : Ministére de la justice et de la legislation

MTEAS : Ministére du travail, de l'emploi et des affaires sociales

ME : Ministre d'état chargé de la coordination de l'action gouvernementale et de la défense

Tableau 2 : Après les conférences

Conférence	Compte rendu en CM	Comité de suivi prévu	Comité de suivi installé	Restitution prévue	Restitution effective	PNS Prévu	PNS élaboré	Mécan. évaluation	Impact sur le terrain
Jomtien	+	+	-	+	-	+	-		Faible
New York	+	-	-	-	-	-	+	+	Faible
Rio	+	+	+	+	+	+			Faible
Rome	+	+	+	+	+	?	+	+	Faible
Vienne	+	+	-	-	-	-	-		Nul
Le Caire	+	+	+	+	?	+	+	+	
Copenhague	+	+	+	+	+				
Beijing	+	+	+	+	+				

CM : conseil des ministres
PNS : Programme national de suivi

Tableau 3 : Délai d'exécution des opérations de suivi

Conférence	Fin conférence	Création structure	Installation structure	Bouclage projet PNS	Adoption par gouvernement	Délai global
Jomtien	09.03.90	31.07.91				
New York	30.09.90				07.04.94	42 mois 9 jours
Rio	14.06.92	10.02.92		10.10.96		> 52 mois
Rome	11.12.92	12.04.94	12.94		06.95	42 MOIS
Vienne	25.06.93	25.08.93				
Le Caire	13.09.94	09.07.93			02.05.96	19 mois 2 jours
Copenhague	12.03.95					
Beijing	15.09.95	20.07.93				

Tableau 4 : Séquence-type des opérations

N°	Opération	Acteurs	
1	Désignation du chef de file	MAEC et CM	Conflits d'attribution
2	Création du comité préparatoire national (CPN)	Chef de file	
3	Examen dossier conférence	CPN	
4	Préparation rapport national	CPN	Pas toujours effective
5	Préparatifs hors frontières	Chef de file	
6	Communication en CM	Chef de file	
7	Formation délégation	CM	Conflits d'attribution
8	Participation à la conférence	Délégation	Pas toujours active
9	Compte rendu de mission	Chef de file	
10	Identification des tâches	CM	Parfois insuffisante
11	Création d'un comité national de suivi (CNS)	CM	Parfois inexistante
12	Démarrage travaux CNS	Chef de file	Délais excessifs
13	Restitution et mobilisation sociale	CNS	Parfois inexistante
14	Elaboration d'un programme national de suivi (PNS)	CNS	Lenteurs
15	Séminaire national de validation du PNS	Chef de file	Délais excessif
16	Adoption PNS et mise en place mécanisme d'évaluation	CM	Inexistante ou délais excessifs
17	Application du PNS (exécution des tâches)	Tous ministères, ONG	Inexistante ou lenteurs
18	Evaluation périodique	Mécanisme	Inexistante

On peut cependant aller plus loin que ce rapport et, interrogeant les résultats réels de cette mobilisation d'énergie, de cet affairement gigantesque autour de tâches prescrites par le système des Nations Unies, se demander s'il n'aurait pas mieux valu réserver cet effort pour des tâches endogènes, des tâches que le pays se serait prescrites lui-même à partir de son projet de société, et pour l'exécution desquelles il aurait, au besoin, sollicité le soutien de la communauté internationale. On peut parier par exemple, sous réserve d'informations plus précises, que la rédaction d'un « Agenda 21 national » n'a pas dû mobiliser aux Etats-Unis, en France, en Allemagne ou en Grande Bretagne, bref, dans les pays les mieux organisés, autant d'énergie ni autant d'investissements en ressources humaines et en temps de travail qu'elle en a mobilisé au Bénin. On ne regrettera plus alors, ou plus vraiment, que plusieurs conférences soient restées sans suite. On demandera au contraire pourquoi le Bénin n'a pas simplement décliné l'invitation à ces conférences, s'il n'était pas convaincu de leur objet ou si cet objet ne correspondait pas à ses propres interrogations.

C'est qu'en réalité il n'y a pas de projet de société. Les propositions des experts internationaux viennent donc, au coup par coup, combler ce vide. L'Etat fait siennes, à des degrés divers, ces propositions ; les cadres s'affairent autour, surtout s'il est prévu des frais de mission ou des *per diem*[20]. Nous sommes toujours dans la logique de l'extraversion : le salut, croit-on, ne peut venir que d'ailleurs.

L'extraversion, toutefois, n'explique pas tout. Les lenteurs qu'on vient de décrire, les dysfonctionnements de la machine bureaucratique, renvoient probablement à un problème plus profond, celui de la gestion du temps dans une société en mutation. Tout se passe un peu comme si nous avions trans-

20. On lira avec intérêt sur ces questions Victoire Elègbè, *La gestion du temps quotidien chez les cadres béninois*, mémoire de maîtrise en sociologie-anthropologie, Cotonou, Université Nationale du Bénin ; Paulin J. Hountondji, « La vie quotidienne en Afrique noire : éléments pour une critique », in Albert Ekué et Edmond Jouve (dir. publ.), *Albert Tévoèdjrè, compagnon d'aventure*, Paris, Berger-Levrault, 1988 : 301-318 ; Idem, « L'espérance têtue : la vie quotidienne dans un pays de la périphérie », *L'événement européen* (Paris), 8, 1989 : 119-138 ; Idem, « Pour une pédagogie du changement », *Quest* (Groningen), X,2, 1996 : 37-64.

porté dans la vie moderne, dans un contexte où les problèmes n'attendent pas mais appellent des actions immédiates, les habitudes d'une vie paysanne où, une fois effectuées les semailles, il n'y a plus rien à faire qu'à attendre les récoltes. De sorte que cette perte de temps devenue quasiment institutionnelle, cette loi perverse qui semble régir de part en part notre vie quotidienne, la loi de la perte maximale de temps, ne saurait être surmontée par une action corrective superficielle, ou de circonstance, mais appelle une véritable mutation culturelle. Ce qui n'est possible que par une prise de conscience collective et un effort soutenu[21].

b) La logique de rente

Les études ci-dessus ont toutes déploré un mal profond, quelque chose comme une gangrène qui ronge la société béninoise : la corruption. Igué montre comment ce fléau renvoie à une perception de l'État comme source de revenu et moyen d'enrichissement personnel. La « logique de rente » n'obéit qu'à un principe : la satisfaction immédiate. Le fonctionnaire qui se retrouve à la tête d'une entreprise publique peut ainsi prendre le chiffre d'affaires pour le bénéfice et se servir sans attendre. Et comme cette pratique est générale (malgré quelques exceptions qui, comme toujours, confirment la règle), il ne risque, pour toute sanction, que d'être relevé de ses fonctions... le plus discrètement possible.

Dans les services administratifs, les offices et sociétés d'État et les grosses sociétés privées, on se battra pour le poste de responsable des achats : c'est là qu'on fait son beurre, grâce au jeu des surfacturations. Le fournisseur qui voudrait se singulariser par rapport à cette norme universellement admise, perd son marché : « ça lui apprendra ». La corruption a sa propre pédagogie, la corruption est une manière d'être, une sous-culture qui a ses règles et ses exigences[22]. Point besoin de parole, ni même de clin d'œil : on sait ce qu'il faut faire.

---

21. On lira avec intérêt, sur ce point, Paulin J. Hountondji, « Histoire d'un échec : l'ex-librairie Renaissance à Cotonou », et « Pour une pédagogie du changement « (Hountondji, 1987, 1997).
22. Dans excellent un petit ouvrage, *Banqueroute : mode d'emploi*, Maurice Chabi, journaliste de son état, a livré le maximum d'information possible sur une des plus graves manifestations historiques de cette

Les chauffeurs de taxi savent par exemple que, si un agent de police leur dit : « Descends avec tes pièces », il doit entendre : « Deux cents (francs CFA) avec tes pièces ». Celui qui l'ignore l'apprendra à ses dépens. L'usager des services publics qui s'entend dire : « reviens demain », sait qu'il doit comprendre le plus souvent : « ne reviens pas les mains vides ». Il sait, sans même qu'on le lui dise, qu'il a tout intérêt à « mettre un caillou sur son dossier » de peur que celui-ci ne s'envole – le caillou n'étant autre qu'un billet de banque : la corruption a aussi son langage. Le régime du PRPB a bien essayé de lutter contre ces pratiques. Il ne prenait jamais dans ses filets que les petits poissons, jamais les gros. Une Commission nationale de vérification des biens a bien été créée au plus fort de la crise des années 80. Ses travaux ont tourné court. Le régime du renouveau en a créé une autre voici plus de 6 ans. L'opinion publique en attend toujours les conclusions[23].

Le plus grave, cependant, ce sont les incidences politiques de cette sous-culture. Les campagnes électorales sont l'occasion pour les pauvres de recevoir quelques billets de banque, et pour les notables des villages et des quartiers de ville de recevoir des cadeaux en nature. Il est même arrivé qu'un de ces notables, lui-même candidat d'un autre parti, voie atterrir chez lui des sacs de riz et de sel, le distributeur n'ayant pas su, dans la précipitation des veilles d'élection, qui il était. Le sel et le riz furent consommés, et le notable élu. L'achat des voix, l'achat des consciences, sont devenus pratique courante. Les villages s'organisent pour accueillir les candidats à tour de rôle, portant un jour le tee-shirt imprimé à l'effigie d'un candidat, un autre tee-shirt le lendemain, et ainsi de suite. Voilà ce qui se passe en aval.

« logique de rente », qui met en cause la crédibilité de diverses personnalités ainsi que des régimes politiques successifs : la dilapidation par les trois banques d'État (BCB, BBD, CNCA) de plus de 300 milliards de francs CFA, dont 12 milliards au profit du marabout Mohamed Cissé.

23. Ces limites ont été également soulignées, entre autres, par Francis Akindès, dont on lira avec intérêt *Les mirages de la démocratie en Afrique subsaharienne francophone*, et Léonard Wantchecon dont on lira la thèse récente soutenue à Northwestern University aux Etats-Unis, *Commitment, political contracts and consensus models of democracy* (Akindès, 1995, Wantchecon, 1995).

En amont cependant, il y a pire. Le candidat corrupteur a été lui-même corrompu, acheté ou, plus exactement, comme dit Igué, « *pris en charge ... par les bailleurs de fonds et les multinationales qui cherchent à investir dans le pays* ». Ce qui montre les limites extrêmes d'une « démocratie par le jeu de l'argent », et comment la corruption, cette gangrène sociale, est encore, en dernière analyse, un effet de l'extraversion.

Il faudra revenir sur ces questions de façon plus systématique. On aurait besoin, par exemple, d'identifier de façon précise les mécanismes et techniques habituels du détournement des deniers publics, d'évaluer, à l'échelle macroéconomique, l'impact de la corruption sur les investissements et la société, le pourcentage des aides extérieures qui passe dans des poches privées, les montants réinvestis dans le pays, le montant réel des transferts frauduleux vers l'étranger et leur destination, l'importance relative de ces transferts par rapport à la dette totale du Bénin, les formes et modalités de l'achat des consciences, tant par les multinationales que par leurs serviteurs locaux, les actions possibles par rapport à cette situation, les mécanismes juridiques actuels et leurs limites.

c) L'arbitraire au quotidien

Il y aurait beaucoup à dire sur le fonctionnement réel de ce régime qu'on dit démocratique. On a vu comment Igué considère les changements intervenus, sur ce plan, depuis la conférence nationale. A l'en croire, ces changements ne seraient que des réponses aux exigences de la mondialisation, des « évolutions-modes » superficielles qui ne sauraient résister à l'épreuve du temps. C'est une interprétation possible. Mais elle a le défaut de méconnaître, ou de tenir pour peu de chose le combat des acteurs locaux du mouvement démocratique, dont la conférence nationale n'a été qu'une victoire partielle. Que cette victoire ait été très vite détournée est un fait. Ce n'est pas une raison pour attribuer aux forces extérieures l'initiative de tout ce qui se passe dans les pays pauvres un peu comme ce périodique français qui titrait en 1990, parlant du Bénin : « Paris fait la paristroïka à Cotonou ».

Il n'en faut pas moins souligner les limites actuelles du processus de démocratisation. La multiplication des partis politiques, clubs électoraux à caractère ethnique organisés pour le partage de la « rente politique », est une de ces limites. On a vu aussi comment les organisations paysannes sont prises d'assaut par les notables locaux et les citadins déflatés. Il faut ajouter que l'État lui-même, dans ses rapports aux citoyens, est encore loin d'avoir tiré toutes les leçons de la démocratisation, de même que les sociétés d'État et autres offices publics, dans leurs rapports aux usagers.

L'Office des postes et télécommunications du Bénin (OPT) peut ainsi, en 1996, augmenter les tarifs du téléphone avec effet rétroactif, sans craindre la réaction des usagers. Or il se trouve que certains citoyens, malgré tout, prennent au sérieux l'état de droit et le respect dû aux usagers. Une pétition, qui recueille en quelques semaines plus de 700 signatures, demande que la hausse des tarifs prenne effet après sa notification aux usagers. A cette demande la direction de l'office s'oppose farouchement, appuyée en cela par ses deux syndicats-maison, habituellement rivaux. En outre, elle suscite à grands frais (donc aux frais des abonnés) la création d'une autre association d'usagers entièrement à sa dévotion.

Ainsi fonctionne notre démocratie. Les réflexes étatiques, hérités en droite ligne de la belle époque du PRPB et de son État tout-puissant, n'ont pas disparu. Ces réflexes d'un autre âge ont pour corollaire, au sein de la population, une tendance de plus en plus générale à la résignation. L'exemple cité ne concerne qu'une élite minoritaire : l'élite des 25 000 privilégiés aujourd'hui abonnés au téléphone. On comptait même, parmi les signataires de la pétition, trois anciens présidents de la république. Cela n'a pas suffi pour faire triompher le droit. On imagine donc aisément à quelles injustices, à quelles insolences, à quel degré d'arbitraire sont exposées quotidiennement les masses sans défense.

Cela ne veut pas dire, cependant, qu'il faille baisser les bras. Cela veut dire qu'il faut prendre la mesure des difficultés et se mettre au travail ici, maintenant. Pour que de plus en plus le village s'autodétermine. Pour qu'il se prenne en charge progressivement, sur tous les plans. Pour qu'il grignote petit à petit sur les terrains qu'on lui a volés, les parts de liberté qu'on lui a extorquées, jusqu'à les reconquérir tous, l'un après l'autre. Pour faire reculer l'horizon borné qu'on lui impose aujourd'hui et, de ses propres yeux, voir loin, très loin.

4. Le secteur santé

Sur le secteur santé, on n'en dira pas plus ici qu'il n'est signalé dans les études précédentes, notamment celle de Houédété : en exigeant à terme le désengagement de l'État, en prescrivant la récupération des coûts dans le secteur santé, le programme d'ajustement structurel rend de plus en plus difficile l'accès aux soins de santé des couches les plus pauvres. Le coût élevé de ces soins, l'insuffisance des infrastructures, des équipements et du personnel, sont autant de facteurs qui rendent précaire la situation des économiquement faibles. Il faudra également revenir sur cette question, écrire l'histoire de la santé dans le pays, en retracer l'évolution depuis l'époque précoloniale et coloniale jusqu'à nos jours, identifier et apprécier les politiques en ce domaine, enfin et surtout, proposer des alternatives.

5. La gestion du savoir

a) Le système éducatif

Depuis sa création à la fin du siècle dernier, le système éducatif béninois, comme celui de toute l'AOF, n'a eu qu'un but : former des fonctionnaires, des agents de l'administration publique[24]. Depuis qu'on a constaté, par contre, au début des années 80, que les fonctions publiques nationales étaient saturées, le système est devenu une vaste usine à former des chômeurs. L'université en particulier, cette crème du système, est désormais dans un état de désarticulation totale par rapport à l'économie et à la société. L'Etat continue à la financer à grands frais sans se rendre compte, ou sans oser dire qu'il se rend compte que, ce faisant, il ne finance qu'une chose : la production accélérée de ceux qu'on appelle pudiquement, au Bénin, les « diplômés sans emploi ».

---

24. On lira avec intérêt, sur cette question, la belle étude de Paul Désalmand, *Histoire de l'éducation en Côte d'Ivoire*, (Paris, 1983), chapitre I.

Il aurait fallu ensemble et de manière concertée, changer de cap, sur ce plan comme sur tous les autres, et choisir de nouvelles orientations. Les Etats généraux de l'éducation, tenus à Cotonou en octobre 1990 suite à une recommandation de la Conférence nationale, amorçaient l'indispensable réflexion. Quand on en relit aujourd'hui les actes, on voit bien que le consensus alors atteint, bien que représentant un pas dans la bonne direction, était toujours passablement conservateur ; mais on voit aussi et surtout que ce pas timide dans la bonne direction n'a même pas été suivi par la suite, malgré un rituel qui consiste à renvoyer, à tout propos et hors de propos, aux travaux des Etats généraux.

Ainsi, sur plus de 80 000 élèves de l'enseignement secondaire public, il y en a toujours moins de 400, soit moins de 0,5 %, dans les 3 collèges agricoles et l'unique lycée agricole réunis, dans un pays où l'on continue d'affirmer la nécessité de faire de l'agriculture le fer de lance de l'économie. Mieux : les programmes de ces établissements avaient été conçus, à l'origine, pour former des agents et techniciens agricoles de l'État. Ils n'ont été que récemment reformulés pour être adaptés à la formation d'exploitants agricoles. Mais à défaut de mesures incitatives rendant le travail agricole plus attrayant et plus rémunérateur, cette réforme des programmes ne pouvait servir à grand chose.

L'enseignement continue d'être donné en français à tous les niveaux. De ce point de vue, le régime du renouveau a marqué un recul par rapport à la PNIN, qui proclamait la nécessité d'introduire les langues nationales dans l'enseignement, d'abord comme matières d'enseignement, ensuite comme véhicules de l'enseignement. L'expérience avait commencé dans les maternelles, rebaptisées sous ce régime « centres d'éveil et de stimulation de l'enfant » (CESE). Cependant, sous la pression des parents d'élèves, qui affirmaient haut et fort qu'ils n'avaient pas envoyé leurs enfants à l'école pour apprendre une langue qu'ils comprenaient déjà, le régime du PRPB avait dû faire machine arrière, en réintroduisant le français comme véhicule de l'enseignement en deuxième année de CESE. Le recul fut consommé par les Etats généraux de 1990, qui réintroduisit aussi le français en première année de l'enseignement maternel.

C'est qu'en réalité les mesures d'accompagnement indispensables n'avaient pas été prises pour faire de la valorisation des langues nationales une option viable et cohérente, une option qui ne rabaisserait pas le niveau de l'enseignement mais le renforcerait au contraire. A défaut de manuels dans les langues, de maîtres compétents formés à cet effet, à défaut d'une incitation à la production littéraire et artistique dans ces langues, à défaut surtout d'une valorisation sociale de ces langues comme langues de l'administration au même titre que le français, leur valorisation pédagogique ne pouvait être qu'artificielle et passagère[25]. De ce point de vue, l'une des tares du système éducatif béninois est de n'avoir jamais, à ce jour, effectué la jonction entre le système éducatif formel, qui utilise le français, et l'éducation des adultes qui utilise les langues véhiculaires du pays.

b) Recherche scientifique et extraversion

Au moins autant que le système éducatif, le système de la recherche, ou ce qui en tient lieu, est depuis l'origine profondément extraverti. Les institutions de recherche n'étaient en général que des antennes locales d'organismes français domiciliés en métropole, tels l'Institut de recherche sur les huiles et oléagineux (IRHO), l'Institut de recherche sur le coton et les textiles exotiques (IRCT), l'Office de recherche scientifique et technique d'Outre-mer (ORSTOM), qui devait être rebaptisé plus tard, après les indépendances, Institut français de recherche pour le développement en coopération, tout en gardant l'ancien sigle. Exceptionnellement, l'antenne locale de l'Institut français d'Afrique noire (IFAN), rebaptisé lui aussi après les indépendances, Institut fondamental

25. Sur cette question, on lira avec intérêt Toussaint Tchitchi, in *La nation,* Paulin J. Hountondji, « Cultures africaines et mondialisation », *Coopération et développement* (Cologne). On notera que sous le régime du renouveau, une commission interministérielle a été créée en 1990 par le ministre de l'Éducation Nationale au lendemain des Etats généraux, avec pour mission d'étudier les conditions pratiques d'une réintroduction en force des langues nationales dans l'enseignement public. Un calendrier était proposé. Suite à un remaniement ministériel intervenu en juillet 1991, les travaux de cette commission, encore peu avancés, furent purement et simplement enterrés.

d'Afrique noire, avait son siège non à Paris, mais à Dakar, capitale de la Fédération de l'AOF.

L'extraversion ne résidait pas cependant, pour l'essentiel, dans cette domiciliation à l'étranger du siège administratif des institutions de recherche. L'extraversion, c'était plutôt le fait que les objectifs et programmes de recherche étaient définis en fonction des préoccupations de la métropole, et les résultats capitalisés, appliqués, exploités en métropole et au profit de la métropole. L'IFAN ne faisait pas exception à la règle, bien que son siège fût en Afrique. L'activité scientifique recevait donc son impulsion d'une demande extérieure, tout comme l'activité économique. Mieux : elle était de façon massive au service d'une activité économique elle-même biaisée, entièrement organisée en fonction des intérêts de la métropole. Ce n'est pas un hasard si la recherche agronomique a été de loin le secteur de la recherche le plus fortement soutenu : elle était nécessaire à l'amélioration des cultures d'exportation[26].

On a vu ci-dessus comment le régime populiste a tenté de réorganiser le secteur, mais aussi comment ces tentatives ont tourné court. Le regroupement, sous une même Direction de la recherche agronomique, des stations de recherche jusque-là dispersées, dont chacune n'avait de comptes à rendre qu'à son siège parisien était sans doute un premier pas vers la création d'un système national de la recherche. Ce pas, toutefois, ne pouvait suffire. Dans ce secteur comme dans les autres, nous ne sommes pas sortis de l'extraversion[27].

---

26. On lira avec intérêt sur ces questions Paulin J. Hountondji, « L'appropriation collective du savoir : tâches nouvelles pour une politique scientifique », *Genève-Afrique*, XXVI,1, 1988 : 49-66 ; Id., « Situation de l'anthropologue africain : note critique sur une forme d'extraversion scientifique », in Gabriel Gosselin (dir. publ.), *Les nouveaux enjeux de l'anthropologie : autour de Georges Balandier*, Paris, L'Harmattan, 1993 ; Id., « Recherche et extraversion : éléments pour une sociologie de la science dans les pays de la périphérie », in *Afrique et développement / Africa development*, XV, 3/4, 1988 : 149-158.

27. Dans une thèse récente sur *Le statut de la science et de la recherche au Bénin : contribution à la sociologie des sciences des pays en développement*, soutenue à l'Université de Bielefeld, en Allemagne, courant 1998, Maxime Dahoun examine tour à tour les dimensions historiques et la pratique actuelle de la recherche au Bénin, puis formule quelques recommandations.

IV. La fin et les moyens

1. Les virages manqués

La pauvreté a une histoire[28]. Elle n'est donc pas une fatalité. La pauvreté résulte d'un ensemble de facteurs objectifs aggravés par l'action humaine. L'une des raisons qui font qu'elle perdure, c'est précisément l'intériorisation de cette situation, la croyance illusoire à sa nécessité. Une des conditions pour y mettre fin, c'est donc d'abord de briser ce cercle vicieux, de se doter d'un projet de société à la fois audacieux et réaliste, et de se mettre au travail[29].

La force des théories néo-marxistes du développement, c'est justement d'avoir ainsi mis en perspective historique, donc relativisé ce qu'il est convenu d'appeler le sous-développement, en prenant le contrepied des théories évolutionnistes qui croyaient pouvoir l'expliquer par une sorte d'arriération intrinsèque des sociétés concernées. Il faut avoir

---

28. On a vu ci-dessus les dernières statistiques du PNUD rapportées par Igué : 33% des ménages ruraux et 31% des ménages urbains, au Bénin, vivent encore aujourd'hui en dessous du seuil de la pauvreté.

29. Une des faiblesses de l'excellent travail de Dov Ronen, cité à plusieurs reprises ci-dessus, est de reprendre à son compte sans nuance ni critique un lieu commun éculé qui veut que le Dahomey soit un pays pauvre. Robert Cornevin souligne exactement le contraire : que la colonie du « Dahomey et dépendances « créée par décret du 22 juin 1894, était si riche qu'elle n'a accepté qu'avec réticence son rattachement à la fédération de l'AOF, décidé par décret du 18 octobre 1904 (le gouvernement général de l'AOF ayant été lui-même créé par décret du 16 juin 1895). C'est bien plus tard que le Dahomey a été rattrapé puis dépassé par d'autres colonies comme la Côte d'Ivoire et le Sénégal. Au-delà de l'époque coloniale, il faut cependant remonter aux origines de la traite des Noirs pour cerner l'histoire de la déstructuration des économies locales. Le cas particulier du Danhomè, puissance fondée sur le trafic d'esclaves, a donné lieu à de nombreuses études, dont on citera seulement ici celles de Karl Polanyi (1966), Akinjogbin (1967), Georg Elwert (1973). Pour une description détaillée de la vie économique et de l'organisation sociale dans le royaume, on lira avec intérêt, dans l'ouvrage monumental de Melville J. Herskovits, *Dahomey : an ancient West African kingdom* (1938), les parties 2 et 3 du volume I, bien que l'approche de l'auteur, ethnographique plutôt qu'historique, ait eu pour résultat d'exclure toute question sur l'origine de la prospérité décrite.

présente à l'esprit l'histoire de « l'économie-monde européenne » (Wallerstein, 1974, 1980, 1988), l'histoire de « l'accumulation à l'échelle mondiale » (Amin, 1970) pour voir « Comment l'Europe a sous-développé l'Afrique » (Rodney, 1972) et comprendre ce qu'André Gunder Frank appelle plus généralement « le développement du sous-développement » (Frank, 1967). Le résultat pratique de cette mise en perspective, c'est qu'à nouveau elle autorise l'espoir, là où l'évolutionnisme économique d'un Leibenstein ou d'un Rostow (Leibenstein, 1957, Rostow, 1961) appelait la résignation. Car ce qui a commencé peut aussi avoir une fin[30].

Il ne faut donc pas croire que la situation actuelle soit inéluctable. Toute situation devient nécessaire, sans doute, dès lors que ses conditions se trouvent réunies. Mais il ne s'agit alors que d'une nécessité relative, jamais absolue. Il faut une lecture des faits qui rende compte à la fois de leur nécessité et de leur contingence relatives et permette de penser le possible, ce qui aurait pu arriver et que l'enchaînement des circonstances a provisoirement exclu. Une telle approche permet de prêter attention aux virages manqués, à la lutte tenace de ceux qui, tout au long de l'histoire, se sont battus avec les moyens dont ils disposaient alors pour plus de justice et d'équité, mais que l'histoire officielle, celle des vainqueurs, tend à engloutir dans l'oubli.

La lutte contre la traite est probablement un de ces virages manqués. A en croire Akinjogbin, le prédécesseur de Ghézo, Adandozan, avait tenté lui aussi une reconversion radicale de l'économie du Danhomè. Il a échoué là où son successeur devait réussir. Pourquoi ? Parce que, selon l'historien nigérian, les Britanniques, après avoir aboli la traite négrière en 1807, avaient fini par signer avec le Portugal, en 1810, un traité qui autorisait la poursuite de ce trafic au port de Ouidah, à l'exclusion de tout autre port sur la côte ouest-africaine. En d'autres termes, la conjoncture économique mondiale restait défavorable à une reconversion de

30. Dans l'histoire de la pensée économique, Paul Baran a été, sauf erreur, le premier à formuler l'hypothèse d'une production du sous-développement par l'expansion mondiale du capital. On lira avec intérêt à ce sujet *The political economy of growth*, notamment le chapitre 5, « On the roots of backwardness « (Baran, 1957).

l'économie vers l'agriculture. Il eût fallu « l'aide et la coopération des anciens partenaires européens du Danhomè dans le commerce des esclaves, (...) un effort extraordinaire, et une démonstration soutenue de la nécessité pratique » de cette reconversion, pour détourner les *Danhomènu* d'un commerce qui avait fait leur fortune pendant deux siècles (Akinjogbin, 1967 : 193-194).

On peut cependant aller plus loin et se demander si, au-delà des rois, il ne s'est pas trouvé dans la population elle-même des forces organisées, ou à tout le moins des individus hostiles à l'esclavage et à la traite. Il faut chercher dans l'histoire les traces de ces luttes avortées, l'écho étouffé de ces protestations marginales pour en expliquer l'échec, et prendre en charge la cause qu'elles défendaient dans les conditions d'aujourd'hui.

Un autre virage manqué est celui de la lutte pour l'intégration régionale. On a noté ci-dessus les conditions défavorables dans lesquelles le Dahomey a accédé à l'indépendance. Les choses auraient pu se passer autrement. Des hommes politiques se sont battus pour résister à la balkanisation. Trois ministres démissionnèrent du gouvernement de l'époque, en avril 1959, pour protester contre les nouvelles positions du gouvernement qui reniait les engagements antérieurs par rapport à la fédération du Mali. Mais, comme le signale Cornevin, « leur démarche n'aura pas d'écho populaire » (Cornevin, 1970 : 72). Pourquoi ? Parce que, visiblement, le débat était resté interne à la classe politique et n'était pas descendu au niveau de l'opinion publique, encore moins des masses organisées.

Dans l'histoire du Dahomey post-colonial, le plus important de ces virages manqués reste celui du 26 octobre 1972. Ici encore, il faut se déprendre d'une illusion rétrospective qui ferait croire après coup à la fatalité de l'échec. Il faut aussi faire preuve de discernement et ne pas rejeter en bloc, en raison de la dérive fasciste qui devait l'engloutir, une tentative de rupture qui, en elle-même, était et demeure parfaitement justifiée. La rupture aurait pu réussir s'il y avait eu meilleure adéquation entre la fin et les moyens, si le plan triennal avait été, de ce point de vue, plus cohérent, si les experts du régime avaient mieux perçu la nécessité de s'appuyer davantage sur les financements intérieurs que sur les aides extérieures et de « compter d'abord sur nos propres forces » autrement que de manière verbale. Elle aurait pu en outre bénéficier d'un soutien populaire sincère et durable, n'était-ce cette dérive.

Enfin, le dernier grand virage en date, celui de la Conférence nationale, a été lui aussi manqué. Sans doute faut-il se garder de tenir pour rien, comme on est parfois tenté de le faire, les victoires alors obtenues : la réaffirmation des droits de l'homme, l'exigence d'un état de droit qui arrache le citoyen à l'arbitraire d'un pouvoir cynique et sans scrupules, le passage, sans effusion de sang, à une démocratie pluraliste. Ce n'était pas qu'une mode, c'était l'aboutissement d'un long combat où certains avaient laissé leur peau. Mais à observer le résultat, à voir le fonctionnement réel des nouvelles institutions, on comprend l'appréciation sévère de John Igué, qui rejoint d'ailleurs celle de Francis Akindès sur « les mirages de la démocratie » (Akindès, 1995). Il faut bien reconnaître rétrospectivement que les acteurs de la Conférence ont été floués. Le néo-libéralisme économique s'est introduit par la bande dans un discours qui concernait les droits de l'homme et les libertés politiques. Nous faisons aujourd'hui les frais de ce glissement. Mais pas plus ici qu'ailleurs, l'échec n'était fatal. Ce virage lui aussi aurait pu réussir s'il avait été mieux préparé par les forces démocratiques, si celles-ci avaient été plus vigilantes avant, pendant et après la Conférence pour débusquer les amalgames conceptuels, les peaux de bananes et tant d'autres pièges tendus sur leur chemin.

2. *Une nouvelle politique économique*

a) « Compter sur ses propres forces »

En diagnostiquant ci-dessus l'extraversion comme le mal le plus profond de l'économie béninoise, on a du même coup suggéré, sinon le remède, du moins dans quelle direction celui-ci doit être cherché. Sans vouloir ici proposer un modèle, on peut au moins indiquer l'objectif ou la hiérarchie des objectifs qui, désormais, s'impose, et en dégager quelques implications. On observera au passage que ces objectifs ne sont pas nouveaux, qu'ils ont été au moins une fois très clairement articulés par le pouvoir d'État, après avoir été inlassablement répétés par les mouvements de jeunesse et les cercles anti-impérialistes du pays. Personne n'a jamais montré, en effet, que la Politique nouvelle d'indépendance nationale établie par le discours-programme du 30 novembre 1972, était désormais dépassée. Personne n'a jamais montré non plus que les objectifs de base du Plan triennal d'État 1978-1980 étaient en soi impossibles. Mais parce que les moyens choisis étaient inadéquats, on a couru droit à l'échec. Parce que le plan en lui-même manquait de cohérence et que cette incohérence a été accentuée, aggravée en cours d'exécution, parce que la morale publique était à son plus bas niveau depuis le sommet jusqu'à la base de la pyramide sociale, les résultats positifs de la nouvelle politique ont tôt fait d'être absorbés, annihilés par la gloutonnerie des uns, l'euphorie imprévoyante des autres.

Le contraire de l'extraversion économique, c'est « l'autosuffisance » – traduction habituelle de l'anglais « self-reliance » qui veut dire littéralement : le fait de compter sur soi-même[31]. On pourrait dire la même chose autrement : l'extraversion étant inséparable de la périphérisation, le mouvement inverse consisterait à devenir à soi-même son propre centre, à construire une économie auto-centrée. Un tel recentrage[32] suppose ce que Samir Amin appelle, avec les économistes latino-américains, la « déconnexion » (Amin, 1986).

« Compter sur nos propres forces » : l'exigence figure en toutes lettres dans le discours-programme et inspira dans toutes les langues du pays, un de ces slogans justes qui furent malheureusement, dans la pratique, vidés de leur sens. Il faudrait la reprendre et l'actualiser aujourd'hui, dans le contexte de l'ajustement structurel où nous avons fini par nous enfermer. Les implications devront être dégagées le plus rigoureusement possible tant au niveau des objectifs macroéconomiques et sectoriels qu'au niveau des moyens et des méthodes. Il faut réorienter entièrement l'activité économique. Au lieu qu'elle reste ordonnée et subordonnée aux be-

31. Littéralement, le contraire de l'extraversion serait l'introversion, mais ce dernier terme n'est utilisé qu'en psychologie ou, plus exactement, en caractérologie.
32. Le substantif correspondant à l'adjectif « auto-centré » serait normalement « auto-centrage », mais il ne s'utilise guère en français.

soins des métropoles industrielles, il faut faire en sorte qu'elle réponde en priorité aux besoins locaux, sous-régionaux et régionaux, et qu'elle tâche d'y répondre en s'appuyant aussi, en priorité, sur les ressources locales, sous-régionales et régionales.

b) Implications macro-économiques

Les implications macro-économiques d'une telle orientation sont claires. Le Bénin doit cesser de fonctionner principalement comme une source d'approvisionnement des métropoles industrielles du monde en matières premières : hier les esclaves, puis l'huile de palme et divers oléagineux, aujourd'hui le coton. Sans prétendre détenir des recettes magiques pouvant mettre fin, du jour au lendemain, à cette forme plusieurs fois séculaire de participation au commerce international, il faut néanmoins chercher des pistes nouvelles permettant, d'une part, de transformer sur place les matières premières produites, d'abord pour la consommation locale, sous-régionale et régionale et ensuite, de manière accessoire, pour le marché international ; d'autre part de redéfinir la place de cette production en fonction des besoins réels en consommation locale et régionale.

Il faut donc commencer par définir les besoins ici, et non là-bas au « pays des Blancs »[33] ; et une fois qu'on les a définis, rechercher sur place et dans la région les moyens de les satisfaire, avant de recourir, de façon également accessoire, au financement extérieur.

Il faut rompre le cercle vicieux de l'endettement, faire en sorte que celui-ci apparaisse de moins en moins comme une nécessité en soi et de plus en plus comme un appoint auquel on recourrait exceptionnellement, dans des conditions qui resteraient à définir.

Les études ci-dessus ont montré comment la structure des investissements publics a toujours été défavorable à l'agriculture ; comment, dans le secteur agricole ainsi réduit à la portion congrue, les cultures vivrières restaient loin derrière les cultures d'exportation. Elles ont montré comment

33. Il n'y a pas d'autre manière de désigner l'Europe et l'Amérique dans les principales langues béninoises. L'expression ne comporte aucune connotation raciste ni péjorative.

les financements nécessaires étaient attendus en grande partie des métropoles industrielles, ce qui avait pour effet – on ne l'a pas assez remarqué – d'induire de la part du pouvoir un discours politique ouvertement mendiant, ou à tout le moins, des appels du pied et autres clins d'œil savants en direction des « bailleurs de fonds » internationaux, même lorsque ce pouvoir prétendait par ailleurs vouloir construire l'indépendance nationale. Les études ont également montré comment les investissements des particuliers se sont toujours engouffrés dans le secteur tertiaire au détriment des secteurs productifs, et comment ce secteur tertiaire a toujours été d'une extrême fragilité, étant fondé essentiellement sur les activités de réexportation, notamment vers le Nigeria, de produits importés d'Europe. On a vu en outre comment, dans la structure des dépenses publiques, les frais de fonctionnement de l'État et les dépenses d'infrastructures sont devenus de plus en plus disproportionnés par rapport au budget d'investissement.

Il faudra en toute rigueur, inverser ces tendances, investir en priorité dans l'agriculture pour réaliser l'autosuffisance alimentaire, constituer des surplus pour l'exportation et des stocks de matières premières pour l'industrie ; mettre en place une stratégie d'industrialisation qui valorise, chaque fois que c'est possible, les matières premières et la main d'œuvre locales, qui mobilise à la fois les savoirs et savoir-faire endogènes et exogènes en s'efforçant de les maîtriser pleinement. L'Etat devra créer, à cet effet, des conditions qui encouragent davantage l'investissement dans la production vivrière et l'industrie agro-alimentaire, ainsi que dans la production industrielle. Il faudra faire en sorte que l'investissement dans l'industrie devienne aussi avantageux que dans le tertiaire, et l'investissement dans la production vivrière aussi avantageux que dans les cultures d'exportation.

Il faudra définir une stratégie de mobilisation de l'épargne interne pour le développement. L'Etat devra arrêter, dans ce cadre, une série de mesures propres à favoriser le rapatriement des capitaux mis à l'abri à l'étranger par des nationaux, quitte à négocier avec les personnes concernées aussi longtemps, du moins, que n'auront pas été prouvées les présomptions, parfois graves, qui pèsent sur certaines d'entre elles quant à l'origine de leur fortune. Dans le même cadre, il a été constaté dans les études ci-dessus que, depuis l'assainissement du secteur bancaire sous le programme d'ajustement structurel, les nouvelles banques installées dans le pays mobilisent une épargne de plus en plus importante. Cette épargne n'est pas réinvestie sur place mais exportée. L'Etat devra donc, de toute urgence, prendre les mesures nécessaires pour inciter au réinvestissement et minimiser d'autant le recours aux financements extérieurs.

L'Etat devra lui-même revoir la structure des dépenses publiques, de manière à minimiser toujours davantage son budget de fonctionnement par rapport à son budget d'investissement, et à générer chaque année des ressources nouvelles susceptibles d'être réinvesties.

Si les secteurs productifs de l'économie sont ainsi renforcés, la nature du commerce béninois, largement dominé à ce jour par les activités de transit et de réexportation, changera progressivement. La vitalité même de ces activités atteste le « flair » du monde des affaires béninois, son aptitude à identifier très vite les besoins dans les pays voisins et à y réagir promptement. On pourrait parfaitement, pour tirer le meilleur parti de ce « flair », identifier ceux de ces besoins qui sont stratégiques et pas seulement conjoncturels, et examiner les voies et moyens de mettre en place au Bénin, chaque fois que c'est possible, les structures de production des principaux articles jusqu'ici importés.

Le recentrage ainsi souhaité exige de toute nécessité l'intervention active de l'État. Les trois études sont unanimes sur ce point : l'État reste incontournable dans un processus de développement autocentré. On ne peut passer du « tout Etat » à une situation de « sans Etat » (Mongbo et Houessou), pas plus qu'on ne peut méconnaître cette « leçon d'histoire économique relative au rôle ... de l'État dans une économie de crise, contrairement à la mystification répandue de nos jours par les tenants du néo-libéralisme sauvage » (Houédété).

De ce point de vue, les privatisations tous azimuts imposées aux Etats dans le cadre des programmes d'ajustement structurel ne sauraient en aucune façon être considérées comme des voies royales vers le développement. Bien au contraire, si l'on examine de près les privatisations effectuées jusqu'ici au Bénin, elles ont eu pour résultat pratique de brader le patrimoine national à des firmes étrangères. Rien n'a été fait, ou vraiment fait, pour favoriser, faute de mieux, l'émergence d'un capitalisme national.

c) Implications en matière de politique agricole

La politique agricole est partie intégrante de la politique macro-économique. Si on lui fait ici un sort à part, comme on l'a fait tout au long de ces études, c'est pour en souligner l'importance toute particulière dans un pays comme le Bénin, où une bonne gestion de ce secteur demeure la condition *sine qua non* du décollage.

On l'a vu ci-dessus : selon des statistiques de 1992, les superficies cultivées s'élevaient seulement à 13 450 kilomètres carrés sur 32 210 kilomètres carrés cultivables, soit moins de 42 %. Si l'on tient pour négligeable l'évolution intervenue sur ce plan au cours des six dernières années, il y a donc toujours, au Bénin, plus de 58 % des terres à mettre en valeur, soit une superficie de 1 876 000 hectares. Par rapport à ces chiffres, le chômage des jeunes devient une énigme. Dans l'abstrait, il apparaît comme un contresens, un phénomène contre-nature. Le chômage est contre-nature dans un contexte où il y a tant à faire, tant de ressources inexploitées. Mais la clef de l'énigme est tout aussi simple : les terres sont une chose, le système d'exploitation des terres en est une autre. Il fallait donc examiner de près, comme on l'a fait ci-dessus, les politiques agricoles successives du pays pour voir pourquoi le travail de la terre est si peu attrayant et si peu rémunérateur.

Une nouvelle politique agricole doit pouvoir relever ce défi. Est désormais indispensable, dans ce secteur comme dans tous les autres, un recentrage, une réorientation de l'activité, quelque chose comme une déconnexion. L'objectif d'une telle déconnexion a été défini plus haut : mettre fin à la domination des cultures de rente destinées à l'exportation vers l'Europe, prioriser les cultures vivrières et faire en outre de l'agriculture le fer de lance de l'industrie. En somme, plutôt que d'être organisée comme aujourd'hui autour d'un axe vertical sud/nord, l'agriculture béninoise gagnerait à se structurer de plus en plus en cercles concentriques visant à satisfaire d'abord la consommation locale, puis la consommation sous-régionale et régionale, ensuite seulement la demande internationale.

Un tel rééquilibrage ne peut être que progressif. Pour y parvenir, il faudra, entre autres urgences, modifier la politique de crédit des caisses locales et régionales de crédit agricole mutuel, actuellement en cours de réhabilitation, et faire en sorte qu'elles encouragent autant les productions vivrières que les cultures de rente.

La diversification de la production agricole, un des maîtres-mots du programme d'ajustement structurel, n'est pas un mot d'ordre erroné, au contraire. C'est un mot d'ordre qui, dans le cadre de la politique néo-libérale, n'est employé qu'avec une restriction mentale, l'arrière-pensée que cette diversification doit continuer à prioriser les cultures d'exportation. Ce qu'ont clairement montré les études ci-dessus, c'est qu'une politique de rupture doit reprendre à son compte ce mot d'ordre sans restriction d'aucune sorte, dans le cadre d'une stratégie d'autosuffisance alimentaire et d'intégration régionale.

La revalorisation des cultures vivrières passe par un effort de modernisation des techniques agricoles, indispensable pour rendre le travail moins pénible et pour augmenter les rendements. Elle passe aussi par la résolution correcte des problèmes de stockage et de conservation, indispensable pour minimiser les pertes post-récolte. Sont ici interpellés les programmes de recherche et de vulgarisation agricoles, donc la Direction de la recherche agronomique et les six CARDER qui n'ont pas réussi, à ce jour, à aider véritablement les paysans sur ce plan. Elle passe par une réduction de l'intermédiation entre producteur et consommateur final, indispensable pour augmenter les prix payés au producteur. Elle peut nécessiter la mise en place de subventions de soutien à certains produits, en vue de contourner les risques de renchérissement du coût de la vie liés à la revalorisation du travail paysan.

Les études ci-dessus ont montré l'urgence d'une réglementation du foncier, indispensable pour mettre un terme à l'affrontement, sur le terrain, de deux logiques contradictoires : l'une marchande, de date récente, et l'autre, qu'on pourrait qualifier de communautaire. Elles ont aussi montré comment l'absence d'une telle réglementation, ou plus exactement l'inadéquation du dispositif législatif en place, qui remonte à 1965 et est devenu totalement inapplicable, a pu favoriser la raréfaction des terres dans le sud, l'augmentation du nombre des paysans sans terre et partant, un processus de prolétarisation jusque-là inconnu dans la campagne béninoise.

Jusqu'à l'époque coloniale, la campagne béninoise n'a pas connu, pas plus que les autres pays, un véritable capitalisme rural. Depuis l'époque coloniale, elle ne l'a pas non plus connu au même degré que des pays comme la Côte d'Ivoire, le Congo-Brazzaville ou le Kenya (Amin, 1967 ; Rey, 1971 ; Iliffe, 1983). Mais le même processus se développe depuis quelque temps à grands pas, non seulement dans le sud où la terre, comme nous l'avons vu, est devenue récemment un refuge pour les petites et moyennes épargnes, mais aussi dans le centre et le nord où l'on assiste de plus en plus à l'appropriation privative, par des fils de notables et autres cadres locaux, voire par des expatriés, de vastes domaines fonciers de plusieurs centaines d'hectares destinés à la culture de rente. Ce mouvement se développe de lui-même spontanément, progressivement, sans qu'on y prenne garde. Or une telle évolution doit être contrôlée, maîtrisée, contenue dans des limites qui soient compatibles avec le développement harmonieux de l'ensemble des couches sociales, faute de quoi le Bénin pourrait se retrouver prochainement sans terres, et la masse des paysans entièrement prolétarisée, sans que personne ne sache comment cela s'est passé.

Où l'on voit à quel point est incontournable, une fois de plus, la responsabilité de l'État. C'est en effet le rôle du législateur de légiférer sur ces questions. Il faudra sans doute examiner de près le fonctionnement même de l'institution parlementaire dans le Bénin actuel, se demander pourquoi certaines questions urgentes, dont celle-ci, n'ont jamais fait l'objet d'une « proposition de loi », et pourquoi l'exécutif, qui a la possibilité de soumettre des « projets de loi », ne se presse pas non plus de le faire. Ces questions échappent-elles simplement à l'attention ? Restent-elles inaperçues ? Ou doit-on admettre que le vide législatif actuel arrange objectivement une certaine élite d'où sont issus à la fois gouvernants, parlementaires et accapareurs de terres ?

d) Implications pour l'industrie et le commerce

Compter d'abord sur ses propres forces implique aussi que l'on valorise les produits artisanaux et industriels locaux et que l'on mette en place une politique d'industrialisation. Cet effort paraît urgent dans certains secteurs, où les artisans locaux ont acquis au fil des siècles un savoir-faire qui reste à ce jour très apprécié, malgré la concurrence effrénée des produits importés. Si l'on veut assurer aux tisserands, aux menuisiers et sculpteurs, aux forgerons et aux autres spécialistes locaux une part plus importante du marché local, sous-régional et régional, il faudra bien se résoudre à bousculer les dispositions du GATT et des accords récents sur le commerce international. On a affaire, là encore, à une leçon d'histoire économique : aucun des pays aujourd'hui industrialisés n'est parvenu à ce stade sans avoir pris un minimum de dispositions pour protéger son industrie locale. Une stratégie de développement cohérente doublée d'une vision claire des objectifs, devra donc produire au Bénin et dans la sous-région, une volonté politique nouvelle, nécessaire pour une renégociation des accords actuels.

3. Une nouvelle société

a) Retrouver la confiance

Pour promouvoir et soutenir des réformes aussi profondes, il faut une société autrement libérée, autrement forte, autrement confiante en elle-même et en ses propres capacités, que la société béninoise actuelle. Il faut un autre type d'État mieux organisé, plus efficace, davantage soudé au peuple et plus résolument à son écoute, un État à la fois plus visionnaire et plus réaliste, plus démocratique et jouissant d'une plus grande autorité naturelle, que celui que nous avons actuellement. Il faut une administration d'un type nouveau, qui ne rançonne pas les citoyens mais se mette résolument à leur service, pour le développement et la promotion collective.

Mais avant tout cela, et pour rendre possibles ces changements, la première, la plus urgente des tâches est de faire en sorte que la société béninoise reprenne confiance en elle-même. Pour mettre fin à l'extraversion il faut d'abord se convaincre qu'on le peut et se donner de soi-même une autre image, par-delà un processus plusieurs fois séculaire d'intériorisation de la dépendance. Cette tâche incombe à tous et à toutes, mais plus particulièrement à la communauté des chercheurs.

b) Gérer les solidarités

On a pu être surpris par les propositions de J. Igué ci-dessus, concernant la « valorisation des dynamismes communautaires ». Bien qu'elles ne concernent directement que les communautés à l'intérieur des Etats, et singulièrement du Bénin, le parallèle explicite tracé par notre collègue géographe entre l'arbitraire de ce découpage administratif interne et l'arbitraire des frontières étatiques elles-mêmes, indique clairement qu'à la limite, ses propositions remettent en cause les frontières actuelles et pourraient, de ce fait, mener très loin. Igué paraît ainsi s'écarter du credo fondateur de la coopération entre les Etats membres de l'OUA, à savoir l'intangibilité des frontières héritées de la colonisation. Il souhaite, selon le titre même d'un article qu'il cite, *To redraw the map along African lines* – redessiner la carte selon des lignes africaines. De telles propositions pourraient servir de prétexte à toutes les sécessions, et l'on sait à quelles tragiques extrémités celles-ci peuvent conduire sur notre continent. Qui ne se souvient de la sécession katangaise ? Qui peut oublier la guerre du Biafra ?

On n'est pas obligé cependant d'aller jusque là. A un premier niveau de lecture, les propositions d'Igué sont motivées par le fait que depuis plusieurs années, depuis précisément les Etats généraux de l'administration territoriale, le redécoupage des circonscriptions administratives est justement à l'ordre du jour au Bénin. Par rapport à ce débat, et dans le contexte des rivalités qui opposent parfois plusieurs villes d'un même département qui aspirent chacune à devenir chef-lieu d'un nouveau département, peut-être convient-il en effet de prendre acte, d'abord, des solidarités qui s'expriment ainsi, et d'y faire droit. Dans un État muliculturel et multiethnique comme le sont le Bénin et la plupart des pays d'Afrique noire, la conscience d'appartenir à une même tradition politique et socioculturelle, la conscience d'une profondeur historique commune à l'intérieur d'un ensemble plus vaste qui n'existe que depuis un siècle, n'est pas forcément un mal. Elle peut être au contraire un puissant facteur de mobilisation.

Il ne faut pas néanmoins sous-estimer les risques. Igué en évoque incidemment un : la résurgence des inégalités traditionnelles, dont nous avons précisé ci-dessus qu'elles n'ont ni fondement naturel, ni légitimité absolue. Mais il y a au moins un autre risque : le triomphe des forces centrifuges pourrait, en l'absence de tout contrepoids, mettre en danger la vie même d'une nation en construction qui a encore besoin, aujourd'hui, d'être consolidée. Il faut donc trouver un juste équilibre, mettre en place une pédagogie collective qui saisisse toutes les occasions pour rappeler, par-delà les fractionnements récents qui fondèrent, voici seulement quelques siècles, les solidarités actuelles, l'histoire plus ancienne des ethnies originaires et de leurs migrations. Ainsi les Gun de Porto-Novo et les Fon d'Abomey, que certaines classifications sommaires classent aujourd'hui encore comme deux « ethnies » différentes, pourront-ils se rappeler, par-delà l'histoire récente des rancœurs, leur parenté originaire. Les populations de Dassa, Savalou et Savè retrouveront, par-delà leurs rivalités politico-administratives parfaitement compréhensibles, le chemin de la concorde et de la complémentarité. De même les populations de Djougou et de Natitingou.

Les solidarités sont donc une bonne chose. Trop longtemps on a tenté de les décourager. Mais les solidarités divisent autant qu'elles unissent. Elles doivent donc être tempérées, coordonnées, gérées dans le cadre d'un ensemble pluriel mais cohérent, soucieux de préserver à la fois son unité et sa diversité.

c) Enraciner la démocratie

Comment la Conférence nationale a-t-elle été possible ? La Conférence nationale a eu lieu, et elle a connu le succès que l'on sait parce que les excès du pouvoir en place avaient fait l'unanimité contre lui. Il y a donc eu consensus contre une situation qui choquait tout le monde, qui interpellait la conscience des uns et des autres par-delà leurs conflits d'intérêts et faisait réapparaître du même coup, quelque chose comme une morale élémentaire, somme d'exigences minimales qui devaient désormais garantir contre de tels excès. Ce qu'il faut bien observer, c'est la dynamique propre à ce discours consensuel. Non seulement il institue un ordre qui représente en lui-même un progrès par rapport à l'état sauvage, mais il peut en outre être approfondi et appliqué à des champs de plus en plus vastes. Ce serait une erreur de tenir pour rien cette « démocratie de basse intensité » (Samir Amin), là où la tâche historique serait au contraire d'en explorer toutes les virtualités, de s'y appuyer comme sur un tremplin pour arracher le maximum de justice sociale et de liberté.

Il faut donc approfondir l'expérience démocratique, l'enraciner dans la culture politique, faire en sorte qu'elle atteigne, sinon le point de non-retour – puisqu'il n'y a jamais dans l'histoire des points de non-retour – du moins un tel degré de profondeur qu'un éventuel retour de la dictature en devienne improbable.

Ce n'est pas tout. Le champ de la démocratie doit aussi s'étendre en surface, gagner progressivement tous les secteurs qui ont cru pouvoir jusqu'ici fonctionner comme des îlots d'exception où l'on pouvait faire n'importe quoi sans avoir de comptes à rendre à personne. Les rapports de l'OPT avec sa clientèle, évoqués ci-dessus, montrent comment peuvent fonctionner de tels îlots. Ils indiquent aussi une tâche essentielle : la prise de conscience par les usagers de leurs intérêts communs, de leurs droits jusqu'ici méconnus, de leur importance stratégique en tant que clients et, dans le cas d'espèce, premiers « bailleurs de fonds » de l'OPT – dans un contexte où l'on ne respecte, justement, que ceux qu'on appelle pompeusement les « bailleurs de fonds ». D'une manière générale, les études ci-dessus ont stigmatisé, chacune à sa manière, une des formes les plus pernicieuses de la « logique de rente » – la tendance à rançonner systématiquement clients et usagers dès lors que l'on détient une parcelle de l'autorité publique, en sachant que ces derniers sont sans défense et que l'institution jouit, de toutes manières, d'un monopole de fait. Une autre forme de cette même « logique « est la corruption ordinaire, la corruption sans fard, qui tend la main et marchande ses services. Tout le monde en est victime : usagers de la route, usagers de l'administration, de la douane, des hôpitaux, clients de toute nature. Seule une pression soutenue des citoyens, organisés en associations de consommateurs ou d'usagers, peut permettre de venir à bout de ce tragique fléau.

d) Les petits paysans

L'immense majorité de la population se compose, on l'a vu, de paysans : 60 % aujourd'hui, mais beaucoup plus il y a seulement 10 ou 20 ans. La campagne se dépeuple suite à la misère. L'agriculture ne paie pas. Il faut prendre avec beaucoup de précaution les évaluations optimistes des pouvoirs publics sur le miracle cotonnier, l'augmentation des ristournes et l'enrichissement qui s'ensuit.

Quelques questions en effet devraient être posées : à qui vont les ristournes ? Qui s'enrichit ? Les ouvriers agricoles, ou les propriétaires des parcelles ? Quelles sont les superficies habituelles des exploitations ? Appartiennent-elles en toute propriété à l'exploitant, ou celui-ci n'a-t-il sur les terres qu'il occupe, qu'un droit d'usufruit ? Qui travaille de ses mains ? Qui exerce les fonctions de direction et de gestion ? D'où proviennent les intrants ? Qui commercialise le produit, et à qui est-il vendu ? Quelle est l'importance de la plus-value, et comment est-elle distribuée ? Comment sont réinvestis les revenus ? A ces différentes questions nous n'avons tout au plus, à ce jour, que des réponses partielles. Il nous manque une sociologie de la production cotonnière qui soit exhaustive, « compréhensive » au sens anglais du mot et qui permette de comprendre les mécanismes sociaux derrière ce produit qui constitue aujourd'hui la principale exportation du Bénin.

Sur un autre plan, quelle est la situation dans les zones non cotonnières ? Quel était hier et quel est aujourd'hui, région par région, le régime de propriété des terres ? Qui produit quoi ? Qui vend quoi ? Et au profit de qui ? Quel est le statut des terres non défrichées, de ces 1 876 000 hectares de terres dont on a vu qu'elles étaient encore inexploitées en 1992 ? Appartiennent-elles à des individus, à des familles, à des groupes ethniques, ou à l'État ? Au-delà des conditions de la production cotonnière, nous aurions donc besoin, plus généralement, d'une analyse de la société rurale béninoise dans son ensemble, des forces productives et des rapports de production qui la caractérisent, de ses rapports avec la société urbaine et, au-delà de la société urbaine, avec les forces du marché mondial.

En attendant une connaissance plus précise de ces mécanismes, il est clair que l'immense majorité de la classe paysanne est composée de petits paysans. Leurs champs sont en moyenne d'une superficie d'un demi-hectare dans le sud, peut-être d'un hectare au nord, mais guère plus. Une politique économique soucieuse de justice et d'équité doit les prendre pour cible prioritaire des investissements et des efforts. Ce sont eux qui s'appauvrissent aujourd'hui de plus en plus et émigrent vers les centres urbains, où ils vont grossir les rangs des populations des bidonvilles. Ce sont eux qui, mieux soutenus et mieux organisés, pourraient demain fournir la base sociale d'un puissant redécollage économique.

Soutenir la petite paysannerie, c'est d'une part soutenir techniquement, économiquement, financièrement les cultures vivrières, rendre le travail agricole à la fois moins pénible et plus rentable – le travail agricole au sens strict et au sens large, où il inclut aussi l'élevage et la pêche – minimiser l'intermédiation commerciale, subventionner les produits vivriers stratégiques pour en accroître d'autant les revenus du producteur. C'est aussi arrêter et, dans la mesure du possible, réparer la spoliation dont beaucoup sont victimes depuis plusieurs décennies, réhabiliter les palmeraies de l'ex-SONADER et les rendre à leurs premiers occupants, établir une nouvelle législation foncière qui, entre autres dispositions, privilégie ceux et celles qui voudraient effectivement gagner leur vie en travaillant la terre par rapport à ceux qui voudraient en faire un objet de spéculation.

En ciblant ainsi les petits paysans, on donnera une nouvelle impulsion à d'autres professions et à d'autres activités. L'amélioration des revenus paysans créera de nouveaux marchés pour le menuisier, le soudeur, l'électricien, le tailleur, la couturière, le vanneur, le boulanger, le médecin et la sage-femme, l'instituteur, l'écrivain public, le comptable, l'artiste, et tous les corps de métiers. Elle créera une base pour l'instruction et un développement culturel responsable. C'est donc par là qu'il faut commencer.

Mieux encore, si l'on veut véritablement résoudre le problème du chômage, accroître la production et rechercher l'autosuffisance, on ne peut laisser inemployées les vastes étendues de terre encore disponibles ni les laisser à la merci des spéculateurs. Il y a au moins deux autres manières de les mettre à profit : la cession, temporaire ou définitive, de superficies exploitables, par exemple d'un hectare, à des citoyens prêts à les mettre en valeur, d'une part ; et d'autre part la création de fermes d'État, selon des modalités qui tiendraient compte de l'expérience du régime du PRPB en ce domaine, et en tireraient la leçon.

Voilà donc un type de société possible : une société de petits paysans libérés et responsables, sachant lire et écrire, capables de subvenir à leurs besoins sans mendier ni tendre la main à qui que ce soit. Qui construira une telle société ? Qui l'exigera ? Qui prendra l'initiative ? Qui poussera à la roue ? Ce n'est pas ici le lieu de répondre à de telles questions. Mais il est clair que, sans une pression organisée des intéressés eux-mêmes, rien ne bougera. Les nuits du 4 août sont rares dans l'histoire, et lorsqu'elles ont lieu, c'est toujours en réponse à une pression de la base, pression dont le maintien et le renforcement peuvent seuls en outre garantir la permanence des acquis.

e) Réinventer l'école

Le combat pour l'autosuffisance passe nécessairement par la mise en place d'un système éducatif de type nouveau. Il convient d'abord de réhabiliter les langues nationales comme véhicules premiers de l'enseignement. Si les expériences antérieures ont échoué, c'est faute d'avoir pris toutes les mesures d'accompagnement nécessaires. Le dépit des populations a été interprété à tort comme un refus. On ne s'est pas avisé que les populations refusaient peut-être simplement la baisse du niveau de l'enseignement et l'enfermement intellectuel forcément consécutifs à une décision précipitée et mal préparée. Si l'on convenait, par contre, d'affecter à un tel projet toutes les ressources humaines et matérielles nécessaires, si l'on prévoyait des manuels scolaires, si l'on encourageait le développement aussi bien d'une littérature de fiction que d'une littérature savante dans ces langues, si l'on assurait la promotion de ces langues comme langues de l'administration à côté du français et au même titre que lui, bref, si l'usage des langues nationales à l'école s'inscrivait dans le cadre d'une politique linguistique et culturelle cohérente au lieu d'être une mesure isolée et passablement opportuniste, les choses deviendraient totalement différentes. Les langues européennes pourraient être alors introduites à un niveau supérieur du cursus scolaire, d'abord comme matières, mais aussi dans certains cas, comme véhicules de l'enseignement, au lieu d'être comme aujourd'hui les fourches caudines par lesquelles devrait nécessairement passer l'accès au savoir même le plus élémentaire.

Les Etats généraux de l'éducation tenus à Cotonou en octobre 1990, bien qu'ils soient restés largement prisonniers d'une conception encore très traditionnelle de l'enseignement, ont eu au moins, entre autres mérites, celui de prendre acte de la saturation de la fonction publique, entraînant la nécessité d'une révision déchirante des finalités du système éducatif. Dans l'enseignement secondaire, cette révision devait se traduire, notamment, par la priorisation des filières techniques et professionnelles par rapport à l'enseignement général. Force est de constater que sur ce plan, rien n'a malheureusement changé malgré les déclarations officielles.

Il faudrait d'ailleurs aller plus loin que les Etats généraux et revoir entièrement les modalités d'accès à l'enseignement supérieur. Financer à grands frais la production de chômeurs diplômés est pur non-sens. L'insertion socio-professionnelle devrait se faire immédiatement, dans la majorité des cas, après la formation du second degré. C'est à ce niveau que l'État doit aider les jeunes, quitte à mettre en place, à cet effet, un système de financement des formations professionnelles courtes sous forme de prêts remboursables, et un système de soutien à l'auto-emploi sous forme de crédits d'installation également remboursables. Les jeunes pourraient ainsi, une fois réglé le problème de leur insertion, s'inscrire à l'université pour y recevoir une formation complémentaire tout en gagnant leur vie – ce qui entraînerait au passage, en ce qui concerne les horaires des cours et la nature de la relation pédagogique, un bouleversement complet des habitudes et des normes actuelles. L'inscription directe à l'université après le baccalauréat deviendrait alors l'exception plutôt que la règle. Elle serait réservée à quelques-uns parmi les plus brillants et les plus jeunes, sélectionnés par l'État sous réserve d'un engagement décennal, comme au bon vieux temps, aux fins de maintenir et de développer, dans les différentes disciplines, une tradition de recherche et d'excellence.

f) Mobiliser le savoir

Pour mettre la science et la technique au service du développement, il n'est ni nécessaire, ni suffisant que le pays concerné ait produit lui-même en grand nombre des savants et autres spécialistes. Le cas du Bénin le prouve autant que bien d'autres pays d'Afrique et du tiers-monde, devenus comme lui exportateurs de matière grise vers les pays riches. Nous avons montré que, même quand les chercheurs ou experts vivent et travaillent dans le pays, ils pratiquent en général une recherche ou une expertise extravertie, orientée en priorité vers la résolution des questions que se posent les pays nordiques. Les résultats de leurs travaux sont alors accumulés, capitalisés dans ces pays où ils sont, à l'occasion, exploités par divers spécialistes pour une plus grande maîtrise des problèmes de ces pays.

Ce dont on a besoin, c'est donc de metre en place des mécanismes de capitalisation et d'appropriation du savoir, quelle qu'en soit la provenance, et un nouveau mode de gestion de la matière grise. S'approprier de façon critique tout l'héritage scientifique et technologique disponible dans le monde pour pouvoir l'appliquer, à l'occasion, de façon intelligente et responsable ; se réapproprier en outre, de façon non moins critique et responsable, l'héritage traditionnel ; intégrer les savoirs et savoir-faire anciens dans le mouvement de la recherche vivante pour les actualiser, les tester, les valider quand on le peut ; mobiliser l'expertise nationale face aux grands défis auquel le pays est confronté ; savoir s'approprier effectivement, maîtriser et gérer les apports de l'expertise internationale, quand on y a recours – tels pourraient être, *grosso modo*, les grands axes d'une nouvelle politique scientifique et technologique.

On insistera ici tout particulièrement sur l'urgence d'une stratégie consciente de réhabilitation du savoir-faire local dans tous les domaines. Les études qui précèdent n'y ont pas particulièrement insisté : ce n'était pas leur objet. Le champ des techniques traditionnelles est immense. On sait aujourd'hui comment une technique comme la fabrication du vin de palme et de l'alcool de vin de palme, a fait l'objet, de la part des pouvoirs coloniaux, d'une répression systématique qui, sous prétexte de préserver le matériel végétal qui servait à les produire, n'a eu pour effet que de favoriser l'importation des alcools européens : le whisky, le cognac et le gin, l'incontournable « asedekon », ont ainsi progressivement supplanté le « sodabi »[34].

L'archéologue Alexis Adandé rappelait avec humour en 1987 l'usage savant que les partisans du « oui » au référendum du Général de Gaulle de septembre 1958 ont su faire de ce qu'on pourrait appeler l'argument du sous-développement technologique : « Vous ne savez même pas fabriquer une aiguille, et vous voulez l'indépendance ! » Le succès massif du « oui » partout, sauf en Guinée, montre à quel point ont été efficaces des arguments de ce genre. Or il se trouve qu'en fait, longtemps avant l'époque coloniale et la traite négrière, s'était développée en Afrique une métallurgie lourde du fer qui n'avait rien à envier à celle de l'Europe (Adandé, 1994). Depuis l'ouvrage plus récent publié sous la direction de Peter Schmidt, on connaît mieux, aujourd'hui, « la culture et la technologie de la production africaine du fer » (Schmidt, 1996). Le problème réel posé par la croyance à l'infériorité technologique concerne donc, d'une part, les conditions objectives de la régression historique des technologies africaines, d'autre part les conditions de l'oubli progressif de ces techniques et du développement de l'amnésie collective.

---

34. « Asedekon », littéralement : « un chat est assis tout près » désigne dans les langues *gbe* le Dubonnet, vin cuit importé particulièrement apprécié. La marque la plus courante de cet apéritif, devenu incontournable dans toutes les « dots » de mariage et de funérailles, comme dans toutes les grandes réceptions et cérémonies familiales des années 60 et 70, se présentait habituellement dans une bouteille dont l'étiquette montre un chat en appétit assis près d'un verre rempli aux trois quarts. Le « sodabi », par contre, est le vin de palme distillé. Sur la technique de fabrication du sodabi et son interdiction par les pouvoirs coloniaux, on lira avec intérêt la belle contribution de Goudjinou P. Mètinhoué (Mètinhoué, 1994).

Une stratégie de rupture n'aura pas nécessairement à faire revivre ces technologies anciennes ni à en imposer les produits sur le marché actuel des commodités, mais elle devra au moins en faire revivre le souvenir de façon précise, réveiller, actualiser et diffuser le savoir-faire qu'elles véhiculaient et faire en sorte que, là où l'importation de produits techniques nouveaux est désormais un fait accompli, les techniques derrière ces produits soient au même titre maîtrisées et assimilées.

4. L'intégration régionale

On n'évoquera pas ici l'histoire du panafricanisme, si ce n'est pour rappeler qu'il est né en Amérique parmi les Noirs de la diaspora, avant d'être pris en charge par des hommes comme Nkrumah, dont on connaît le grand rêve de la création des Etats-Unis d'Afrique (Nkrumah, 1964). On ne redira pas non plus les raisons multiples, notamment économiques et politiques, qui militent en faveur de l'unification du continent. Il faut en faire son deuil : ce rêve grandiose est mort. Les Etats-Unis d'Afrique ne sont plus à l'ordre du jour nulle part, et ce n'est pas l'OUA, syndicat hétéroclite de chefs d'État dominé tour à tour par des hommes comme Mobutu et Abacha, qui pourrait en tenir lieu.

On ne s'attardera pas non plus sur l'histoire des regroupements régionaux et sous-régionaux. Outre l'OUA, le Bénin est aussi membre du Conseil de l'Entente, de la Communauté des Etats de l'Afrique de l'Ouest (CEDEAO), de l'Union Monétaire Ouest-Africaine (UMOA) devenue récemment Union Economique et Monétaire Ouest-Africaine (UEMOA). Ce n'est pas le lieu d'examiner le fonctionnement réel de ces institutions, c'est-à-dire les mécanismes qui, à l'occasion, permettent par exemple à une dictature militaire installée dans un État-membre de la CEDEAO de renverser par la force des armes, au nom de la démocratie, une dictature militaire plus faible installée dans un autre État-membre.

Il est plus utile d'observer un phénomène sur lequel John Igué a attiré l'attention : l'intégration par le marché à travers le commerce transfrontalier. L'ayant observé, toutefois, il faut encore en interroger la portée et les limites, se demander comment accompagner cette dynamique pour qu'elle puisse dérouler tous ses effets. Ce que montrent les géographes économistes, c'est que le marché fait beaucoup plus et beaucoup mieux pour l'intégration économique de la sous-région que les regroupements formels et autres accords inter-étatiques. La question reste de savoir quelles mesures officielles, quelles dispositions administratives et politiques peuvent achever de lever les obstacles qui, pour l'instant, font barrière à cette progression spontanée des échanges informels.

On a vu comment, en réponse à cette question, il a été proposé ci-dessus de régionaliser la négociation des accords d'ajustement structurel. Si elle avait eu lieu, une telle régionalisation aurait peut-être épargné au Bénin, estime-t-on, la baisse drastique de son commerce de réexportation vers le Nigeria. Cette proposition pose un énorme problème : elle passe sous silence le caractère illégal et forcément clandestin de cette réexportation de produits qui, au Nigeria, étaient justement interdits à l'importation. On ne peut attendre du Nigeria qu'il donne sa bénédiction à ce commerce de contrebande qui entrave sa propre politique de développement. On va d'aileurs un peu vite en besogne lorsqu'on suppose que le désarmement douanier décidé récemment par le Nigeria, et dont on a constaté les effets désastreux sur l'activité du monde des affaires béninois, l'aurait été sous la pression des institutions de Bretton-Woods. En fait, ces mesures vont de pair avec les dispositions prises par le Nigeria, de façon intermittente, pour combattre l'exportation frauduleuse de son pétrole vers les pays frontaliers, ce qui a pour effet de provoquer périodiquement une grave pénurie de carburant dans un pays comme le Bénin. Libéralisation des importations d'Europe, lutte contre les exportations frauduleuses vers la sous-région, font partie d'un même train de mesures décidées par le gouvernement fédéral nigérian pour rationaliser son économie, et on n'a aucune raison de croire qu'il cède, ce faisant, à une quelconque pression.

La régionalisation des PAS serait donc une excellente chose, mais elle doit être justifiée autrement, elle doit reposer sur d'autres bases. Faire front commun pour négocier avec les institutions de Bretton-Woods les programmes d'ajustement structurel n'est possible que si les pays concernés se sont mis d'accord, au préalable, pour rendre leurs économies complémentaires plutôt que concurrentes. C'est une telle complémentarité qu'il faut aujourd'hui construire, indépendamment des institutions de Bretton-Woods et sans aucune pression extérieure. Le commerce transfrontalier la construit à sa manière, mais comme on l'a bien vu, il adopte toujours la solution de plus grande facilité. Les Etats doivent donc prévoir, prescrire, orienter. Ils doivent établir, en accord avec les populations, les cadres spatiaux, politiques et macroéconomiques dans lesquels pourra se développer le mouvement spontané du marché, pour la promotion commune des populations de la région et la consolidation des économies nationales.

CONCLUSION

Une reconversion profonde de l'économie est donc indispensable. Elle aura pour effet de mettre fin à l'extraversion de la production et des échanges en substituant à l'axe nord/sud, prédominant depuis l'essor de la traite négrière voici plus de trois siècles, une structure de cercles concentriques, qui parte des besoins de chaque population locale pour négocier ses échanges avec les autres populations du pays, de la sous-région, de la région, et pourquoi pas, du monde. L'intégration économique de l'Afrique doit s'inscrire dans ce cadre. En organisant la complémentarité des économies nationales, elle les renforcera toutes ensemble. A lui seul le marché ne peut réaliser cette intégration, pas plus qu'il ne saurait suffire à réaliser, à l'intérieur de chaque pays, les restructurations nécessaires. La responsabilité des Etats reste donc incontournable.

Dans ces conditions, l'inefficacité de la bureaucratie nationale, la gangrène de la corruption, la tendance de plus en plus générale à réduire tout militantisme à une agitation à courte vue pour le partage de la rente politique, l'enracinement insuffisant d'une culture démocratique qui, après le sursaut collectif de la Conférence nationale, n'a pas su s'imposer dans tous les secteurs ni imprégner la vie quotidienne jusque dans ses derniers replis, tout cela interpelle aujourd'hui la « société civile » béninoise : l'ensemble des acteurs sociaux, quels que soient par ailleurs les conflits d'intérêts, parfois féroces, qui les opposent. Dans ce bloc fissuré traversé par d'irréductibles clivages, il faut développer une culture de la solidarité, réaliser à chaque étape les consensus les plus larges possibles en isolant « ceux qui exagèrent », ceux et celles dont la conduite est unanimement réprouvée par la conscience collective, au nom d'une morale publique qui, elle-même, s'approfondit sans cesse. Organiser la pression pour faire reculer les abus. Renforcer la vigilance. A cette seule condition l'on pourra réformer l'État et faire en sorte qu'il soit plus transparent, plus équitable, plus fidèle à sa mission. A cette condition l'on imposera, à terme, les changements nécessaires.

Bibliographie

ADANDE Alexis, « La métallurgie *traditionnelle* du fer en Afrique occidentale », in P. Hountondji (dir. publ.), *Les savoirs endogènes : pistes pour une recherche*, Dakar, Codesria, 1994, 57-75

ADEKOUNTE, Fatiou, *Entreprises publiques béninoises : la descente aux enfers,* éd. du Flamboyant, 1996, Cotonou.

AKINDELE, A. et C. AGUESSY, « Contribution à l'étude de l'histoire de l'ancien royaume de Porto-Novo », Dakar, *Mémoires de l'IFAN*, n° 25, 1953.

AKINDES Francis, *Les mirages de la démocratie en Afrique subsaharienne francophone*, Dakar, Codesria, 1995, 246 pages.

AKINJOGBIN T. A., *Dahomey and its neighbours : 1708-1818*, Cambridge, Cambridge University Press, 1967.

ALBERT Irène, *Des femmes, une terre : une nouvelle dynamique sociale au Bénin*, Paris, L'harmattan, 1993.

AMIN Samir, *Le développement du capitalisme en Côte d'Ivoire*, Paris, Minuit, 1967.

AMIN Samir, *L'accumulation à l'échelle mondiale*, Paris, 1970.

AMIN, Samir, *La déconnexion : pour sortir du système mondial*, Paris, La Découverte, 1986.

BARAN, Paul, *The political economy of growth,* New York, Monthly Review Press, 1957, XII+308 pp.

CAPO, Hounkpati, « Terrain et théorie en linguistique : notre expérience des parlers *gbe* », *Afrikanistische Arbeitspapiere*, 1995, 41 : 119-132.

CAPO Hounkpati B. et Médard D. BADA, « Collecte des données et élaboration théorique : l'exemple du linguiste africaniste », Communication au colloque sur l'accumulation du savoir, Cotonou, 26-28 mai, à paraître au Centre Africain des Hautes Etudes, Porto-Novo, 1997.

CHABI Maurice, s.l., s.d., *Banqueroute : mode d'emploi*, éditions Gazette livres, [imprimerie C.N.P.M.S., Porto-Novo]

CORNEVIN Robert, *Histoire du Dahomey*, Paris, Berger-Levrault, 1962, 568 pp.

CORNEVIN Robert, *Le Dahomey*, coll. « Que sais-je ? », Presses Universitaires de France, 1970, 128 pp.

DAHOUN Maxime, *Le statut de la science et de la recherche au Bénin : contribution à la sociologie des sciences des pays en développement*, Berlin, Logos, 1998.

DESALMAND Paul, *Histoire de l'éducation en Côte d'Ivoire*, t. 1 : « Des origines à la Conférence de Brazzaville » », Abidjan, CEDA, 1983, 459 pp.

ELEGBE Adoufè Victoire, *La gestion du temps quotidien chez les cadres béninois*, mémoire de maîtrise en sociologie-anthropologie, Université Nationale du Bénin, Cotonou, 1988, Inédit.

ELWERT Georg, « Wirtschaft und Herrschaft von *Daxomé* (Dahomey) » im 18. Jahrhundert, Munich, Kommissionsverlag Klaus Renner, 1973.

FRANK André Gunder, *Le développement du sous-développement : l'Amérique latine*, Paris, Maspero, 1970.

FRANK André Gunder, « The underdevelopment of development », in Sing C. Chew and Robert A. Denemark (eds), *The underdevelopment of development*, Thousand Oaks / London / New Delhi, 1996, Sage : 17-55

HAZOUME Guy-Landry, *Idéologies tribalistes et nation en Afrique : le cas dahoméen*, Paris, Présence africaine, 1972, 230 pp.

HERSKOVITS Melville, *Dahomey : an ancient West African kingdom*, Hambourg / New York, 2e édition 1969, Evanston, Northwestern University Press, 1938.

HOUNTONDJI Paulin J., « Histoire d'un échec : l'ex-librairie Renaissance à Cotonou », Communication présentée à un colloque sur *L'édition en Afrique*, tenue à Bamako, 1987 [Inédit].

HOUNTONDJI Paulin J., « La vie quotidienne en Afrique noire : éléments pour une critique », in Albert Ekué et Edmond Jouve (dir. publ.), *Albert Tévoèdjrè, compagnon d'aventure,* Paris, Berger-Levrault, 1988a : 301-318

HOUNTONDJI Paulin J., « L'appropriation collective du savoir : tâches nouvelles pour une politique scientifique », *Genève-Afrique*, XXVI, 1988b, 1 : 49-66

HOUNTONDJI Paulin J., « L'espérance têtue : la vie quotidienne dans un pays de la périphérie », *L'événement européen*, Paris, 1989, 8 : 119-138

HOUNTONDJI Paulin J., « Non, les cultures du Bénin ne sont pas des cultures vodun », *La nation*, Cotonou, numéro du 27 novembre 1992.

HOUNTONDJI Paulin J., « La science dans les pays pauvres », *La nation*, Cotonou, numéro 1141 du 28 décembre 1994.

HOUNTONDJI Paulin J., *De Jomtien à Beijing : étude sur le suivi des conférences internationales au Bénin*, Cotonou, PNUD, 1996.

HOUNTONDJI Paulin J., « Pour une pédagogie du changement », *Quest (Groningue)*, 1997, X, 2 : 37-64.

IGUE John O. et B. G. SOULE, *L'Etat-entrepôt au Bénin : commerce informel ou solution à la crise ?*, Paris, Karthala, 1992.

ILIFFE John, *The emergence of African capitalism*, Minneapolis, University of Minnesota Press, 1983, ix+113pp.

KI-ZERBO Joseph, *Histoire de l'Afrique noire : d'hier à demain*, Paris, Hatier, 1978.

LE HERISSE A., *L'ancien royaume du Dahomey*, Paris, 1911.

LEIBENSTEIN H. *Economic backwardness and economic growth*, New York, Wiley, 1957.

MANNING Patrick, *Slavery, colonialism and economic growth in Dahomey : 1640-1960*, Cambridge/New York, Cambridge University Press, 1982.

METINHOUE Goudjinou P., « L'étude des techniques et des savoir-faire traditionnels : questions de méthode », in Paulin J. Hountondji (dir. publ.), *Les savoirs endogènes : pistes pour une recherche*, Dakar, Codesria, 1994, 37-56.

NKRUMAH Kwame, *L'Afrique doit s'unir*, Paris, Seuil, 1964.

POLANYI Karl, *Dahomey and the slave trade : an analysis of an archaic economy*, Seattle / Londres, University of Washington Press, 1966, xxvi+207 pp.

REY Pierre-Philippe, *Colonialisme, néo-colonialisme et transition au capitalisme : exemple de la « Comilog » au Congo-Brazzaville*, Paris, Maspero, 1971.

RODNEY Walter, *How Europe underdeveloped Africa*, Londres / Dar Es Salam, Bogle Louverture / East African Publishing House, 1972. Réédité en 1982 par Howard university Press. Traduit plus récemment par les Editions Caribbéennes à Paris sous le titre : *Et l'Europe sous-développa l'Afrique*.

RONEN, Dov, *Dahomey between tradition and modernity*, Ithaca / Londres, Cornell University Press, 1975, xx+272 pp.

ROSTOW, Walt Whitman, *The stages of economic growth : a non-communist manifesto*, Cambridge, Cambridge University Press, 1961.

SCHMIDT Peter R. (ed.), *The culture and technology of African iron production*, Gainesville, University Press of Florida, XVIII+338 pp.

TCHITCHI Toussaint Y., « Langue en partage ou langue en concurrence : l'avenir des langues africaines dans l'espace francophone », *La nation*, Cotonou, spécial Francophonie, décembre 1995.

WALLERSTEIN Immanuel, *The modern world-system : capitalist agriculture and the origins of the European world economy in the 16th century*, Orlando, Academic Press, 1974.

WALLERSTEIN Immanuel, *The modern world-system, vol. II : mercantilism and the consolidation of the European world-economy : 1600-1750*, Orlando, Academic Press, 1980.

WALLERSTEIN Immanuel, *The modern world-system, vol. III : the second era of great expansion of the capitalist world economy, 1730-1840*, Orlando, Academic Press, 1988.

WANTCHECON Leonard, *Commitment, political contracts and consensus models of democracy*, Ph. D., thesis, Northwestern University, 1995.

WANTCHECON Leonard and Mario SIMON, « Democracy as an optimal mechanism for power-sharing contracts », *Communication à une réunion de l'Association américaine de science politique*, Washington, août 1997.

Table des matières

Collection Études Africaines

Dernières parutions

Yao ASSOGBA, *Jean-Marc Ela, Le Sociologue et théologien africain en boubou.*
Oméga BAYONNE, Jean-Claude MAKIMOUNAT-NGOUALA, *Congo-Brazzaville : diagnostic et stratégies pour la création de valeur.*
Albert LE ROUVREUR, *Une oasis au Niger.*
Samuel EBOUA, *Interrogations sur l'Afrique noire.*
Constant VANDEN BERGHEN et Adrien MANGA, *Une introduction à un voyage en Casamance.*
Jean-Pierre YETNA, *Langues, média, communautés rurales au Cameroun.*
Pierre Flambeau N'GAYAP, *L'opposition au Cameroun.*
Myriam ROGER-PETITJEAN, *Soins et nutrition des enfants en milieu urbain africain.*
Pierre ERNY, *Ecoliers d'hier en Afrique Centrale.*
Françoise PUGET, *Femmes peules du Burkina Faso.*
Philippe BOCQUIER et Tiéman DIARRA (Sous la direction de), *Population et société au Mali.*
Abdou LATIF COULIBALY, *Le Sénégal à l'épreuve de la démocratie*, 1999.
Joachim OELSNER, *Le tour du Cameroun,* 1999.
Jean-Baptiste N. WAGO, *L'économie centrafricaine*, 1999.
Aude MEUNIER, *Le système de soins au Burkina Faso*, 1999.
Joachim OELSNER, *Le tour du Cameroun,* 2000.
B. Alfred NGANDO, *L'affaire Titus Edzoa*, 2000.
J.-M. ESSOMBA , M. ELOUGA, *Sur les traces de l'Art Tikar,* 2000.

603106 - Avril 2015
Achevé d'imprimer par

1livre.com
du rêve à la réalité !

Printed by Amazon Italia Logistica S.r.l.
Torrazza Piemonte (TO), Italy

74539278R10150